Lothar Elsner · Die Herrengesellschaft

Lothar Elsner

Die Herrengesellschaft

Leben und Wandlungen des Wilhelm von Oertzen

Bearbeitet
von Eva-Maria Elsner
und Heinz Koch

WeymannBauerVerlag

ISBN 3-929395-39-8

1. Auflage 1998

Umschlaggestaltung Matthes/Grüttner
Foto aus Privatbesitz
Korrektur Ingo Zentner
Druck und Binden Clausen & Bosse, Leck
Printed in Germany

ANSTELLE EINES VORWORTS: EIN GOTTESDIENST IN RUSSOW

Fast auf den Tag genau fünfzig Jahre später, nachdem Anfang Mai 1945 der mecklenburgische Gutsbesitzer Wilhelm von Oertzen und seine Ehefrau Gerda, eine geborene Gräfin von Westarp, aus dem Leben geschieden waren, erinnerte ein Gedenkgottesdienst in der Dorfkirche zu Russow an die Vorgänge von damals.

Das Dörfchen Russow war nicht zufällig als Ort des späten Gedenkens an das adlige Gutsbesitzerehepaar gewählt worden. Das in der Nähe von Rerik und Neubukow gelegene Gut Wilhelm von Oertzens hatte seinerzeit die Ortschaften Roggow, Russow und Vorwerk umfaßt, und der Gutsherr, zugleich traditionell Patron der Russower Kirche, war mit seiner Frau in den bewegten Wochen nach Ende der Naziherrschaft und vielem Hin und Her schließlich auf dem Friedhof in Russow in aller Stille beigesetzt worden.

Wegen der Wirren der Zeit konnten die engsten Verwandten der Verstorbenen, ihre zwei Töchter, damals nicht an der Bestattung ihrer Eltern teilnehmen. Und später boten die gegen die Gutsbesitzer und Nazis gerichtete Bodenreform im Osten sowie die Teilung Deutschlands und die Zweistaatlichkeit keine günstigen Umstände für eine offizielle Totenehrung. So sollte der Gedenkgottesdienst, fünf Jahrzehnte nach den tragischen Ereignissen, Versäumtes nachholen. Schon einmal, als der hundertste Familientag des Geschlechts von Oertzen 1991 in Lübeck begangen wurde, waren etwa siebzig Familienmitglieder nach Roggow gekommen. Am 14. September, dem 48. Todestag

Frithjofs, gedachten sie in der kleinen Russower Kirche des im Kriege umgekommenen jüngeren Sohnes des letzten Roggower Gutsherrn. Jetzt, 1995, ging es um die Ehrung Wilhelm von Oertzens und seiner Ehefrau.
Nur ein kleiner Kreis von Menschen hatte sich an diesem frühen Sonntagnachmittag in der Russower Dorfkirche zur Andacht eingefunden. Da waren die beiden in den alten Bundesländern lebenden Töchter Adele und Sibylle, wobei letztere, die jüngere und wohl auch agilere, die Initiative für diese Gedenkveranstaltung ergriffen hatte. Außer ihnen und einigen entfernteren Verwandten war Peter-Jürgen von Oertzen gekommen; als Sohn des 1941 an der Ostfront gefallenen, ältesten Sohnes Jürgen von Oertzen ist er der Erbe des seit einigen Jahren nicht mehr bewohnten, langsam verfallenden Gutshauses und des verwildernden Parks. Anwesend waren auch einige zum Teil schon hochbetagte ehemalige Bedienstete der Familie von Oertzen, die nach wie vor in Roggow wohnten, so Tochter und Sohn des Kutschers und Fahrers des ehemaligen Gutsherrn. Alles in allem eine kleine Schar – und der Pfarrer mühte sich redlich, sie alle zum Mitsingen zu bewegen. Doch für manche der Anwesenden schienen Gottesdienste und fromme Lieder ungewohnt zu sein: Auch ich, der ich, eingeladen von Tochter Sibylle und begleitet von meiner Frau, am Gedenkgottesdienst teilnahm, hing mehr eigenen Gedanken nach, als daß ich die frommen Worte in mich aufnahm. Wie war ich, ein Historiker, der sich jahrzehntelang mit weltgeschichtlichen Problemen beschäftigt hatte, eigentlich dazu gekommen, mich mit Leben und politischen Auffassungen des Gutsbesitzers Wilhelm von Oertzen zu befassen? Daß ich heute hier auf der Kirchenbank saß und eine Gutsbesitzerfamilie ehrte, ihr zumindest meinen Respekt bezeugte, entsprach weiß Gott nicht meinen bisherigen Lebenserfahrungen und Geschichtsauffassungen. Was, so fragte ich mich, hatte mich vor rund fünfundzwanzig Jahren dazu gebracht, mich für Wilhelm von Oertzen zu interessieren, und welche Sicht vom Wirken und vom Tod dieses Mannes habe ich heute?

Die Blumen, die wir vor Beginn des Gottesdienstes an der Grabstätte der Familie von Oertzen niederlegten, sollten unsere Achtung vor einem Menschen zum Ausdruck bringen, dessen Leben, in mancherlei Irrtümer verstrickt und zugleich charakterisiert durch das Streben nach Bildung und Kultur, mehrfach Wandlungen erlebte und die Geschicke seiner Zeit beeinflußte.

ES BEGANN MIT EINEM KARTON AKTEN

Ende der sechziger Jahre war ich zum erstenmal auf Wilhelm von Oertzen gestoßen. Damals hatte man mir einen Karton mit verschiedenen Dokumenten und Aufzeichnungen gebracht. Es handelte sich dabei übrigens um einen jener Zufälle, die sich im Nachhinein und bei näherem Besehen oft als Schnittpunkt unterschiedlich begründeter Ereignisse und Handlungen erweisen.

Da gab es eine Dienststelle in Rostock, jener zu meiner Wahlheimat gewordenen Stadt, die sich der Verfolgung von Verbrechen, begangen während der faschistischen Diktatur 1933 bis 1945, angenommen hatte. Die Mitarbeiter dieser Institution bemühten sich, neben der Befragung lebender Zeitzeugen auch alle irgendwie erreichbaren schriftlichen Unterlagen über Menschenrechtsverletzungen auszuwerten, die während der zwölf Jahre des Bestehens des ursprünglich für eine Zeitdauer von tausend Jahren ausgelegten Reiches der Nationalsozialisten verübt wurden.

Was waren da im Laufe der Zeit nicht alles für Akten zusammengekommen, Material, von dem man Auskunft über die Handlungen der Nazis, ihrer Anhänger und ihrer Hintermänner erwartete. Die Vielfältigkeit der zusammengetragenen Schriftstücke ergab sich unter anderem auch daraus, daß nicht nur das Verhalten der früheren Mitglieder der NSDAP erforscht, sondern auch dem Wirken von Mitgliedern konservativer Parteien und rechtsgerichteter Organisationen und Vereine nachgegangen wurde, die in den zwanziger Jahren geholfen hatten, dem Faschismus geistig den Weg zu bereiten, unbeschadet von den zeitweilig zwischen ihnen und den Anhängern Hitlers bestehenden Meinungsverschiedenheiten.

Deshalb durchstöberten nach dem Ende des Krieges Antifaschisten die ehemaligen Dienststellen der NSDAP, das Rathaus und weitere Amtsräume faschistischer »Würdenträger«. Auch Gutsarchive in der Umgebung und Geschäftsstellen von Vereinen wurden nach Unterlagen über die jüngste Vergangenheit durchsucht. Nicht selten waren den Deutschen Beauftragte der sowjetischen Besatzungsmacht zuvorgekommen, die nach Kriegsverbrechern und Naziaktivisten fahndeten. So nahmen sie an Unterlagen, was übrigblieb. In jahrelanger, mühevoller Kleinarbeit rekonstruierten sie dann den Alltag während der Nazizeit, versuchten, aktive Faschisten von Mitläufern zu unterscheiden. Ihre Arbeit ergab zugleich auch Hinweise auf die kleine Zahl jener Menschen, die sich, in welcher Form auch immer, gegen die braune Flut zur Wehr gesetzt hatten. Diese sollten zu Recht bestimmte Zuwendungen in Form von Renten erhalten, als Ausgleich für Berufsverbote oder erlittene körperliche beziehungsweise psychische Schädigungen infolge Gefängnishaft oder KZ-Aufenthalts, so geringfügig die monatlich gewährten Bezüge angesichts des erfahrenen Leids auch sein mochten.

Den antifaschistischen Bemühungen der eingangs genannten Rostocker Dienststelle oder, besser gesagt, der Entscheidung ihres Leiters, ausgewertete und nicht mehr benötigte Akten anderen Interessenten zur Verfügung zu stellen, verdankte ich den erwähnten Karton mit Unterlagen, der eines Tages in meinem Arbeitszimmer stand. Zu den Glücksumständen gehörte, daß dieser Leiter ein geschichtliches Interesse hatte und somit befand, ein Historiker sei wohl der richtige Adressat für solche Dokumente. Weit entfernt, die Archivordnung zu kennen, der zufolge Schriftgut dieser Art staatlichen Archiven zuzuführen war, hielt er Ausschau nach einem geeigneten Historiker, der sich einerseits mit der Geschichte der neueren Zeit befaßte und ihm andererseits vertrauenswürdig genug erschien, um auch Materialien von erheblicher Brisanz richtig zu behandeln.

Der Zufall wollte es, daß wir uns zuvor auf einer Konferenz begegnet waren, die sich mit der Tätigkeit von Antifaschisten in Mecklenburg und Pommern befaßt hatte. Ich hatte auf dieser Tagung einen Vortrag gehalten und war ihm, aus welchen Gründen auch immer, in Erinnerung geblieben.

Der Ordnung halber übergab ich den Karton Akten dem zuständigen Archiv in Schwerin. Wer wollte es mir aber verübeln, daß ich zuvor, meiner Neugier und meinen in langjähriger Forschungsarbeit ausgeprägten wissenschaftlichen Gepflogenheiten folgend, die Schriftstücke las und Auszüge mir wichtig erscheinender Dokumente anfertigte?

Bei den etwa zwanzig Ordnern handelte es sich um den Schriftwechsel des langjährigen Vorsitzenden der »Herrengesellschaft Mecklenburg«. Wilhelm von Oertzen, Gutsbesitzer auf Roggow bei Neubukow, war der Initiator dieser 1926 gegründeten Herrengesellschaft, einer Vereinigung von Angehörigen der konservativen Elite zum Zwecke der Verbreitung politischer Bildung; er war der Vorsitzende des Vereins von 1926 bis 1945.

Von Oertzen war übrigens auch, was ich später erfuhr, etliche Jahre Mitglied des Vorstandes und Schriftführer des Familienverbandes des weitverzweigten, vor allem in Mecklenburg ansässigen Adelsgeschlechts. Er war für einige Zeit Herausgeber der »Oertzen-Blätter«, die bis heute erscheinen und durch die die geschichtliche Tradition eines der ältesten Geschlechter Mecklenburgs auf sehr spezifische Weise gepflegt wird.

Aus den mir nun vorliegenden Akten konnte ich einen Eindruck gewinnen von den vielfältigen politischen Bemühungen der Mitglieder der Herrengesellschaft. Die Unterlagen gaben Auskunft über die Zeitspanne von 1926 bis etwa 1935/36. Sie informierten über die Geschichte der »Herrengesellschaft Mecklenburg«, vor allem über deren Bildungsveranstaltungen, gaben

Einblicke in die sich wandelnden politischen Auffassungen Wilhelm von Oertzens sowie weiterer prominenter Mitglieder der Gesellschaft und mancher ihrer Gäste.

Vom Wirken der Herrengesellschaft in Mecklenburg, die sich ab 1933 »Deutscher Klub Mecklenburg« nannte, hatte ich bis dahin nichts gewußt. Aus der Fachliteratur kannte ich lediglich den »Deutschen Herrenklub« in Berlin. Dessen Mitglieder entstammten zumeist nationalkonservativen Kreisen und hatten – bei aller Differenzierung untereinander – eindeutig Anteil an der geistigen Vorbereitung und Festigung der NSDAP-Diktatur.

War, so fragte ich mich, die Mecklenburger Herrengesellschaft ähnlich einzuordnen, war sie eine Art Ableger des Berliner Klubs?

Mich beschäftigte jedoch zunächst die Frage, was gebildete junge Menschen zu Hitler geführt haben mochte, obwohl sie nicht wie mancher irregeführte SA-Mann die Lösung sozialer Fragen durch die von den Nazis verkündete »nationale Revolution« erhofften und anstrebten. Ich wollte auch wissen, wie sich das Verhältnis zwischen konservativer Elite und der NSDAP vor, während und nach dem Attentat auf Hitler 1944 gestaltete. Welche politische Alternative hatten überhaupt, langfristig gesehen, die mutigen Männer und Frauen des 20. Juli und jene, die sie insgeheim unterstützten?

Fragen über Fragen! Es sollten aber noch viele Jahre ins Land gehen, ehe ich den Versuch unternehmen konnte, sie mir zu beantworten. Anderes hatte sich in den Vordergrund gedrängt, und darüber verlor ich die Sache zunächst aus den Augen.

Eines Tages, es war Ende der achtziger Jahre, flatterte mir ein Brief aus Mühlheim an der Ruhr ins Haus. Der Rechtsanwalt Dr. Hans-Ulrich Behm wünschte Näheres über den von mir vor Jahren ausgewerteten Aktenbestand zur »Herrengesellschaft Mecklenburg« zu erfahren. Er, der als Student selbst einige Jahre jener Herrengesellschaft angehört hatte, war durch die Information überrascht worden, daß sein Vater, Rechtsanwalt Behm aus Schwerin, Landreiterstraße, langjährig, bis zu seinem Tode 1939, dem Vorstand angehört hatte. Nun wollte der Sohn mehr darüber wissen. Durch diesen Brief wurde mein Interesse erneut geweckt. Ich reagierte umgehend. Für die Ablichtungen, die ich nach Mühlheim senden konnte und die die Aktivitäten seines Vaters im Vorstand bezeugten, revanchierte sich Rechtsanwalt Behm ebenso schnell mit dem Überlassen von Dokumenten zur Entwicklung der NSDAP in Mecklenburg und zum »Fall Flotow« von 1933.

Andreas von Flotow, ein hoher SA-Führer, hatte, das sei nebenbei bemerkt, in Mecklenburg die SA aufgebaut. Er war Chef der Gruppe Ostsee mit den Gebieten Pommern, Mecklenburg und Lübeck. Anfang der dreißiger Jahre wahrscheinlich in Waffengeschäfte verwickelt, wurde er Opfer von Auseinandersetzungen innerhalb der NS-Führungsclique in Mecklenburg. Man munkelte, den Befehl zu seiner Ermordung habe der spätere Gauleiter Hildebrandt gegeben. Auf eine entsprechende Anfrage aus den USA über das Reichsinnenministerium teilte am 13. Mai 1933 das Staatsministerium von Mecklenburg-Schwerin mit, Flotow sei *»wegen landesverräterischer Umtriebe«* gesucht, festgenommen und auf dem Transport nach Schwerin bei einem Fluchtversuch erschossen worden.

Durch Unterlagen wie diese erhielt ich weitere Einblicke in die Zeitverhältnisse; sie halfen, das Umfeld der Herrengesellschaft besser zu verstehen. Mündliche Ergänzungen kamen hinzu, als Rechtsanwalt Behm jun., nunmehr selbst ein älterer Herr, mich 1990 besuchte. Unseren Briefwechsel und den Austausch von Dokumenten setzten wir fort, bis ich 1994 bedauerlicherweise die Nachricht von seinem Tode erhielt.

Das Scheitern der Gesellschaftsordnung in der DDR veranlaßte mich als Zeitzeugen und Historiker, meine bisherigen Denk- und Verhaltensweisen neuer, tiefergehender Prüfung zu unterziehen. Das bestärkte mich zugleich in der Haltung, Erfahrenes in Frage zu stellen und unnachgiebig einer differenzierenden, von Einseitigkeiten freien Befragung von Geschichte das Wort zu reden.

Im Suchen nach geschichtlicher Wahrheit konnte ich mir jetzt durch zahlreiche Begegnungen mit Familienangehörigen derer von Oertzen weitere wichtige Quellen erschließen. Es begann zunächst mit informativen Gesprächen, die ich mit dem Neffen Knut von Oertzen führte. Er, der kurz zuvor nach Rostock übergesiedelt war, half mir, Verbindung zu Sibylle Bolten aufzunehmen, der in Burgwedel lebenden jüngeren Tochter des Roggower Gutsherrn. Frau Bolten vermittelte mir mit ihren Erzählungen ein anschauliches Bild vom Leben in ihrem Elternhaus in Roggow und überließ mir darüber hinaus für meine Arbeit Dokumente und Fotos. Nützlich für meine Studien war auch der Kontakt zum Schriftführer des Familienverbandes Wilhelm-Thedwig von Oertzen in Hamburg. Auch Peter-Jürgen von Oertzen, der, seinem Großvater folgend, das Erbe von Roggow antrat und gegenwärtig dabei ist, Gutshaus und Park instandzusetzen, unterstützte meine Materialsammlung bereitwillig.

Als Geschichtsquelle von unschätzbarem Wert erwies sich für mich das Tagebuch Wilhelm von Oertzens. Er hatte 1931 mit dem Schreiben begonnen und nur wenige Stunden vor seinen Tode 1945 die letzte Eintragung vorgenommen. Bisher hatte ich angenommen, diese persönlichen Aufzeichnungen seien in den Wirren des Kriegsendes verlorengegangen. Um so gespannter begann ich nunmehr, die einhunderfünfzig Schreibmaschinenseiten zu lesen. Das Tagebuch, dem Wilhelm von Oertzen auch seine geheimsten Gedanken anvertraut hatte, enthüllte mir viel von der Persönlichkeit und den sich in vielerlei Beziehung verändernden politischen Auffassungen, vor allem aber von der Gefühlswelt und Mentalität seines Verfassers. Es machte mir überdies die Familienangehörigen vertrauter und gab Aufschlüsse, die ich durch kein noch so gründliches Aktenstudium erzielt hätte. Alles in allem rundete sich im Laufe der Zeit durch Literatur, Akten und Begegnungen mit der Familie beziehungsweise anderen Zeitzeugen und schließlich durch das Tagebuch das Bild vom Initiator und Leiter der »Herrengesellschaft Mecklenburg« und seinen engsten Weggefährten. Ich erfuhr mehr vom Denken und Tun jener Persönlichkeiten, die in dieser elitären Gesellschaft den Ton angegeben hatten. Indem ich Leben und Wirken des Wilhelm von Oertzen nachspürte, erhielt ich Einblicke in eine Welt, die mir bis dahin sehr fremd gewesen war.

HERRENBESUCH AUF ROGGOW

An einem Sommertag, man schreibt den 23. Juni 1926, erhält der Rittergutsbesitzer Wilhelm von Oertzen auf Roggow den Besuch einer größeren Anzahl von Herren. In dem geräumigen Gutshaus, einem massiven Bau im neugotischen Stil, Stammsitz des Ende des 13. Jahrhunderts erstmals urkundlich erwähnten, wohl aber noch älteren Geschlechts derer von Oertzen, macht es keine Mühe, den etwa dreißig Besuchern Platz zu bieten. Selbst wenn einige Gäste vom Hausherrn aufgefordert würden, über Nacht zu bleiben, gäbe es keine räumlichen Schwierigkeiten.

Besuch an sich ist nichts Ungewöhnliches in Roggow, denn Wilhelm von Oertzen und seine Frau gelten als gastfreundlich. Häufig halten sich Verwandte und Bekannte hier auf, manchmal wochenlang. Die reizvolle Umgebung des Gutes, das dicht bei Alt-Gaarz, dem heutigen Ostseebad Rerik, liegt, das nahe Salzhaff mit seinen Badestellen und die Halbinsel Wustrow laden zum Verweilen geradezu ein. Zahlreiche Räume des Gutshauses, darunter das gediegene, mit Ahnenbildern geschmückte Eßzimmer oder das Französische Zimmer, ausgestattet mit Tapeten aus dem 18. Jahrhundert, der Damensalon und mehrere Gästezimmer tun das ihre, dem Besucher schnell das Gefühl erhabener Behaglichkeit zu vermitteln.

An diesem Junitag geht es jedoch nicht um Geselligkeiten. Die Herren haben sich versammelt, um Gedanken zur politischen

Situation auszutauschen und um über die Gründung eines Vereins zu beraten.

Der Einladung Wilhelm von Oertzens sind mehr oder weniger gute Bekannte gefolgt, adlige Gutsbesitzer, Militärs und Politiker. Die Gästeliste nennt Namen von Rang und Stand aus dem mecklenburgischen Adel, der zumeist der deutschnationalen oder deutschvölkischen politischen Richtung nahe steht, so die Grafen von Bassewitz und Mitglieder der Familien von Plessen und von Viereck. Als Vertreter des öffentlichen Lebens sind der Politiker der Deutschnationalen Volkspartei, der DNVP, Günther Graf von Tiele-Winkler aus Vollratsruhe, und der Vorsitzende des Mecklenburgischen Landbundes, Albrecht Wendhausen aus Spotendorf bei Laage, der Einladung gefolgt. Weitere Gäste sind zumeist frühere Offiziere, darunter Generalmajor Freiherr von Brandenstein aus Grambow, der Bruder des wenige Tage zuvor gescheiterten deutschnationalen Ministerpräsidenten von Mecklenburg-Schwerin. Ganz offensichtlich also ausgesuchte Leute, Herren, die bereits Führungsqualitäten bewiesen haben.

Drei der Gäste, an deren Erfahrungen dem Hausherrn besonders gelegen ist, sind von weiter her angereist, so Baron von Fölkersamb, Vorsitzender des in Bad Godesberg entstandenen »Herrenklub Mittelrhein«, aus Rolandseck am Rhein, der zweite Vorsitzende des zwei Jahre zuvor in Berlin gegründeten »Deutschen Herrenklubs«, Heinrich Freiherr von Gleichen-Russwurm, und der im rechten Spektrum bekannte Dr. Heinz Brauweiler. Nur ein Mann, auf dessen Anwesenheit der Hausherr großen Wert gelegt hatte, ist der Einladung nicht gefolgt: Herzog Adolf Friedrich von Mecklenburg, ein Onkel vom Großherzog Friedrich Franz IV. aus Bad Doberan. Er identifiziert sich jedoch nachträglich mit den Ergebnissen der Roggower Herrenrunde.

Nach Begrüßungstrunk und Imbiß gehen die versammelten Herren sehr bald dazu über, die politische Situation von Land und Reich eingehend zu erörtern. Ähnlichen Herkommens und Standes und in ihren politischen Auffassungen meist deutschnational orientiert, stimmen sie, Anhänger der monarchistischen Restauration und Gegner der 1918 ausgerufenen Weimarer Republik, sehr schnell darin überein, daß in der Politik des Reiches und auch in Mecklenburg die Dinge noch nicht wunschgemäß verlaufen. Zwar war nach dem Tod des sozialdemokratischen Reichspräsidenten Ebert, der die parlamentarische Republik mitbegründet hatte, Generalfeldmarschall von Hindenburg als Kandidat der Rechtsparteien im Jahre 1925 zum neuen Reichspräsidenten gewählt worden, aber an der Kabinettsbildung des Dr. Hans Luther Anfang 1926 war die rechtsgerichtete Deutschnationale Volkspartei, der sich doch etliche Roggower Gäste verbunden fühlten, zu deren Bedauern nicht mehr beteiligt.

Im Unterschied zum Reich ist die Situation in Mecklenburg in den letzten zwei Jahren etwas zufriedenstellender, so befindet die Herrenrunde an diesem Sommerabend. Hier hatte in dieser Zeit eine Koalition von Deutschnationaler Volkspartei und der ebenfalls rechtsgerichteten Deutschvölkischen Freiheitsbewegung existiert. Zudem entsprach die Regierung unter dem deutschnationalen Ministerpräsidenten Freiherr von Brandenstein aus Niendorf, Kreis Wismar, dem Geschmack der auf Roggow versammelten Herren eher als die Reichsregierung des Dr. Hans Luther. Leider aber ist das Ergebnis der kürzlichen Landtagswahlen vom 6. Juni 1926 enttäuschend ausgefallen. Es steht nun zu befürchten, daß die verhaßte Sozialdemokratie mit der Regierungsbildung in Mecklenburg beauftragt werden würde. Genug Veranlassung, so ist man sich einig, um Gegenmaßnahmen auf längere und auf kürzere Sicht zu ergreifen.

Freiherr von Gleichen-Russwurm, ein Vertreter des elitären Denkens, bringt schließlich auf den Punkt, was alle empfinden. Um die verhaßte Weimarer Republik mit ihrem Parlamentarismus und ihrer bürgerlichen Demokratie überwinden zu können, ist eine politische Oberschicht nötig, die das deutsche Volk nach seiner Meinung so lange entbehren mußte. Diese Oberschicht, so sagt er, solle aus unabhängigen Persönlichkeiten bestehen, freien deutschen Herrenmenschen, einem Adel nordischer und christlicher Gesinnung, der den Willen hat, sich gegen die bestehende organisierte Massenherrschaft, gegen Parlamentarismus und Demokratie durchzusetzen.

Am Ende der Diskussion, nachdem weitere ähnlichklingende Meinungen geäußert worden sind, beschließt die Roggower Runde, die »Herrengesellschaft Mecklenburg« sofort und mit dem Ziel zu gründen, die politische Meinungsbildung der geistigen Elite zu beeinflussen und auf diesem Wege Führerpersönlichkeiten zu formen.

Fortan gilt der 26. Juni 1926 als Gründungstag der Vereinigung: dreiundzwanzig der anwesenden Herren lassen sich an diesem Tag als Gründungsmitglieder registrieren. Ein Jahr später hat die Herrengesellschaft bereits neunundsechzig eingeschriebene Mitglieder und 1932/33 erreicht sie immerhin eine Mitgliederzahl von über dreihundert. Zu dieser Zeit wird sie dann eine der größten ihrer Art in Deutschland sein. Doch bis dahin ist der Weg noch weit. Zunächst einmal klingt die sommerliche Herrenrunde in Roggow in schönster Harmonie und mit einem edlen Tropfen aus.

WILHELM VON OERTZEN, RITTERGUTSBESITZER AUF ROGGOW

Von Oertzen war, als er die »Herrengesellschaft Mecklenburg« gründete, gerade dreiundvierzig Jahre alt. In den Folgejahren immer wieder als Vorsitzender bestätigt, wurde er sehr schnell zum anerkannten Mittelpunkt der Herrengesellschaft, fand in ihr seine politische Lebensaufgabe.

Ich habe mir häufig die Frage gestellt, was letztendlich die Gründe waren, die dem Besitzer von Roggow eine über zwei Jahrzehnte anhaltende uneingeschränkte Anerkennung seiner Standesgenossen eingebracht hatte, zumal er mit weniger als tausend Hektar Boden nicht zu den größten Grundbesitzern des Landes gehörte. Und was mag ihn selbst veranlaßt haben, sich in all den Jahren mit hohem persönlichen Engagement einer zeitaufwendigen Vorstandsarbeit zu widmen? War es die Langeweile des sich im Müßiggang ergehenden Landadligen? Wohl kaum.

Die Weltwirtschaftskrise von 1929/30 läßt auch das Gut Roggow nicht ungeschoren und fordert von seinem Herrn alle Kräfte, um den Familienbesitz zu erhalten.

»Die Zukunft von Roggow liegt mir mehr am Herzen als alles andere. Ein einzelner Mensch ist vergänglich, ein Familiengut hat etwas Unvergängliches an sich, etwas von Ewigkeitswert. Alle meine Gedanken und Kräfte gelten nur diesem einen Ziel, einem meiner Söhne Roggow als einen sicheren Boden unter den Füßen hinterlassen zu können.«

Die Sorgen von Oertzens sind nicht unbegründet, denn die Zahl der nach dem wirtschaftlichen Zusammenbruch verkauften oder zwangsversteigerten Güter im Lande nimmt unaufhörlich zu und ist inzwischen auf mehrere Hundert angestiegen. Mit besonderer Anteilnahme verfolgt er in jenen Monaten den Zusammenbruch der Gutswirtschaft Wedendorf des Grafen Bernstorff, nächst Ivenack, der größte Güterkomplex im Lande. Die Zwangsversteigerung der besonders wertvollen Kunstgegenstände aus dem gräflichen Familienbesitz gehen dem feinsinnigen und traditionsbewußten von Oertzen persönlich sehr nahe.

»Ich erwarte in diesem Winter«, so schreibt er in sein Tagebuch, *»noch einen vollständigen Stillstand im Wirtschaftsleben des Landes, das heißt der Eingang von jeglichen Steuern, die Bezahlung von Löhnen, Zinsen, Rechnungen wird aufhören. Was wird dann? Die Möglichkeit, sich Geld zu leihen, hat aufgehört. Die Möglichkeit, bei der schlechten Ernte und den absolut unauskömmlichen Preisen herumzukommen, ist nicht mehr vorhanden ... Es herrscht ein Zustand völliger Verzweiflung, ein Zustand des Wartens auf etwas, das nun kommen soll, und doch weiß niemand, wie dies Kommende aussehen wird.«*

Von Oertzen ist enttäuscht vom Wirken des Zentrumspolitikers, Reichskanzler Dr. Heinrich Brüning. Er beginnt, auf die Nationalsozialisten zu setzen, wenngleich auch nicht frei von

Skeptizismus, wie er selber sagt. Er hofft und sieht den Sturz der Weimarer Republik voraus, doch *»ein Misthaufen verrottet langsamer, als man denkt«*.

Je mehr ich selbst über die Persönlichkeit Wilhelm von Oertzens erfuhr, um so deutlicher wurde mir: Nicht Langeweile, Geltungsdrang oder persönliche Eitelkeit waren die bestimmenden Motive seines politischen Engagements. Es waren vielmehr die Zeitumstände, das heißt die in seinen Augen bestehende Handlungsunfähigkeit des Brüningkabinetts, ein die Nationalsozialisten begleitender Skeptizismus und vor allem ein tief verwurzeltes Traditionsverständnis, welches ihm als Angehörigen des Adels, der Oberschicht des Landes, wie ehedem seinen Vorfahren Verantwortung abverlangte, der er sich, erst recht in Zeiten wirtschaftlicher und politischer Schwierigkeiten, stellen zu müssen glaubte. Gerade die Haltung, sich in Zeiten gesellschaftlicher Umbrüche nicht in private Bereiche davonzustehlen, sondern sich tätig einzumischen, scheint mir nach meinen Studien ein bestechender Charakterzug dieses Mannes gewesen zu sein. Von Oertzen hob sich in mehrfacher Beziehung vorteilhaft von so manchem durch provinzielle Enge geprägten Mecklenburger Gutsbesitzer ab. Er war, was man nicht von jedem seiner Standesgenossen sagen konnte, ein geistig sehr reger Mensch, der viel las und sich selbst publizistisch betätigte. Gewohnt, alle Veränderungen um sich aufmerksam zu registrieren, verfügte er über die beneidenswerte Gabe, seinen Empfindungen und seiner Heimatliebe auf dem Zeichenblatt beziehungsweise in Gedichten gekonnt Ausdruck zu verleihen. Unter dem Eindruck einer Italienreise, die der Vater dem jungen Wilhelm einst finanziert hatte, entstand ein Gedicht, in dem er abschließend bekannte:

»Für einen Nebeltag am grauen Meer,
Für einen Sturm, der fegt durch kahle Felder
Und braust durchs Herbstlaub meiner Buchenwälder,
Gäb' ich Florenzens ganzen Zauber her.«

Daß Wilhelm von Oertzen sich auch in seinem politischen Wirken über enge regionale Interessen Mecklenburgs erhob, war nicht zuletzt dem Einfluß seines Vater und jenen Anregungen zu verdanken, die der junge Wilhelm in Berlin erhalten hatte. Der Vater, Fortunatus von Oertzen, war 1842 in Roggow geboren und seit 1873 mit Adele Gräfin von Bassewitz aus dem Hause Kläden verheiratet. Nach seinem Jurastudium war er frühzeitig in den Dienst des Schweriner Landesherrn getreten. Er wurde Wirklicher Geheimer Rat am Hofe des Großherzogs und war zuletzt als Chef der Obersten Verwaltungsbehörde des großherzoglichen Hauses der höchste Hofbeamte.

Solcherart Tätigkeiten und das Leben in Schwerin brachten auch für die Familienmitglieder zahlreiche interessante und anregende Begegnungen mit sich. Für den jungen Wilhelm, das zweite von fünf Kindern, wurden aber insbesondere jene Jahre um die Jahrhundertwende bedeutungsvoll, in denen die Familie in Berlin lebte. Zu dieser Zeit war der Vater Großherzoglich-Mecklenburgischer Gesandter am Kaiserhof in Berlin. Wohl hier und während der Zeit seines Studiums in Heidelberg wurden Wilhelms geistige Interessen, eingeschlossen seine politischen Ansichten, geprägt, die sich, von feststehenden Grundüberzeugungen abgesehen, aber später noch mehrfach wandeln sollten.

Für seine Mecklenburger Standesgenossen und ihr Verhalten ihm gegenüber spielte eine bedeutende Rolle, daß Wilhelm von Oertzen seiner Heimat und besonders dem Familienstammgut Roggow stets deutlich sichtbar eng verbunden blieb, seine Bodenständigkeit bildete eine wichtige Grundlage seines konservativen Denkens. Da sein älterer Bruder schon im Kindesalter verstorben war, erbt er nach dem Tode seines Onkels das Gut Roggow, das mit Russow, Vorwerk und einem Anteil in Wakendorf bei Kirch Mulsow 1037 Hektar umfaßt. 1911, ein Jahr vor seiner Heirat mit Gerda Gräfin von Westarp, übernimmt Wilhelm von Oertzen das zu dieser Zeit schwer verschuldete Gut.

Durch eisernen Fleiß, eine harte Hand, größte Sparsamkeit

und solide landwirtschaftliche, kaufmännische sowie juristische Kenntnisse gelingt es ihm innerhalb weniger Jahre, Roggow schuldenfrei zu machen.

Gewiß hat daran auch seine Frau, die in den Anfangsjahren ihrer Ehe vor Ausbruch und zu Beginn des Ersten Weltkrieges in die für sie ungewohnten Pflichten einer Landfrau erst hineinwachsen muß, keinen geringen Anteil. Aufgewachsen in einer preußischen Offiziersfamilie als Tochter des Majors Adolf Graf von Westarp, ist ihr Pflichtbewußtsein frühzeitig anerzogen worden. Mit einer ihr eigenen Hingabe widmet sie sich Haus und Hof sowie der Erziehung ihrer heranwachsenden Kinder. Durch ihre nie versagende Tatkraft und Zuversicht wird sie ihrem Mann in all den Jahren ihrer Ehe, besonders aber in schweren Zeiten eine wichtige Stütze.

Wilhelm von Oertzen gelingt es nicht nur, den Familienstammsitz zu erhalten; bald wird dieser auch zu einem Anziehungspunkt für Verwandte und Bekannte.

Von Oertzen, der den alten ehrwürdigen Familienbesitz zwar schon von Kindesbeinen her kennt, muß, wie er selber sagt, erfahren, daß er das Gut wirklich erst kennen und lieben lernte, je länger er es besaß und beackerte.

»Kein Mensch, der so etwas nicht selber durch Jahre der Sorge und der Freude und des Erfolges miterlebt hat, kann dieses Gefühl empfinden, und wer es erfahren hat, kennt es nur von seltenen Stunden des Rückblickens und der Muße. Jeder Tag fordert sein Recht, denn so wenig, wie die Natur stillsteht, steht die Landwirtschaft still. Aber gerade dieses Mitgehen und Mitarbeiten mit der Natur bringt den Menschen ihr und damit Gott näher, erzwingt seinen Fleiß und zugleich seine Demut, läßt ihn wahrhaft und wirklich Mensch sein. Gott segne und beschütze weiter unser altes Roggow und erhalte es unseren Nachfahren durch alle Stürme und Fährnisse der Zeit.«

Das enge Verhältnis zur Heimat und die sich mit dem Besitz verstärkende Bodenständigkeit des Roggower Gutsbesitzers verbinden sich eng mit seiner Liebe und Fürsorge der Familie gegenüber.

Dem tat auch nicht Abbruch, daß schon seit Generationen ein patriarchalisches Verhalten des jeweiligen Familienoberhauptes gegenüber Frau und Kindern bestimmend war. Die Familie Wilhelm von Oertzens akzeptierte das, ohne daß das harmonische Zusammenleben in irgendeiner Weise darunter litt. Weil aber eine gewisse auf Bildung gegründete Toleranz des Gutsherrn durch dessen Frau gefördert wurde, blieben freie Meinungsbildung und deren Äußerung im Familienkreise erhalten. Das war für die heranwachsenden Kinder und ihrer Erziehung von unschätzbarem Wert. Tochter Sibylle beschreibt Jahre später das Familienklima als durch die starke Persönlichkeit ihres Vaters geprägt. Sie schildert ihren Vater als einen unbestechlichen Mann, dessen Schwung und geistige Regsamkeit sowie seine für die damalige Zeit sehr moderne Einstellung zu allen Fragen des Lebens ihn in den Augen seiner Kinder niemals alt werden ließen. Sie konnten sich jederzeit mit ihren Sorgen und Nöten an ihn wenden. *»Gleichgültig, wie alt wir waren und welcher Art unsere Sorgen, stets wandte er uns seine volle Aufmerksamkeit zu und behandelte uns als ernstzunehmende Gesprächspartner.«*

Gerda und Wilhelm von Oertzen taten alles, bei ihren heranwachsenden Kindern keinen auf Abstammung begründeten Standesdünkel aufkommen zu lassen. Statt dessen waren sie darauf bedacht, bei ihnen durch hohe Anforderungen ein auf Leistung gestütztes Selbstbewußtsein auszubilden. Sie förderten die geistigen und musischen Interessen ihrer Kinder ebenso, wie sie großen Wert auf deren körperliche Ertüchtigung legten. Für die Dorfbewohner wurde es zu einem gewohnten Bild, den Gutsbesitzer beziehungsweise seine Kinder oder gar alle zusammen beim Dauerlauf anzutreffen. Noch im Alter von fünfzig Jahren erfüllte der Roggower Hausherr die Bedingungen für das Goldene Sportabzeichen, wozu unter anderem auch ein Zehntausend-Meter-Lauf gehörte. Gebadet wurde im nahegelegenen

Salzhaff und in der offenen See. Von Oertzen sorgte dafür, daß alle seine Kinder das Schwimmen erlernten. Dazu fuhr man nach Alt-Gaarz, wo ein Schwimmlehrer engagiert wurde.

In den Sommermonaten weilten häufig Gäste in Roggow, meistens Persönlichkeiten aus dem politischen und kulturellen Leben. Dazu gehörten unter anderem der Weimarer Kapellmeister Reiser, der Publizist Dr. Klaus Mehnert, aber auch Carl Friedrich Goerdeler, der spätere Oberbürgermeister von Leipzig, und Gottfried Feder, ein prominenter Vertreter der nationalsozialistischen Bewegung. Für Goerdeler empfand Wilhelm von Oertzen eine hohe Wertschätzung.

»Er ist eine hervorragend fähige, kluge, nationale und vor allem energische Persönlichkeit, die durchsehen und durchgreifen, aber entscheidend natürlich nicht helfen wird. Kann das überhaupt ein Mensch?«

Einen besonderen Anlaß zur Freude bot der Besuch des ehemaligen Landesherrn Großherzog Friedrich Franz IV. Solche Gäste bedeuteten für die Familie von Oertzen nicht nur eine willkommene Abwechslung im Landalltag, sondern brachten stets auch eine Fülle geistiger Anregungen mit sich. So mancher Sommerabend – man saß auf den Treppenstufen des Hauses – war mit interessanten Gesprächen oder künstlerischen Darbietungen der Besucher angefüllt.

Zum Musizieren gab es einen Flügel sowie ein Harmonium. Letzteres wurde täglich benutzt. Frau von Oertzen, in ihrem Elternhaus religiös erzogen, fühlte sich verantwortlich für die täglichen Andachten. Vormittags gegen zehn oder elf Uhr versammelten sich regelmäßig die Familienmitglieder und die Hausangestellten in der Diele um das Harmonium. Ein Choral erklang, und eine Bibelstelle wurde verlesen. Wer Geburtstag hatte, durfte sich einen Choral auswählen. Diese gemeinsamen Andachten waren nach Ansicht der Beteiligten für den Zusammenhalt der Familie und ihrer Bediensteten sehr wichtig, gerade in späteren Zeiten größter Not.

Frau von Oertzen war auch auf andere Weise bemüht, sich in christlicher Nächstenliebe und Gläubigkeit zu üben. Schon als junges Mädchen sozial tätig, kümmerte sie sich als Landfrau um die Familien im Dorfe und die Angestellten ihres Hauses. Ihre besondere Fürsorge galt jungen Müttern und Neugeborenen. Darüber hinaus besuchte sie regelmäßig Kranke und Alte und half, wo es erforderlich schien. Wie sich ihre Tochter zurückerinnert, ließ sie niemanden, der bei ihr Rat und Hilfe suchte, ungetröstet gehen; dabei verwies sie immer auf ihren Glauben an das Christentum und Gott, aus dem sie für sich selbst stets neue Kraft schöpfte.

Während meines Besuches bei Sibylle von Oertzen gedachte diese sehr liebevoll ihrer Mutter. Es entstand vor meinen Augen das Bild einer kleinen zierlichen Frau, die in entscheidenden Stunden über sich selbst hinauswuchs, selbst als ihr Mann nach dem Tod auch des zweiten Sohnes innerlich zerbrach. Durch Erziehung und weibliche Klugheit gewöhnt, sich in patriarchalisch geprägte Verhältnisse zu fügen, bedeutete das für sie aber nie, sich zu verleugnen und ihre eigene Meinung aufzugeben. Mit ihrem Gerechtigkeitssinn, ihrem sozialen Empfinden und ihrer christlich motivierten Fürsorge für andere trug Gerda von Oertzen viel zur guten Atmosphäre im Hause Roggow bei. Der Hausherr bedurfte in hohem Maße des gesicherten Hinterlandes eines harmonischen Familienlebens. Ohne dieses wäre der Leiter der »Herrengesellschaft Mecklenburg« wohl kaum in der Lage gewesen, seinen zahlreichen gesellschaftlichen Verpflichtungen nachzugehen.

Mit besonderer Liebe hing Wilhelm von Oertzen, wie später auch sein Tagebuch enthüllen sollte, an seinen Söhnen. Vor allem Jürgen, seinem Ältesten, war er in hohem Maße zugetan, in ihm sah er den zukünftigen Erben des alten Familienbesitzes. Ganz sicher trug zu diesem innigen Verhältnis auch Jürgens offenes und geradliniges Wesen bei. Heiter, aufgeschlossen und unkompliziert, so beschreibt ihn Jahre später seine Schwester. Wie stolz mag Wilhelm von Oertzen auf seinen Erstgeborenen gewesen sein, als dieser unter Hunderten von Bewerbern zu den zwanzig Auserwählten gehörte, die für ein Jahr als Austauschstudenten in die USA gingen.

»Er ist nach Amerika gegangen, wo er Deutschland vertreten und für sein Deutschtum eintreten soll«, notiert von Oertzen im Oktober 1933 in seinem Tagebuch.

Und dieses tat Jürgen von Oertzen mit der ganzen Begeisterungsfähigkeit seines jugendlichen Alters. Die Rückreise nach Deutschland machte er zu einer Weltreise, die ihm persönliche Begegnungen mit dem indischen Dichter und Philosophen Rabindranath Tagore und mit Mahatma Gandhi einbrachte. Gandhi beeindruckte den jungen von Oertzen durch die Lauterkeit seines Charakters und durch ein Wesen, frei jeglicher Eitelkeiten, zutiefst.

Der Stolz, den Wilhelm für seinen Erstgeborenen empfand, bedeutete jedoch keineswegs, daß er seinem jüngeren Sohn Frithjof die väterliche Zuneigung vorenthielt. Frithjof war das Gegenteil seines Bruders, nicht so strahlend wie dieser, sondern zurückhaltend und sparsam in seinen Gefühlsäußerungen. Beliebtheit, Freundschaft und Erfolg flogen ihm nicht von selbst zu. Kraft und Selbstvertrauen holte er sich in der Frömmigkeit der Musik. Er war ein Mensch der leisen Töne, ausgestattet mit einer großen Empfindungskraft. Seine Fähigkeiten und Eigenschaften ließen ihn frühzeitig zu einer Persönlichkeit von großem Ernst und innerer Reife heranwachsen. Für ihn und seinen Charakter war bezeichnend, daß er bereits im jugendlichen Alter alljährlich am Silvestertag für sich Rückschau auf das zu Ende gehende Jahr hielt, dabei Bilanz zog und sich selbst Rechenschaft abverlangte.

Wilhelm von Oertzen und seine Frau verstanden es sehr wohl, ihren heranwachsenden Kindern im Rahmen der in den Traditionen einer festen Ordnung verlaufenden Erziehung stets das Gefühl von Geborgenheit zu geben.

Die Herzlichkeit des Umgangs in der Familie bezog auch die meisten der zahlreichen Verwandten mit ein, die oft und gern auf Roggow weilten; einige der acht Gästezimmer waren fast immer bewohnt. Ganz zweifellos gehörten zu den Gästen die Westarps, Wilhelms Schwester Leni aus Schwerin oder die Familie seines in Rostock wohnenden Bruders Detlof. Mit der gleichen selbstverständlichen Herzlichkeit wurden später auch die Verwandten der Schwiegertöchter und -söhne in den Kreis derer von Oertzen aufgenommen.

Familienliebe und Familiensinn Wilhelm von Oertzens waren untrennbar mit seinen politischen Ansichten verbunden. Seiner Denkart entsprach eine Auffassung, daß jeder – ob in der Familie oder Politik – die Pflicht hatte, dafür Sorge zu tragen, daß all das durch die Vorfahren und ihn selbst Geschaffene für die Familie und für künftige Generationen erhalten bliebe. Wie selbstverständlich ging er dabei von der andauernden Herrschaft der von Oertzens über Land und Leute in und um Roggow aus. Als Familienoberhaupt und als ein Mann mit unermüdlichem Tatendrang sah er sich dabei in die Pflicht genommen – hier lag wohl auch ein Motiv seines umfangreichen Wirkens im Sinne der Herrengesellschaft.

Das politische Wirken des Roggowers begann in den zwanziger Jahren, nachdem die vom Adel und von großbürgerlichen Kreisen getragene und festgefügt geglaubte Ordnung des Kaiserreiches und der Fürstenherrschaft in Mecklenburg durch die Novemberrevolution 1918 beseitigt worden war.

Viele adlige, aber auch bürgerliche Gutsbesitzer machten deshalb keinen Hehl aus ihrer Auffassung: Das bürgerlich-parlamentarische System der Weimarer Republik mußte beseitigt und die Monarchie restauriert werden. Angehörige einflußreicher Adelsgeschlechter wie der Bassewitzens, der Plessens, Oertzens oder der Schulenburgs wandten sich damals gegen das »System«, gegen die »Parteienherrschaft« und gegen den »Marxismus«, den sie vor allem in der Sozialdemokratie verkörpert sahen. Für sie *»regierte«* die Regierung nicht, wie es Wilhelm von Oertzen im Juli 1920 in den Mecklenburger Nachrichten anprangerte, sie redete nur über die Arbeit, die sie den *»im Dienst gebliebenen alten Beamten«* überließ.

Später, angesichts der Wahlergebnisse vom März 1933, die den Nationalsozialisten zusammen mit der Deutschnationalen Volkspartei die absolute Parlamentsmehrheit eingebracht hatten, urteilte von Oertzen über die zu Ende gegangene Weimarer Republik rückblickend:

»Nach einer Periode von fast 15 Jahren einer wahnsinnig gewordenen Politik, die mit der Revolution vom 9. November 1918 begann, die uns, solange wir darin standen, unendlich lang erschien und die einmal als die letzte, sich selbst überschlagende und überbietende Fieberkurve einer undeutschen, nein antideutschen, marxistischen epidemischen Krankheit des deutschen Volkes beurteilt werden dürfte, erleben wir heute den Beginn eines völlig neuen Zeitalters. Der Liberalismus ist, nachdem er die Zeit seiner Berechtigung, seiner Blüte und seines Segens für die Entwicklung des Wirtschaftslebens längst überwunden, nachdem er sich zum reinen Marxismus ausgelebt hat und unmittelbar im Begriff stand, zum Bolschewismus zu werden, überwunden, und eine neue Epoche … hat begonnen.«

Waren sich die Vertreter des Adels zwar im Grundsätzlichen einig, daß der Parlamentarismus verschwinden müsse, vertraten sie aber, was die jeweils gewählten Methoden des Vorgehens betraf, unterschiedliche Auffassungen. Sollte man, wie etwa in den sogenannten Freikorps, beim Kapp-Putsch 1920 oder gar wie beim Hitler-Putsch 1923 auf Gewalt setzen oder besser als Mitglied in Rechtsparteien wie der DNVP auf eine Beseitigung der Republik hinarbeiten? Oder sollte man gar beides tun?

Wilhelm von Oertzen entschied sich für den gewaltlosen Weg. Nach Krieg und Revolution suchte er Anschluß an jene führenden Vertreter der konservativen Bewegung, die 1919 in Berlin den nationalistisch orientierten »Juni-Klub« und dann 1924 den »Deutschen Herrenklub« gegründet hatten. So lernte er auch den Ersten Vorsitzenden des Herrenklubs, Hans Bodo Graf von Alvensleben aus Neugattersleben, kennen, noch nicht wissend, daß verwandtschaftliche Beziehungen beide Familien einst miteinander verbinden würden. Alvensleben verkörperte den Typ des feudalen Aristokraten und fiel, wie glaubwürdig berichtet wird, durch seine Arroganz selbst in den elitären Kreisen des Herrenklubs auf.

Näher bekannt wird von Oertzen in jener Zeit auch mit dem Zweiten Vorsitzenden des Klubs, Heinrich Freiherr von Gleichen-Russwurm, eben jenem, der später die »Herrengesellschaft Mecklenburg« mit aus der Taufe hob, sowie mit Dr. Wilhelm Rosenberger.

Von Gleichen war ein konsequenter Verfechter der Elitetheorie, von der aus er den Herrschaftsanspruch einer politischen Oberschicht – und damit meinte er den deutschen Adel – ableitete. Und Rosenberger präzisierte diese Auffassung:

»Der Name des Herrenklubs ist entstanden aus der politischen Grundüberzeugung meines Freundeskreises, daß staatspolitische Führung eine Angelegenheit weniger ist und bleiben muß ... Darum ist vielleicht der Name Herrenklub ein Programm.«

Rosenberger hatte die spezielle Aufgabe, jene etwa zwanzig konservativen Herrenklubs und -gesellschaften, die sich inzwischen in Anlehnung an den Berliner Herrenklub in den verschiedenen deutschen Ländern gebildet hatten, in der sogenannten Ringbewegung zusammenzufassen.

In dieser Zeit lernt Wilhelm von Oertzen den Publizisten Arthur Moeller van den Bruck kennen. Dessen Buch »Das Dritte Reich« war 1923, in einer Zeit heftiger innenpolitischer Auseinandersetzungen und am Vorabend des Hitler-Putsches in München erschienen. Für von Oertzen wird es eine wichtige Lektüre, die er immer wieder zur Hand nimmt. In ihr entdeckt er in hohem Maße die Geistesverwandtschaft zwischen sich und dem aristokratisch auftretenden Moeller van den Bruck.

Der 1876 in Solingen Geborene entstammte einer bürgerlichen Familie. Den adlig klingenden Namen hatte er sich selbst zugelegt, um damit nachdrücklich sein elitäres Denken zu demonstrieren.

Der von ihm im Buchtitel verwendete Begriff »Drittes Reich« war aber keineswegs seine Erfindung. Auch nicht die der Nazis. Von der Sehnsucht nach einem neuen, dem »dritten Reich« sprach bereits der Industrielle Alfred Hugenberg, damals Aufsichtsratsmitglied führender rheinisch-westfälischer Montan-Unternehmen und später selbst Vorsitzender der Deutschnationalen Volkspartei, auf deren Parteitag 1919. Nach monarchistischem Verständnis war das mittelalterliche Kaiserreich das »erste Reich« gewesen; als das »zweite« galt das 1871 geschaffene Deutsche Kaiserreich. Die konservativen Kreise, die nun den Begriff des »Dritten Reiches« als Zukunftsvision verwandten und denen von Oertzen sowie die späteren Mitglieder der Herrengesellschaft zuzurechnen waren, betrachteten die Weimarer Republik als ein Interregnum, vergleichbar der *»kaiserlosen, schrecklichen«* Zeit zwischen dem Ende der Hohenstaufen im 13. Jahrhundert und der von Bismarck geprägten Reichseinigung 1871. Die Nationalsozialisten bemächtigten sich in der Folge dieser Vision von einem »Dritten Reich«, an dessen Spitze allerdings der »Führer« stehen sollte, sozusagen als Ersatz für das stark ramponierte Kaiserbild.

Moeller van den Bruck, während des Ersten Weltkrieges in der Auslandsabteilung der Obersten Heeresleitung eingesetzt, versuchte noch im Nachhinein, die Eroberungsziele des kaiserlichen Deutschlands historisch und moralisch zu rechtfertigen. Den Revolutionären von 1918 warf er vor, den Krieg verspielt zu haben. Er machte die Novemberrevolution verantwortlich für die Härte des Versailler Friedensvertrages. Die bürgerliche Demokratie der Weimarer Republik ablehnend, strebte er mit nationalistischen Losungen danach, viele Deutsche für eine »dritte Partei« zu gewinnen, die das System beseitigen könne. Seine Auffassungen deckten sich in vielerlei Hinsicht mit jenen der Nazis.

Ein Jahr nach Herausgabe der Schrift »Das Dritte Reich« erscheint Adolf Hitlers »Mein Kampf«. Nicht durch die Originalität der Gedanken unterscheiden sich beide Lektüren, denn die

Auffassungen stimmen durchaus überein. Der Unterschied liegt in der Art der intellektuellen Präsentation. Im Vergleich zu dem sich aristokratisch gebärdenden, seiner geistigen Überlegenheit bewußten Moeller van den Bruck formuliert Hitler seine ideologischen Parolen ungleich primitiver.

Trotz bestehender Geistesverwandtschaft machten sich die Nazis die Gedanken jenes Mannes, der 1925 Selbstmord beging, nicht vorbehaltlos zu eigen. Sie waren mißtrauisch gegenüber jedwedem elitären Führungsanspruch der Konservativen. Hitler wollte zwar »Trommler« sein und Masseneinfluß gewinnen, war aber nicht bereit, sich von der konservativen Elite dirigieren zu lassen; er mußte erst noch lernen, daß die Großindustriellen und die Großgrundbesitzer unentbehrlich für ihn waren, wenn er die Macht übernehmen wollte. Dennoch, eine taktische Distanz blieb immer.

Wilhelm von Oertzen, der sich auch gegenüber der NSDAP verschiedentlich auf Moeller van den Bruck berief, sollte das noch zu spüren bekommen, und zwar um so deutlicher, je mehr er bemüht war, auf der Grundlage national-konservativer und schließlich nationalsozialistischer Elitevorstellungen eine die Politik bestimmende Oberschicht heranzubilden. Vor allem auch deshalb, weil seine Aktivitäten nicht auf Mecklenburg beschränkt bleiben. So gehört er dem Deutschen Herrenklub Berlin an, unter dessen anfangs etwa tausend Mitgliedern die Großagrarier überwiegen. Als Vorsitzender der »Herrengesellschaft Mecklenburg« wird er auch in den Vorstand des Klubs, das spätere Direktorium, berufen und unterstützt dessen Bemühen, Großindustrielle, Bankiers und Militärs zu gewinnen und die Staatspolitik zu beeinflussen. Hierfür bestehen günstige Voraussetzungen, denn zu den Klubmitgliedern zählen auch hohe Staatsbeamte und sogar Minister. Der Roggower begrüßt es daher auch, als der Reichspräsident von Hindenburg den Ehrenvorsitz des Herrenklubs übernimmt.

Von Oertzen bekommt durch seine Mitgliedschaft und Vorstandsarbeit im »Deutschen Herrenklub« in Berlin Kontakt zur aristokratischen Spitze des Reiches, zu hohen Staatsbeamten und Ministern. Neben Klubmitgliedern wie Friedrich Fürst von Hohenzollern-Sigmaringen mit mehr als 46000 Hektar Landbesitz, Christian Ernst Fürst von Stolberg-Wernigerode mit vergleichsweise nur 10000 Hektar weniger oder Adolf Graf von Arnim-Muskau, dessen Ländereien mehr als 26000 Hektar ausmachten, und Otto Graf von der Schulenburg mit 15000 Hektar Boden mußte sich der Roggower Gutsbesitzer eigentlich wie ein Waisenknabe vorkommen; aber das Bewußtsein von der nahezu sechshundertjährigen Tradition des Hauses Roggow und der Stolz auf das durch viele Generationen Geschaffene standen dem entgegen.

Auch unter den im Ehrenpräsidium vertretenen Politikern und hohen Beamten befinden sich bekannte Namen, so die Repräsentanten der Weimarer Republik Dr. Hans Luther und Franz von Papen sowie Vertreter des angestrebten »Dritten Reiches«: Konstantin Freiherr von Neurath, Joachim von Ribbentrop und Lutz von Schwerin-Krosigk. Zahlreiche weitere Klubmitglieder sind Botschafter, Gesandte oder nehmen wie Herbert von Dirksen und Ulrich von Hassell hohe Positionen im Auswärtigen Amt ein.

Im Direktorium des Berliner Herrenklubs, das 1927 an die Stelle des Vorstandes tritt, gehört Wilhelm von Oertzen einem besonders elitären Kreis an, in dem unter dem Vorsitz des Grafen von Alvensleben und seines Stellvertreters Freiherr von Gleichen-Russwurm unter anderem noch Baron Fölkersamb, von Papen, Christoph Martin Fürst zu Stolberg-Roßla und der Prinz von Hohenzollern mitwirken.

An den Veranstaltungen des Herrenklubs in Berlin und den Zusammenkünften seines Direktoriums nimmt Wilhelm von Oertzen mit ziemlicher Regelmäßigkeit teil. Sie verfehlen ihre Wirkung nicht und beeinflussen seine politische Denkweise. In Berlin entstehen gleichsam feste Beziehungen zu führenden Persönlichkeiten des konservativen Lagers im Reich, die er gut für die Arbeit in Mecklenburg nutzen kann. Sie erleichtern ihm manches und beeindrucken ganz offensichtlich vor allem jene Mitglieder, deren Denken von provinzieller Enge und Autoritätshörigkeit geprägt ist. So erarbeitet sich der Roggower Gutsherr Schritt für Schritt eine herausragende Position in Mecklenburg, und seine Meinung hat bei den Landjunkern Gewicht.

Regelmäßig und mit erheblichem Aufwand organisiert von Oertzen auf den verschiedenen Gütern Bildungsveranstaltungen mit der Absicht, den auch von Moeller van den Bruck vertretenen berufsständischen Gedanken, der auf eine engere Verbundenheit der Arbeiter mit den Betrieben zielt, in der Landwirtschaft zu verbreiten. In seinen Augen ist das *»für die Gesundung der Wirtschaft wichtig«*, so geht es aus einem Briefwechsel mit Großherzog Friedrich Franz IV. 1928/29 hervor. Neben dem Landbund übernehmen adlige Grundbesitzer, darunter auch der Großherzog die Finanzierung der zahlreichen Kurse, die von Wanderlehrern durchgeführt und jährlich wiederholt werden sollen, denn – so von Oertzen wörtlich – *»wenn Jahre vergehen, ohne daß die nationalen Gedankengänge immer wieder eingehämmert werden, so haben solche Veranstaltungen überhaupt keinen Zweck«*. Zugleich erhält der Gutsherr über die Wanderlehrer wichtige Informationen aus den Schulungsveranstaltungen; sie sind verpflichtet, ihm gegenüber *»Angaben zu den Arbeitsverhältnissen und den Beziehungen zwischen Arbeitern und Arbeitgeber auf dem jeweiligen Gute zu machen«*.

Die Kurse dienen außerdem dazu, die Landarbeiter für die berufsständischen Ziele des Landbundes zu gewinnen. Zu diesem Zweck war Anfang 1931 ein Landarbeiterbund gegründet worden, dessen Vorsitzender Richard Methling, langjähriger Diener im Hause Roggow, wurde.

Wilhelm von Oertzen verwirklicht den ständischen Gedanken mit aller Konsequenz, fühlt er sich doch in seinem Stand verwurzelt und ihm verpflichtet. So vertritt er in einer Vielzahl von Organisationen und Institutionen den mecklenburgischen Adel.

Das »Hauptbuch von Roggow 1927/28« gibt in der Spalte Ausgaben Aufschluß über das umfangreiche politische Wirken des Vorsitzenden der Herrengesellschaft. Neben Zahlungen größeren Umfangs an Landbund, Adelsgenossenschaft, Verband der Ritterschaft oder an die Deutschnationale Volkspartei nimmt sich der Jahresbeitrag für die »Herrengesellschaft Mecklenburg« recht bescheiden aus. Erheblicher sind die finanziellen Verpflichtungen, die sich aus seiner Mitgliedschaft im Berliner Herrenklub ergeben. Der Jahresbeitrag von anfänglich zweihundert Reichsmark und ein hohes Eintrittsgeld sollten nicht nur die aufwendigen Klubkosten decken, sondern auch *»unerwünschte Elemente«* fernhalten. Aus gleichem Grunde entschied auch der Berliner Vorstand beziehungsweise das Direktorium über die Aufnahme neuer Mitglieder, die individuell und nur mit Bürgschaft erfolgte. Laut geltender Richtlinie war die *»Überzeugung von der Notwendigkeit konservativer Staatsgesinnung«* unerläßliche politische Vorbedingung. Ähnlich, wenn auch nicht ganz so kraß, handhabt der Vorsitzende die Personalpolitik in der Mecklenburger Herrengesellschaft.

Wilhelm von Oertzen gibt für seine politische Arbeit, für Mitgliedsbeiträge und Spenden, für die Jahresessen des Klubs und für die Fahrten nach Berlin nicht unerhebliche Summen aus. Die Verbindungen und Beziehungen, die er dort knüpft, sind für die Bewirtschaftung seines Gutes im engeren Sinne jedoch kaum von Belang, und so können wir zurecht annehmen, daß seine politische Betätigung mit ihren finanziellen Aufwendungen vorrangig ideellen Motiven entsprang.

ADEL VERPFLICHTET ODER: »WIR SIND KEINE VOLKSBEWEGUNG«

Im Schriftwechsel des Vorsitzenden der Mecklenburger Herrengesellschaft stieß ich auf einen Brief Wilhelm von Oertzens vom 8.11.1930, den er an den Geheimen Regierungsrat Dr. Riess in

Neubrandenburg gerichtet hatte. Hierin faßt er in wünschenswerter Offenheit die Zielstellung seines politischen Wirkens zusammen:

»Das Ziel der Herrengesellschaft ist das Dritte Reich nach dem Buch, welches der leider verstorbene Mitbegründer der Bewegung Moeller van den Bruck verfaßt hat und das wirklich jedem Deutschen bekannt sein müßte. Mit dem Gedanken der Überparteilichkeit ist fast untrennbar die Abneigung gegen den Parlamentarismus verbunden ... Wir sind eine durchaus aristokratische Bewegung insofern, als wir Führerpersönlichkeiten aus allen Kreisen heranziehen und durch unsere Veranstaltungen schulen und informieren und vor allem dann auch von ihnen erwarten, daß sie das Gelernte auch anwenden auf sich und auf den Kreis, auf den sie Einfluß haben. Das ist eben Führertum! Wir sind also keine Volksbewegung, was der Gegensatz dazu wäre.«

Die Heranbildung einer Aristokratie des Geistes und der Leistung, das war es, was die Gründer der Herrengesellschaft anstrebten. Da die adligen Gutsbesitzer, Politiker und Militärs in der Herrengesellschaft den Ton angaben, war es nicht verwunderlich, daß sie dem Adel bei der Lenkung deutscher Geschicke eine besondere Rolle zumaßen. Daß dabei mehr von Pflichten des Adels und nicht so sehr von seinen Rechten gesprochen wurde, mag zunächst einmal verwundern, entsprang aber der Absicht, dem Adel wieder ein größeres Gewicht im gesellschaftlichen Leben zu verschaffen. Außerdem wollte man mit einer solchen Haltung auch den antimonarchistischen Stimmungen entgegenwirken, die, allenthalben verbreitet, einstmals zum Entstehen der Weimarer Republik und des Parlamentarismus geführt hatten.

Wilhelm von Oertzen und die Mehrheit seines Standes waren fest davon überzeugt, daß ihre Vorfahren den Grundbesitz erarbeitet hatten und somit dieser auch verewigt werden müsse. Zur Vorstellung vom harmonischen Berufsstand gehörten für die Gutsbesitzer natürlich auch Landarbeiter und Gesinde, teilweise als eine Art notwendiges Zubehör des Gutsbetriebes. Noch bis vor wenigen Jahren waren die Landarbeiter in Mecklenburg lediglich die *»Ochsen hinter dem Pflug«*. Selbst für geringe Vergehen wurden sie zum Teil hart, ja bisweilen grausam bestraft.

Dennoch war ein Umdenkprozeß in Gang gekommen. Streiks und andere Zeichen des erwachenden Selbstbewußtseins der Landarbeiter, in einigen Fällen vielleicht auch das gemeinsame Kriegserlebnis, ließen beim Landadel die Erkenntnis reifen, daß es mit Prügel wie vor 1918 nicht getan war. Diese Überzeugung fand sich auch in den Kursen wieder, um die sich Wilhelm von Oertzen so bemühte. Natürlich war für den adligen Großgrundbesitzer unstrittig, wem die auf Geist und Leistung begründete Führung des Berufsstandes zufiel. Er vertrat die Auffassung, der *»große Führer«* werde nicht erzogen, er wird geboren. Die *»Unterführer«* aber müssen erzogen werden, um die *»Einheitlichkeit des ganzen Denkens und Fühlens«* der Oberschicht zu gewährleisten, *»damit eine Atmosphäre vorhanden ist, in der der Führer überhaupt leben, in der er sich durchsetzen kann ...«*

Dieses Ziel vor Augen, suchten die Gründer der Herrengesellschaft geeignete Mitglieder. Sie suchten in den Kreisen einflußreicher Gutsbesitzer und Industrieller, Politiker, höherer Beamter und Militärs, aber auch unter Lehrern, Universitätsprofessoren und kirchlichen Würdenträgern, die aufgrund ihrer beruflichen Tätigkeit und Stellung in der Gesellschaft bestimmte Personenkreise zu beeinflussen in der Lage waren.

Nationales Denken, was auch immer das heißen sollte, und konservative, die Weimarer Republik ablehnende Auffassungen waren Bedingungen für eine Mitgliedschaft. Wer sich um Aufnahme in die bald renommierte »Herrengesellschaft Mecklenburg« bewarb, mußte den Herren des Vorstandes als ehrenwert bekannt sein. Bewarb sich im Einzelfalle ein Unbekannter um die Mitgliedschaft, wurden Erkundigungen über dessen Leumund und politische Auffassungen eingezogen, ehe der Antrag zur Entscheidung kam. So auch im nachstehenden Fall:

Eines Tages, im April 1928, erhält von Oertzen einen Brief von dem ihm unbekannten Diplomingenieur und Architekten

Siegert aus Rostock, der sich um Aufnahme in die Herrengesellschaft bemüht. Siegert schreibt, er habe von befreundeter Seite im Vertrauen vom Bestehen der Herrengesellschaft erfahren und vermute, *»daß es sich hier um Bestrebungen ... handelt, deren Endziel in der Befreiung Deutschlands von fremdstämmigen Einflüssen und der Wiederbelebung wohlverstandenen deutschen Wesens besteht.«* Er habe den Eindruck, *»daß hier der Gedanke zur Verwirklichung strebe, die jetzt vielfach unberufenen Führer Deutschlands durch solche Führer zu ersetzen, die auf Grund einer unzweifelhaft deutschen Gesinnung dazu berufen sind.«*

Trotz dieses deutlich nationalistischen Bekenntnisses des Briefschreibers veranlaßt von Oertzen, den ihm persönlich unbekannten Siegert zu überprüfen, indem er gleich mehrere Vereinsmitglieder aus Rostock zur Meinungsäußerung auffordert.

Aus den Akten geht hervor, daß der Vorstand später, unter den Bedingungen der Naziherrschaft, diese politische Prüfung von Anträgen noch verschärfte.

Zunächst aber registriert von Oertzen mit Befriedigung, daß die Herrengesellschaft großen Zuspruch findet. In wenigen Jahren wächst die Zahl der Mitglieder auf mehr als zweihundertfünfzig. Dabei ist nach Auffassung des Vorstandes ihr Einfluß weit größer, denn an deren Bildungsveranstaltungen nehmen während der ersten beiden Jahre ihres Bestehens bereits rund sechshundert Personen teil. Diese sich abzeichnende Entwicklung war ohne Zweifel auch den Zeitumständen geschuldet. Die nur wenige Jahre alte Weimarer Repubik steuerte peu à peu auf eine Weltwirtschaftskrise zu, die bislang ohnegleichen sein sollte und mehr und mehr den Charakter einer Lawine anzunehmen begann.

In Mecklenburg war die Hälfte aller Gutsbetriebe nahezu hoffnungslos verschuldet. Der Pommersche Landbund hatte, so stand in den Zeitungen zu lesen, für Rügen die Parole ausgegeben, alle Personen, die auf Zwangsversteigerungen Güter oder Inventar kauften, geschäftlich oder gesellschaftlich zu boykottieren. *»Man nennt das ›Selbsthilfe‹«*, so von Oertzens Kommentar, *»es ist einer* *der letzten Verzweiflungsakte der sterbenden norddeutschen Landwirtschaft.«*

Die vom Brüning-Kabinett erlassene große Notverordnung enthält nach Auffassung Wilhelm von Oertzens zwar *»außerordentlich einschneidende Maßnahmen, Zinssenkungen, Lohn- und Gehaltsabbau, Verbilligung der Düngermittel um 10 %, Senkung gebundener Preise, also auch besonders der Kohle um 10 %, einstweilige Beschränkung oder Einstellung von Zwangsvollstreckungen sowie Mietsenkungen und vieles andere.«* Nach seiner Meinung haben aber alle diese Schritte hauptsächlich einen außenpolitischen Zweck, denn sie sollen *»dem Auslande die Notlage Deutschlands zeigen und damit auf Aufhebung der Reparationszahlungen drücken«*. Im Innern schaffen sie zwar *»kleine Erleichterungen, aber bestimmt keine Sanierung«*.

Unter dem 12. November 1931 vermerkt er in seinem Tagebuch:

»Zeichen der Zeit! In Amerika wird die Weizenernte zur Hälfte untergepflügt und der Mais in Dreschmaschinen verheizt, und in Java wird der Kaffee ins Meer geschüttet. – In Grevesmühlen fährt Herr von Plessen aus Damshagen dem Finanzamt 2000 Zentner Zuckerrüben vor die Tür und rechnet hiermit gegen eine Steuerschuld von dreitausendsechshundert Mark auf. In Kröpelin ist Ferkelmarkt. Die Anfuhr ist groß, der Handel flau. Ein Bauer ist mit vierzehn Ferkeln auf den Markt gekommen, ohne sie verkaufen zu können, und fährt wieder damit nach Hause. Unterwegs fällt ihm ein, nachzusehen, ob auch alle noch da sind. Er zählt – es sind achtzehn! Er sagt ›Dunnerslag‹, reibt sich die Augen und zählt noch einmal. Es bleiben achtzehn. Ein anderer Schweinezüchter hatte ihm, nur um die Tiere nicht mit zurücknehmen zu müssen, vier Stück auf seinen Wagen geworfen.«

Wahr oder nicht wahr, Darstellungen wie diese sind aber geeignet, uns die Lebensumstände nachempfinden zu lassen, von denen die Menschen betroffen waren und die sie nach einem Ausweg suchen ließen.

Bei meinen Recherchen um Wilhelm von Oertzen und die Herrengesellschaft fiel mir seine bis 1942 handschriftlich geführte Mitgliederliste in die Hände. Sie ist insofern von Interesse, da sie neben den Namen und Anschriften zum Teil auch Angaben über die berufliche Tätigkeit der Mitglieder sowie das Eintritts- und, wenn zutreffend, das Austrittsdatum enthält.

Dieses Dokument und eine auf den 1. Juli 1932 datierte, gedruckte Liste mit insgesamt zweihundertneunzig Namen geben Auskunft über die soziale Schichtung innerhalb der Herrengesellschaft. Beide Materialien bestätigen, daß der Adel unter den Mitgliedern am stärksten vertreten war. Er überwog bei den etwa fünfundneunzig Gutsbesitzern und rund zwanzig Offizieren höherer Ränge, die überwiegend nicht mehr im Dienst waren und stellte auch die Mehrheit der fünfunddreißig Beamten.

Unter den adligen Gutsbesitzern waren nahezu alle Familien des eingeborenen Adels vertreten, deren Namen man seit sechshundertfünfzig Jahren überall da in Mecklenburg findet, wo politische Entscheidungen fallen oder vorbereitet werden.

Die Liste offenbart aber auch, daß häufig Gutsbesitzer, Ministerialbeamte und Offiziere aus ein und demselben Adelsgeschlecht stammten. So fand ich unter den Mitgliedern neben Freiherrn von Brandenstein Generalmajor a.D. aus Grambow bei Goldberg, Mitbegründer der Herrengesellschaft, den Kabinettsrat Freiherr von Brandenstein aus Berlin sowie den ehemaligen Ministerpräsidenten von Brandenstein aus Niendorf bei Bad Kleinen. Außer den beiden Freiherrn von Maltzahn, begütert in Großen Luckow bei Vollratsruhe beziehungsweise in Wredenhagen, wird in der Liste noch ein dritter Vertreter dieser bis ins 12. Jahrhundert zurückreichenden Adelsfamilie geführt: der Major a.D. Freiherr von Maltzahn aus Bad Doberan.

Natürlich interessiert in diesem Zusammenhang, wieviel Angehörige seiner eigenen Familie Wilhelm von Oertzen für die Herrengesellschaft gewinnen konnte. Dabei stellte ich fest, daß das weitverzweigte Geschlecht von Oertzen zehnmal vertreten war. So werden in der Liste neben den fünf Gutsbesitzern aus

Vorwerk bei Klein Lunow-Boddin, Cosa bei Friedland, aus Kotelow, Roggow und Briggow bei Kleeth noch der in Gelbensande ansässige Oberforstmeister und der Fabrikbesitzer Guido von Oertzen aus Rostock geführt, welcher als Direktor die Brauerei Mahn & Ohlerich leitete. Unter den Beamten und Militärs befanden sich außerdem der Rechtsanwalt Oberregierungsrat Dr. Detlof von Oertzen, Bruder des Begründers der Herrengesellschaft, der Staatsminister a. D. und DNVP-Fraktionsvorsitzende im Landtag von Mecklenburg-Schwerin, Rechtsanwalt Dr. Dietrich von Oertzen, sowie Major von Oertzen aus Schwerin.

Es dürfte für die Herrengesellschaft – um ihre Ansichten zu verbreiten – nicht ganz unwichtig gewesen sein, daß zu ihren Mitgliedern auch Carl Boldt gehörte, Besitzer der Druckerei »Adlers Erben« und Herausgeber des »Rostocker Anzeiger«, dem Vorläufer der heutigen »Norddeutschen Neuesten Nachrichten«.

Er wie auch die Rostocker Ernst Lehment, Axel von Pressentin und Friedrich Schroeder gehörten zum Kreis der mehr als zwanzig Industriellen, Bankiers und Aufsichtsratsmitglieder von Unternehmungen und Versicherungen.

Unter den Vereinsmitgliedern waren auch nahezu zwanzig Ärzte, fünfzehn Rechtsanwälte, etliche Lehrer beziehungsweise Studienräte und fünf Universitätsprofessoren. Die Mitgliedschaft von fünf kirchlichen Würdenträgern, zu denen Landessuperintendent Behm aus Bad Doberan und der Schweriner Landesbischof Rendtorff gehörten, bezeugt, daß sich auch damals schon Kirchenvertreter in weltliches Geschehen einmischten.

Für die restlichen, etwa achtzig in der Mitgliederliste genannten Personen sind keine Berufsbezeichnungen enthalten. Mehrheitlich in den Städten wohnend, handelte es sich aber auch bei ihnen um Vertreter begüterter Schichten oder um Angehörige des Kleinbürgertums.

Landesbischof Dr. Rendtorff aus Schwerin genoß bei von Oertzen besonderes Ansehen. Er schätzte ihn als außerordentlich klugen, in jeder Hinsicht *»vor allem auch kirchlich und christlich ausgezeichneten Mann«*.

Überdies erwies er sich später auch als Mensch mit Zivilcourage. Als sich im April 1933, nur wenige Wochen nach dem Reichstagsbrand, Übergriffe der Nationalsozialisten häuften, kam es in den Geschäftsräumen des Oberkirchenrates in Schwerin zu folgendem Zwischenfall:

Ein nicht besonders gut beleumdeter Herr Bohm erschien zusammen mit zwei bewaffneten SA-Männern im Kirchenbüro. Unter Berufung auf den nationalsozialistischen Ministerpräsidenten Granzow trat er als Kirchenkommissar von Mecklenburg auf, verlangte die Herausgabe der Schlüssel und Akten und forderte den sofortigen Rücktritt des Landesbischofs. Statt sich nun aber einschüchtern zu lassen, fuhr Dr. Rendtorff am nächsten Tag zum Reichsinnenminister nach Berlin und legte Beschwerde ein. Binnen weniger Tage war Bohm von der Bildfläche verschwunden und Rendtorff wieder im Amt.

Wilhelm von Oertzen registrierte solche gewalttätigen Übergriffe der Nazis mit Unbehagen, hielt sie aber doch mehr oder weniger für unvermeidlich. *»Es ist notwendig«*, schreibt er zu solchen Vorfällen, *»sich immer wieder klar zu machen, daß wir in einer Revolutionszeit leben.«*

Große Anstrengungen unternehmen die Gründer der Herrengesellschaft, um den durch die Novemberrevolution von 1918 entmachteten Landesherrn Großherzog Friedrich Franz IV. und weitere seiner Familienangehörigen als Mitglieder für die exklusive Vereinigung zu gewinnen. In dieser Absicht lädt von Oertzen sie immer wieder mit persönlichen Schreiben zu den wichtigsten Veranstaltungen ein, beziehungsweise versäumt es nicht, sie regelmäßig über die Vorhaben der Herrengesellschaft zu informieren.

So richtet er zum Beispiel im November 1928 eine Einladung an den Großherzog. Den Anlaß hierfür bietet ein Essen der Herrengesellschaft, das sie zu Ehren des Reichskanzlers a.D. Hans

Luther gibt. Luther ist zwar vielen Konservativen politisch nicht genehm, er vertritt aber Gedanken zu einer Reichsreform, die von allgemeinem Interesse sind. So will er das Verhältnis von Reich und Ländern neu gestalten und auch den Anschluß Mecklenburgs an das Reich in irgendeiner Form herbeiführen. Die Selbständigkeit des Landes zu bewahren, ist jedoch besonders dem mecklenburgischen Adel eine durch Tradition eingegebene fast heilige Verpflichtung.

Im Vorfeld der Veranstaltung fahren deshalb zwölf Landgutbesitzer zum Gespräch zu Luther nach Berlin. Sie kehren mit der Überzeugung nach Hause zurück, daß der Lutherbund im Zusammenhang mit der viel diskutierten Reichsreform bestimmte Interessen der mecklenburgischen Großgrundbesitzer zu wahren bereit ist.

Besagter Lutherbund – sein eigentlicher Name war »Bund zur Erneuerung des Reiches« – war 1928 durch maßgebende Vertreter nordwestdeutscher Großreedereien und Banken gegründet worden, um geistige Vorarbeit für die Beseitigung des Parlamentarismus zugunsten einer autoritären Diktatur zu leisten. Und das unter dem Deckmantel der Reform der Weimarer Verfassung. Dabei beriefen sich seine Anhänger auf keinen geringeren als auf den Freiherrn von Stein. Von Oertzen notiert:

»Das Dritte Reich gilt es zu zimmern, das die ganze Nation in gesunder Gliederung zusammenschließt nach dem Worte des Freiherrn von Stein: ›Ich habe nur ein Vaterland, das heißt Deutschland.‹«

Von Oertzen wollte bei solchen auf die Beseitigung der Bundesstaatlichkeit drängenden Plänen in Berlin mit seiner Veranstaltung und Diskussion Schadensbegrenzung üben. Er hoffte dabei gerade auf die Unterstützung des früheren Landesherrn. Dem Großherzog schrieb er:

»Ich bitte Eure Königliche Hoheit, die Versicherung entgegennehmen zu wollen, daß mir als mecklenburgischem Lehn(s)mann, als Monarchisten und als persönlichen Verehrer Eurer Königlichen Hoheit das Befassen mit den Gedanken des Bundes zur Erneue-

rung des Reichs nicht nur contre cœur geht, sondern fast wie Verrat erscheint, daß ich mich aber gegenüber dem Land Mecklenburg für verpflichtet halte, angesichts dieser nur allzu aktuellen Frage nicht den Kopf in den Sand zu stecken, sondern mich nach Möglichkeit darüber zu unterrichten, damit ich Stellung dazu nehmen kann. Kommende Ereignisse würden einen sonst noch unvorbereiteter treffen und noch größeren Schaden tun. Aus diesem Grunde habe ich Herrn Reichskanzler um seinen persönlichen Vortrag gebeten.«

Friedrich Franz IV. hielt sich jedoch zu diesem Zeitpunkt mit persönlichen, politischen Bekenntnissen in der Öffentlichkeit stark zurück. Er mißbilligte ganz offensichtlich, daß das Bekenntnis zur Monarchie Gegenstand der Auseinandersetzungen in dem noch zerstrittenen nationalistisch-konservativen Lager würde. Im Unterschied zu ihm war aber sein Onkel Herzog Adolf Friedrich in der Öffentlichkeit sehr aktiv. Er war ja bereits seit dem Gründungsjahr 1926 Mitglied der Herrengesellschaft und suchte sie auf seine Weise zu fördern. Frühzeitig sich zur Partei Adolf Hitlers bekennend, unterstützte er – wenn auch erfolglos – das jahrelange Bemühen des Vorstandes, Adolf Hitler zum Vortrag in der Herrengesellschaft zu gewinnen. An der Veranstaltung mit Luther 1928 nahm er übrigens teil.

Der Großherzog aus Ludwigslust, an den von Oertzens Brief gerichtet war, läßt sich dagegen etwas länger Zeit. Erst 1933 übernimmt er auf Bitten der Generalversammlung der Herrengesellschaft die Ehrenmitgliedschaft. Ein weiteres Jahr später, 1934, schließt sich dann Herzog Georg von Mecklenburg-Strelitz aus Remplin der Herrengesellschaft an.

Mitglieder wie diese prägen die konservativen Geisteshaltungen innerhalb der Gesellschaft zunehmend. Trotzdem bleibt Wilhelm von Oertzen, auch als später ein etwas erweiterter Vorstand gewählt wird, der Mittelpunkt, der spiritus rector der von ihm geschaffenen Herrengesellschaft. Seine politischen Auffassungen prägen maßgeblich deren Tätigkeit.

VEREINSLEBEN ODER: »LIEBER ZU SCHWARZ ALS ZU ROSA«

Der vereinsunkundige Leser kann sich wohl kaum ein Bild von dem Arbeitspensum machen, das Wilhelm von Oertzen als Vorsitzender zu bewältigen hatte. Die Herrengesellschaft lud nämlich – mit Ausnahme der Sommerwochen – zu monatlichen Vortrags- und Ausspracheabenden ein. Es mußten Referenten gewonnen und Themen vereinbart werden; ein umfangreicher Schriftwechsel, viele persönliche Beziehungen und großer Zeitaufwand zur Pflege dieser Beziehungen waren notwendig, ja unvermeidlich. Was aber das Wichtigste war: die Veranstaltungen mußten auch den Nerv der Teilnehmer treffen, in der Tat die schwierigste Aufgabe.

Mit der Novemberveranstaltung im Jahre 1928, auf der Reichskanzler Hans Luther seine Reichserneuerungspläne zur Diskussion stellte, war das von Oertzen ganz offensichtlich gelungen. Als er den Versammelten seinen Gast vorstellt, läßt er Luther nicht über die besonderen Probleme im Zusammenhang mit dessen abendlichen Vortrag im Unklaren:

»Wohl keiner von uns wird die Ziele des Lutherbundes, soweit sie unsere engere Heimat betreffen, mit besonderer Freude oder Begeisterung begrüßen. Wir Mecklenburger befinden uns gegenüber den Zielen des Lutherbundes in einem schweren Konflikt zwischen dem, was uns kühl abwägender Verstand sagt, und unseren Gefühlen für Mecklenburg, Treue und Tradition. Es bedeutet für uns ein riesenhaftes Opfer …«

Sich dann unmittelbar an Luther wendend, bittet er diesen um Verständnis für die Haltung und Gefühle der Mecklenburger. Und an seine Landsleute gerichtet, mahnt er:

»Wir würden, soweit wir überhaupt noch materielle Opfer zu bringen in der Lage sind, solche gern bringen, wenn dadurch die Selbständigkeit Mecklenburgs gewahrt werden würde, wir müssen uns aber leider bewußt sein, daß die endgültige Entscheidung nicht bei uns, mindestens nicht bei uns allein liegen wird, sondern im

Reiche, und müssen weiter bedenken, daß wir offenbar in allernächster Zeit vor einem Zusammenbruch der mecklenburgischen Staatsfinanzen stehen und dann die Frage des Einheitsstaates und des Anschlusses in irgendeiner Form unmittelbar akut wird, bei der Einstellung der Regierungen in Berlin und Schwerin aber dann die unendlich viel größere Gefahr eines Einheitsstaates heraufsteigt, der unsere historischen Grenzen, unsere berechtigten mecklenburgischen Stammeseigentümlichkeiten und eine mecklenburgische Selbstverwaltung völlig ignorieren und jede Rückwärtsentwicklung unmöglich machen wird.«

Diese Feststellungen 1928 von einem Vertreter der ansonsten so rückständig geltenden Bevölkerung Mecklenburgs zu hören, ist schon bemerkenswert und zeugt von politischer Aufgeklärtheit.

Aber nicht alle verstehen die Absichten von Oertzens, und einige, darunter auch sein Vetter, meinen, er habe Propaganda für den Einheitsgedanken gemacht. Unterschwellig wirft man ihm eine antimonarchistische Haltung vor. Wilhelm von Oertzen reagiert ziemlich heftig darauf:

»Wenn ich zum Beispiel in Güstrow einen führenden Nationalsozialisten sprechen ließ, so bin ich bisher deswegen noch nicht für einen Nazi gehalten worden. Warum also bei Luther?«

Angriffe dieser Art irritieren ihn aber nicht, sondern bestärken ihn geradezu in der Auffassung, daß es seine Pflicht als Leiter der Herrengesellschaft ist, in dieser brisanten Frage die kompetenteste Persönlichkeit sprechen zu lassen und seine Landsleute aufzuwecken.

Über Jahre hinweg bot die Herrengesellschaft ihren Mitgliedern ein vielfältiges Vortragsangebot und war dabei immer um Aktualität bemüht. Es gab für die unterschiedlichen Teilnehmerkreise Vorträge und Diskussionen zur Innen- und Wirtschaftspolitik, zur Geschichte, Kultur, Militär- und Außenpolitik. Auf großes Interesse stießen Veranstaltungen zum Auslandsdeutschtum und über die Beziehungen Deutschlands zu seinen Nachbarn. Später kamen Vorträge zur Aufrüstung und nach Ausbruch des Zweiten Weltkrieges zur deutschen Kriegführung zu Lande und zur See, insbesondere mit Blick auf die Ostfront, hinzu.

Innen- und wirtschaftspolitische Vorträge fanden angesichts der über Jahre bestehenden desolaten Wirtschaft besonderen Zuspruch. Sie befaßten sich mit der Lage im Reich, mit Wesen und Politik des Faschismus, propagierten den berufsständischen Gedanken und redeten dem Sozialabbau beziehungsweise der Beseitigung des Tarifsystems das Wort.

Es gehörte zur täglichen Vorstandsarbeit, für alle diese Veranstaltungen geeignete Räumlichkeiten in den verschiedenen Städten zu finden und langfristig zu buchen. Hierbei war es nur natürlich, daß sich von Oertzen, um viele Interessenten zu erfassen, für Städte entschied, die verkehrsmäßig günstig lagen, wie beispielsweise Rostock, Güstrow und Schwerin. Da selbstverständlich nur erstklassige Räumlichkeiten in Frage kamen, waren Tagungsstätten in Rostock zunächst der »Fürst Blücher« und dann der »Rostocker Hof«, damals erstes Haus am Platze. Alle fünfundvierzig in Schwerin durchgeführten Veranstaltungen fanden im »Niederländischen Hof« statt, das glich schon einem Ritual. In Güstrow tagte die Herrengesellschaft traditionell im renommierten »Erbgroßherzog« am Markt. Dort wurden auch von Anfang der dreißiger Jahre an bis zu Beginn des Krieges die zwei- bis dreitägigen wirtschaftspolitischen Kurse durchgeführt.

Die besten Räume machen aber noch keine gute Veranstaltung, wenn die Besucher ausbleiben. Demzufolge ergingen Einladungen in großer Zahl an Mitglieder und Interessenten. Sie wurden geschrieben, gedruckt und versandt. Fast unvorstellbar für heute: Von 1926 bis 1942 bewältigte von Oertzen diesen Aufwand insgesamt hundertvierunddreißigmal mit nur einer Sekretärin – und ohne Computer.

Zweifellos stellt das Jubiläumstreffen 1936 einen Höhepunkt besonderer Art dar. Das ist schon daran zu erkennen, daß der Tagungsort so völlig aus dem sonst gewohnten Rahmen fällt. Es wird am 20. Juni mit großem Aufwand in Deutschlands ältestem Seebad, in Heiligendamm, begangen. Als Ehrengäste nehmen Großherzog Friedrich Franz IV. sowie die Herzöge Adolf Friedrich und Georg teil.

Im Gefolge ihres Präsidenten Bodo Graf von Alvensleben sind gleich mehrere Herren vom »Deutschen Klub Berlin« angereist. Zusammen mit zahlreichen Mitgliedern der Herrengesellschaft und Offizieren der Reichswehr und der Wehrmacht hat sich alles in allem ein illustrer Kreis versammelt. Zum Leidwesen von Oertzens, der sich zu dieser Zeit schon intensiv um die Aufnahme in die NSDAP bemüht, ignorieren aber die offiziellen Nazigrößen von Mecklenburg – außer dem Bürgermeister von Bad Doberan – wie üblich auch diese Veranstaltung.

Den Hauptvortrag hält kein geringerer als der Reichsfinanzminister Graf Schwerin von Krosigk. Wilhelm von Oertzen würdigt als Gastgeber und Vorsitzender in seiner Festansprache Geschichte und politische Haltung der Herrengesellschaft. Dabei nutzt er, schon sichtlich angezogen von der nationalsozialistischen Bewegung, die Gelegenheit zu einem Bekenntnis zum Führer:

»Wir müssen das, was uns noch an physischer Kraft – Aufrüstung – und an wirtschaftlicher Kraft – Rohstoffbeschaffung aus dem Auslande, Devisen – fehlt, ersetzen durch unbedingtes Zusammenhalten und Sich-Stellen hinter den Führer.«

An dem sich anschließenden Festessen nehmen weit über hundertzwanzig Geladene teil. Während der zweitätigen Jubiläumsfeierlichkeiten wechseln Vortragsveranstaltungen und Geselligkeiten einander ab; eine Dampferfahrt nach Warnemünde bietet Gelegenheit zur Erholung, aber auch zu vertraulichen Gesprächen.

Bei aller Routine, die sich im Laufe der Jahre hinsichtlich der Vorbereitungen auch eingestellt haben mag, und bei aller Unterstützung durch andere Vorstandsmitglieder behielt der Vorsitzende stets den Hut auf. Er entschied in der Regel über die

Vortragsthemen und nahm die Auswahl der Referenten persönlich vor. Es entsprach dem Anspruchsniveau und dem ausgeprägten Pflichtgefühl dieses Mannes, seinen Vereinsgenossen nur die erste Garnitur anzubieten.

Bei der Gewinnung von Referenten hatte von Oertzen fast immer eine glückliche Hand. Natürlich konnte er nicht alle hundertzwanzig Referenten, die er bis 1942 für seine Herrenabende engagierte, persönlich kennen. Die Praxis der Mitgliederaufnahme, bei Unbekannten genaue Erkundigungen einzuziehen, wandte er auch hier sehr sorgfältig an. Bot sich, was allerdings höchst selten vorkam, ein Referent gar selbst an, so recherchierte von Oertzen besonders gründlich über dessen politischen Leumund, seine Sachkenntnisse, aber auch seine rhetorischen Fähigkeiten.

Das spricht einerseits für die Sorgfalt, mit der Wilhelm von Oertzen dem Vereinsleben Inhalt zu geben wußte, zeugt aber auf der anderen Seite auch von mangelnder Toleranz, wenn kein Referent je von der politischen Linie des Klubs abwich. Möglicherweise war das jedoch ein Grund für die achtbaren Besucherzahlen über die vielen Jahre hinweg, denn wer unterzieht sich schon der Mühen eines Vortragsabends, wenn er hier nicht seine Auffassungen im Grundsätzlichen bestätigt findet und zugleich Neues erfahren kann? Bis 1942 registrierte von Oertzen immerhin 11 602 Teilnehmer, das waren durchschnittlich sechsundachtzig pro Veranstaltung. Nach seiner Ansicht waren die entscheidenden Beweggründe der meisten Besucher zu den Veranstaltungen der Herrengesellschaft das *»Suchen nach Erkenntnis und nach Form«*.

Der Vereinsvorsitzende scheute sich durchaus nicht, die Referenten direkt auf die von ihnen erwartete politische Aussage hinzuweisen. So schreibt er in einem Brief an Professor Dr. Auhagen aus Breslau, der im April 1931 in Rostock über »Fünfjahrplan und Agrarrevolution in Rußland« sprechen sollte:

»Was die Tendenz Ihres Vortrages betrifft, gestatte ich mir zu empfehlen, lieber zu schwarz als zu rosa zu färben und die Gefahr,

die für Deutschland von Osten her droht, besonders auch wenn der Fünfjahrplan durchgeführt wird und ihm ein zweiter Fünfjahrplan folgt, auf keinen Fall zu vertuschen.«

Für eine dreitägige Güstrower Veranstaltung im Frühjahr 1931 versuchte von Oertzen, den Senator Erwin Hasbach aus Danzig zu gewinnen. Er bat ihn, über den »Kampf der Deutschen im polnischen Korridor« zu referieren. In dem Zusammenhang gab er die dringliche Empfehlung, nicht zu ausführlich die ökonomische Situation der Deutschen in Polen zu behandeln, da die wirtschaftliche Lage in Mecklenburg wohl noch schlechter sei. Statt dessen solle er vielmehr die Kämpfe der Deutschen im Parlament, das Zusammenwirken aller politischen Kräfte der Deutschen, Pilsudskys Persönlichkeit, die Gefahr des Bolschewismus‹ für Polen und im Gefolge davon auch für Deutschland behandeln.

»Hier bei uns wächst die Erkenntnis dieser Riesengefahr, und sie muß heute die Gefahr der Sozialdemokratie in die zweite Stelle schieben. Sicher wird in der Aussprache eine Frage nach der Bedeutung des Nationalsozialismus bei Ihnen gestellt werden. Wir setzen große Hoffnungen auf die Nazis, und ich persönlich sehe die Gefahr des Sozialismus bis zu einem gewissen Grade als durch das Anwachsen des Nationalsozialismus überwunden an. Doch dies alles sind nur Anregungen!«

In der Herrengesellschaft referierten Theoretiker, Politiker und Militärs. Zur ersten Gruppe gehörten bekannte jungkonservative Vertreter des Berliner Herrenklubs und mehrerer regionaler Herrengesellschaften, Professoren deutschnationaler oder nationalsozialistischer Prägung.

1928 zum Beispiel sprach Eduard Stadtler vor dem Güstrower Kreis über »Die nationalpolitischen Kräfte im heutigen Deutschland«. Stadtler kam aus der katholischen Gewerkschaftsbewegung und galt als Mitbegünder des jungkonservativen Juniklubs, einer Vereinigung vorwiegend junger Intellektueller, aus der später der »Deutsche Herrenklub« hervorging. Als Kriegsgefangener hatte Stadtler die Februar- und Oktoberrevolution 1917 in

Rußland miterlebt und im Dezember 1918 die »Antibolschewistische Liga« gegründet. Er riet zur Ermordung von Liebknecht und Luxemburg und trat später, 1933, demonstrativ von der Deutschnationalen Volkspartei in die NSDAP über.

Bei der Durchführung seiner Klubabende legte von Oertzen auch großen Wert auf die Mitwirkung des Publizisten Dr. Paul Rohrbach aus München. Rohrbach referierte in den Jahren 1927 bis 1939 gleich mehrmals in der Herrengesellschaft. Er propagierte vor allem antikommunistische, rassistische und revanchistische Auffassungen. Während der Nazizeit forderte er vehement die Rückeroberung deutscher Kolonien und durch den Versailler Vertrag abgetrennter Gebiete. Rohrbach erging sich in Themen wie »Der Untermensch« und »Die außenpolitische Lage mit besonderer Berücksichtigung des Ostens und Italienisch-Nordafrika«.

In der Referentenliste der Herrengesellschaft wird auch der Geopolitiker und Generalmajor a.D. Professor Karl Haushofer aus München geführt. Er unterhielt enge Verbindungen zu Hitlers Stellvertreter Rudolf Heß und besaß über diesen bestimmten Einfluß auf die Ausarbeitung von Hitlers »Mein Kampf«. Natürlich unterstützte und propagierte er den »Drang nach Osten«.

Höhepunkte der Güstrower Tagung waren immer wieder die Vorträge des katholischen Wissenschaftlers Professor Martin Spahn, einer der meist beschäftigten Referenten in der Herrengesellschaft. Er sprach regelmäßig zu aktuellen Fragen der Innen- und Außenpolitik. Spahn galt als erste Autorität und hatte starken Einfluß auf die Herrengesellschaft. Er selbst war Reichstagsabgeordneter und Mitglied der Deutschnationalen Volkspartei. Wie Stadtler gehörte er zu den treibenden Kräften der Harzburger Front, mit der 1931 der vergebliche Versuch unternommen wurde, NSDAP, DNVP und andere rechte Organisationen unter einen Hut zu bekommen. An der Seite des altkonservativen Parteivorsitzenden der DNVP Hugenberg trat Spahn für eine Koalitionsregierung zwischen der NSDAP, der DNVP und dem nach der Novemberrevolution durch ehemalige Frontoffiziere gegründeten »Stahlhelm« ein.

Nachdem Spahn sich bereits vorher für eine Hitlerregierung engagiert hatte, wechselte er im Juni 1933, in dem Monat, als sich seine Partei auflöste und Hugenberg aus der Regierung ausgebootet wurde, genau wie Stadtler demonstrativ zur NSDAP über. Während sich Hugenberg grollend auf sein westfälisches Gut zurückzog, blieb Spahn politisch aktiv und übte sich in Nazipropaganda. Noch im Februar 1942 sprach er in Rostock vor den Mitgliedern der Herrengesellschaft zum Thema »Der Kriegsgedanke«.

Zu den bekanntesten Persönlichkeiten unter den Referenten gehörte ganz ohne Zweifel der Leipziger Oberbürgermeister Dr. Carl Goerdeler. Er war später am Attentat auf Hitler am 20. Juli 1944 beteiligt und wurde vom faschistischen Volksgerichtshof zum Tode verurteilt. Von Oertzen nahm diese Nachricht nicht ohne innere Anteilnahme auf. Er hatte bereits, nicht zuletzt durch die eigenen schmerzlichen Erfahrungen, seine Söhne und mehrere Verwandte und Freunde im Krieg verloren zu haben, begonnen, innerlich vom Nationalsozialismus abzurücken.

Angesichts der großen Zahl an Reserveoffizieren unter den Mitgliedern der Gesellschaft war es verständlich, daß häufig auch prominente Militärs als Vortragende zu Wort kamen, so beispielsweise Generalleutnant a. D. von Metzsch aus Berlin sowie General a. D. Paul von Lettow-Vorbeck aus Bremen.

Zu von Lettow-Vorbeck hatte der mecklenburgische Adel eine besondere Beziehung. Er war der General, der während des Kapp-Putsches 1920 die bewaffneten Kräfte in Mecklenburg kommandiert hatte. Als ehemaliger berüchtigter Befehlshaber der »Schutztruppe« in Deutsch-Ostafrika trat er in seinen Vorträgen für die Wiedergewinnung der deutschen Kolonien ein. 1933 versuchte er auf der Juniorentagung in Rostock die Frage zu beantworten, »Was hat uns der Krieg über die Besiedlungsmöglichkeit von Deutsch-Ostafrika gezeigt?«

Seine Gedanken fanden offene Ohren, denn mit dem Verlust der ohnehin nicht sehr zahlreichen deutschen Kolonien – verglichen mit denen Englands und Frankreichs – wollte man sich in diesen Kreisen so nie abfinden.

Ein Vortrag zum Thema »Staatsverfassung und Heeresverfassung«, in dem von Metzsch 1930 die Aufrüstung Deutschlands befürwortete, begeisterte von Oertzen derart, daß er dem Referenten Gelegenheit gab, seine Gedanken einige Wochen später an Vortragsabenden in Neubrandenburg und Schwerin zu wiederholen.

Hohe Wertschätzung beim Vorsitzenden der Herrengesellschaft genoß Friedrich Carl vom Bruck, ein Industrieller aus Düsseldorf. Bei ihm fand von Oertzen seine eigenen Gedanken über Politik und Wirtschaft im wesentlichen bestätigt. Vom Bruck hatte seine wirtschaftspolitischen Ansichten 1928 in einem Vortrag vor der Herrengesellschaft dargelegt: »Statt Tarifzwang – Befreiung der Leistung als einziger Weg zur Rettung der Wirtschaft«. Er überzeugte von Oertzen aber nicht nur durch seine Überlegungen zur berufsständischen Idee, die er ihm in zahlreichen Briefen mitteilte, sondern beeindruckte ihn auch durch Kontakte, die er zu Industriellen von Rhein und Ruhr schuf. An solchen Verbindungen zu den Mächtigsten der Schwerindustrie war Wilhelm von Oertzen besonders gelegen. Er regte deshalb auch mehrere Exkursionen an, die Mitglieder der Gesellschaft in den Jahren 1929 bis 1932 in das Ruhrgebiet unternahmen.

Vermittelt wurden diese Exkursionen durch Bruck und den ehemaligen Oberbürgermeister von Mülheim/Ruhr Dr. Lembke, einem gebürtigen Mecklenburger, der selbst einige Tagungen der Herrengesellschaft besucht hatte. Man besichtigte Industriebetriebe und führte Gespräche mit Industriellen und Politikern der Region. Hinter derartigen Zusammenkünften stand offenbar die Absicht, eine engere Verbindung zwischen Großgrundbesitzern und Großindustriellen herzustellen und über mecklenburgische Landesgrenzen hinaus, trotz unterschiedlicher Interessen von Großagrariern und Unternehmern der Industrie, zu mehr Gemeinsamkeiten in der Politik zu finden. Das entsprach sowohl den Zielen des Berliner Herrenklubs als auch der »Herrengesellschaft Mecklenburg«.

GÄSTE AUF GUT ROGGOW

Wilhelm von Oertzen versuchte, sein gesellschaftliches Engagement und sein Privatleben miteinander zu verbinden. So kam es, daß eine Reihe exponierter Persönlichkeiten, die zuvor als Referenten Klubveranstaltungen bestritten hatten, anschließend Gast der Familie waren. Das bot immer Gelegenheit zu anregenden Gesprächen und geselligem Beisammensein.

Der Gedankenaustausch in behaglicher familiärer Atmosphäre vermittelte nicht nur Informationen, sondern stärkte auch das Vertrauen und das Zusammengehörigkeitsgefühl, Notwendiges für Deutschlands Zukunft zu tun.

Und an Bedarf zum Gedankenaustausch mangelte es nicht. Dafür sorgten schon die Ereignisse des Jahres 1933. Die Worte des Reichspropagandaministers Joseph Goebbels im Ohr, daß gegenüber den jetzt zu erwartenden Umwälzungen alles Bisherige nur als Ouvertüre bezeichnet werden könne, beobachtete auch von Oertzen eine nervöse Anspannung im deutschen Volk.

»Behält Hitler die Dinge in der Hand, so habe ich das Vertrauen und die feste Überzeugung, daß dies alles nur Randstörungen sind ... Wird Hitler aber dem Einfluß der radikalen Elemente erliegen, was im Augenblick stärker der Fall zu sein scheint, und behält er die Zügel gegen die kleinen Nazigrößen nicht fest in der Hand, so rückt die Gefahr eines Nationalbolschewismus' näher. Weit größer aber wäre die Gefahr, wenn Hitler eines Tages – nicht mehr wäre! Ein Gedanke, den man nicht zu Ende denken darf.«

Die Gespräche im familiären Kreis auf Roggow, so schrieb

von Oertzen 1935, drehten sich angesichts der gravierenden Ereignisse – Röhm-Putsch, Kirchenstreit, Saarabstimmung und die Verkündung der allgemeinen Wehrpflicht – immer wieder um die Frage nach dem Für oder Wider des in Deutschland herrschenden Systems.

»Sind wir auf dem richtigen Weg, oder rennen wir in eine Katastrophe hinein?«

Das Bedürfnis, nach den offiziellen Veranstaltungen im Klub noch vertrauliche Gespräche in heimischer Runde zu führen, wird bei von Oertzen um so größer, je mehr er bei aller Zufriedenheit mit Hitlers Außen- und Innenpolitik zugleich auch ein noch nicht näher zu definierendes Unbehagen empfindet. Im Frühjahr 1935 spricht er in seinem Tagebuch von einem *»Maß an Heuchelei, wie man es in Deutschland nie für möglich gehalten hätte, ... eine Folge davon, daß wir keinen Rechtsstaat haben, daß man sich öffentlich beleidigen, daß man sich absetzen lassen kann, daß man sich in Schutzhaft nehmen lassen, daß man sich verleumden lassen muß, ohne sich dagegen wehren, ohne sich rechtfertigen zu können. Die Ehre des Einzelnen wird heute nicht geschützt. Das bringt Demoralisierung, Dickfelligkeit, ein müdes Achselzucken, wo man aufbrausen müßte, ein Lächeln, wo man empört losfahren sollte, zuletzt einen Fatalismus, ein Sich-Drücken, Umwegesuchen, ein Vermeiden des Auffallens, ein Schweigen mit innerer Wut, mit verbissenem Zorn ...«*

Er fürchtet, daß die Ereignisse eskalieren; *»der erhitzte Kessel, dem das Sicherheitsventil fehlt, könnte auch einmal explodieren«*.

Und – angesichts dieser pessimistischen Beurteilung der Zeitumstände wirft er eine Frage auf, um sie sich gleich selbst zu beantworten:

»Was willst du denn an die Stelle des von dir so gescholtenen Systems setzen? – Darum muß man es stützen. Man muß sein Gutes sehen und glauben – und hoffen.«

Derweil sich von Oertzen in einem solchen Zwiespalt der Meinungen befand, überlegte er genau, wen er nach Roggow einlud und wen nicht, und somit war es nur natürlich, daß sich unter den Gästen vor allem Vertreter konservativer und elitärer Auffassungen befanden.

Im Laufe der Zeit lernten nicht wenige von ihnen den Stammsitz der von Oertzens kennen. Bodo Graf von Alvensleben, Freiherr von Gleichen-Rußwurm, Dr. Rosenberger und Dr. Brauweiler vom Berliner Herrenklub weilten häufig in Roggow. Aber auch für manche Künstler und andere Vertreter des Geisteslebens, die die von Oertzens während ihrer Reisen kennenlernten – sie waren begeisterte Besucher der Wagner-Festspiele in Bayreuth –, standen die Türen in Roggow immer offen.

Selbst Großherzog Friedrich Franz IV. kam auf das Gut. Wilhelm von Oertzen vermerkt darüber in seinem Tagebuch nicht ohne Stolz:

»Am 15. August 1935 hatten wir die Ehre, den Großherzog bei uns in Roggow zu sehen. Der Großherzog hatte mir gegenüber am 7. Juli, Adelstagung in Damm, in seiner vorsichtigen Art geäußert, daß es ihn interessieren würde, meine Schäferei in Wustrow – ›und das ganze andere dort noch‹ – einmal zu besichtigen. Ich konnte durch meine Bekanntschaft mit den maßgeblichen Offizieren, besonders dem Kommandeur Oberstleutnant Hauboldt, ohne viel Mühe seinen Wunsch anbringen, und es fand am 15. VIII. eine ungeheuer interessante Besichtigung dort statt, bei der dem Großherzog die ganze Anlage gezeigt und Schießübungen mit den verschiedensten Waffen und Kalibern vorgeführt wurden. Mittags kam er zum Frühstück zu uns nach Roggow, wo er merkwürdigerweise noch niemals, weder zur Zeit meines Onkels, des regierenden Landrats, noch meines Vaters, des Mecklenburgischen Gesandten, Haushaltsministers und zuletzt Ministers des Großherzoglichen Hauses, gewesen war. Er war, wie stets in solchen Fällen, von einer ganz besonderen Liebenswürdigkeit und sehr zwanglos wie immer in kleinem Kreise. Besonders freute ihn die mecklenburgische Flagge, die wir auf dem Hause gesetzt hatten.«

Auch die Kinder des Hauses konnten den hohen Besuch kennenlernen, denn es war üblich, daß sie das Essen zusammen mit den Gästen einnahmen und so die Gespräche der Älteren verfolgten. Und weil in diesem Falle der Großherzog ohne seine Frau gekommen war, von der man sagte, daß ihr etwas steifes Verhalten eine lockere Atmosphäre zu verhindern pflegte, konnten sich die Jüngeren sogar am Gespräch mit dem von den Eltern verehrten Gast beteiligen. Der Besuch wurde für die Familie von Oertzen zu einem unvergeßlichen Erlebnis.

Das Roggower Gutshaus war, wie bereits erwähnt, in vielfacher Hinsicht auf Gäste eingestellt, und der Kunsthistoriker Udo von Alvensleben beschrieb es 1938 als einen *»sehr schönen Besitz«*. Ich selbst lernte es bei meinen Besuchen 1994 allerdings in einem desolaten Zustand kennen: zerbrochene Fenster, unbrauchbare Reste des früheren Mobiliars, Schuttberge; das war mein erster Eindruck, als mich der Erbe Peter-Jürgen von Oertzen durch das Haus seines Großvaters führte. Dem Anwesen war anzusehen, daß es in den Jahren nach dem Krieg sehr unterschiedlich genutzt worden war. Über lange Zeit war es Wohnstatt für Umsiedler, dann Gemeindeschwesternstation, Arztpraxis und Konsumverkaufsstelle, alles unter einem Dach und alles ohne ausreichenden Substanzerhalt. 1990 wurde das Gebäude wegen unklarer Eigentumsverhältnisse freigezogen und blieb sich vorerst selbst überlassen.

Aus dem, was ich zuvor über Haus und Anwesen gelesen und gehört hatte, und dem, was sich noch erahnen ließ, machte ich mir mit etwas Phantasie eine Vorstellung von der früheren Größe und Gediegenheit des von Oertzenschen Anwesens, das im 18. Jahrhundert unter Verwendung seines mittelalterlichen Vorgängers neu errichtet wurde. Das Gutshaus war ein einfacher, massiver zweiflügeliger Putzbau im neugotischen Stil mit mittelalterlichem Kern. Es wurde zu beiden Seiten flankiert von zwei großen Scheunen. Die Hofgebäude bestanden aus Ziegelfachwerk.

Betrat der Besucher das Haus, fiel sein Blick zunächst auf die Inschrift über der Tür, die vom Stolz und Selbstbewußtsein seiner Bewohner zeugt: Alterius non sit, qui suus esse potest – was soviel heißt wie: Des anderen Knecht sei nicht, wer sein eigener Herr sein kann.

Man kam zuerst in die auch für die täglichen Andachten genutzte Diele, dem zentralen Punkt im Erdgeschoß. An der gegenüberliegenden Wand befand sich ein weiterer Spruch, verfaßt vom Erbauer des Hauses Joachim von Oertzen und datiert vom 3. November 1666. Gerettet und sorgfältig restauriert, hängt er heute im Schloß zu Bodelschwingh bei Dortmund, dem Wohnsitz der älteren Tochter von Oertzens, Adele Freifrau zu Innhausen und Knyphausen.

»Wer lebt in seinem Vaterland,
Ohn Reichtum und ohn darben,
In einen feinen Mittelstand,
Nehrt sich von eignen Garben,
Wer Ruh mit Gott und sich selbst hat,
Sein Hauß im Seegen siehet,
Wer nicht darf suchen Hülff und Raht,
Dabey auch ist vergnüget,
Wer sonder Neid, Feindschaft und Recht
nicht lebt in steten zancken,
Wer Niemand dient ist keines Knecht,
Der hat Gott hoch zu dancken.«

Rechterhand führte eine Tür von der Diele in den kleinen und von dort in den großen Salon. Dieser besaß einen Ausgang auf die Terasse des Hauses. Von hier bot sich dem Besucher ein herrlicher Blick auf den Park mit altem Baumbestand.

Durch die Tür neben dem Wandspruch gelangte man in das dunkel getäfelte Eßzimmer mit zahlreichen Ahnenbildern, die aber 1945 den allgemeinen Plünderungen zum Opfer fielen.

Linkerhand führte der Weg aus der Diele in das Französische Zimmer, so benannt nach seinen aus dem 18. Jahrhundert stammenden Leinwandtapeten. Ein französischer Maler, den es als Schiffsbrüchigen nach Roggow verschlagen hatte, malte die Tapeten; dem Bericht Udo von Alvenslebens ist zu entnehmen:

»... nach hier noch vorhandenen Stichen der Rubensbilder aus der Galerie des Pariser Luxembourg-Palais, die jetzt im Louvre sind, allerdings die Komposition links herum, die Farben nach der Erinnerung. Das ganze ist sehr merkwürdig. Ich habe Mühe, nicht dauernd hinzusehen und mich in dieser leibhaftigen Nähe von Kardinälen, Genien und gekrönten Häuptern auf die wirkliche Anwesenheit der von Oertzens zu konzentrieren.«

Durch das Französische Zimmer gelangte man in das Arbeitszimmer des Hausherrn sowie in das Büro, in dem die Sekretärin ihren Arbeitsplatz hatte.

Im Erdgeschoß befanden sich außerdem die Schlafzimmer der Eltern sowie Ankleide- und Badezimmer. In diesem Teil des Hauses hatte auch die Mamsell ihren Schlaf- und Wohnraum sowie die Kochhilfe ihr Zimmer.

Das Treppenhaus, in dem ebenfalls Porträts der Vorfahren hingen, führte von der Diele ins Obergeschoß, in dem sich acht Gästezimmer befanden, darunter die gelbe und die blaue Stube. Ein großer Raum nahm die Bibliothek auf. Der festliche Saal wurde zu Weihnachten und größeren Familienfeierlichkeiten, auch bei Hochzeiten genutzt. Ihn schmückte das in Stuck gehaltene Familienwappen der von Oertzens, das zwei erhobene angewinkelte Arme darstellt, die in einer Rüstung stecken und einen Ring halten.

Im Obergeschoß lagen außerdem die Zimmer der Kinder und der Kinderfrau, auch die Sekretärin wohnte hier. Schließlich waren da noch die Räume für die Hausmädchen, die Nähstube, Toiletten und Badezimmer.

Einen schönen Blickfang im oberen Flur boten die bunten Wappenfenster mit den Familienwappen derer von Oertzen und ihrer Frauen.

Das Gutshaus hatte also genügend Platz, um außer der Familie und den Bediensteten seine zahlreichen Gäste aufzunehmen. Für deren Wohl sowie das der Familie sorgte eine für mecklenburgische Verhältnisse relativ große Zahl von Hausangestellten. Zum Personal gehörte bis zum Beginn der dreißiger Jahre auch der Diener Richard Methling, der in der Folgezeit politische Karriere machen sollte. Er und ein Dienerlehrling waren in erster Linie für die Instandhaltung der Kleidung des Hausherrn und für die Bedienung der Familie bei Tische zuständig, hatten aber auch einige Räume sauberzuhalten.

In der Küche schwang die Mamsell, die von den Roggowern *»Frau Oberwirtin«* genannt wurde, das Zepter. Ihr zur Hand gingen ein Kochlehrling, ferner spezielle *»Leuteköche«* sowie ein oder zwei Bedienstete, die beim Abwasch und anderen Küchenarbeiten halfen.

Auf dem Hof besorgte der Kutscher zusammen mit einem Lehrling die Pferdepflege und hatte jederzeit den Herrschaften zur Verfügung zu stehen. Er fuhr sie aus, wenn sie Besuche machten, und kutschierte auch zeitweilig die Kinder zum Gymnasium in Bad Doberan. Später, nachdem ein Auto angeschafft worden war, übernahm der Kutscher zugleich auch die Rolle des Chauffeurs.

War Not am Mann, wurden Hochzeiten gefeiert, oder gab es aus anderen Gründen eine große Zahl von Gästen, wurden weitere Leute aus dem Dorf für Dienste auf dem Hof herangezogen.

So etwa waren die Verhältnisse in Roggow: Das Gut inzwischen schuldenfrei, die Gutsherrschaft im Kreise ihrer Standesgenossen geachtet, vier Kinder, die eine vielversprechende Entwicklung nahmen, und immer wieder zahlreiche Gäste.

NUR MIT DER JUGEND GIBT ES EINE ZUKUNFT

Schon bald nach Gründung der Herrengesellschaft befand deren Vorstand, daß es notwendig sei, auch die Junioren heranzuziehen.

Von Oertzen und seine Standesgenossen sehen, ungeachtet aller Generationsprobleme, in den Junioren immer noch den Nachwuchs der Elite Deutschlands, die künftigen »Führer«, auf die sie durch die Schulungsarbeit der Herrengesellschaft und durch geistige Formung Einfluß zu nehmen gedenken.

»Die Jugend in Bewegung zu setzen, ihr nationales Pflichtbewußtsein einzuimpfen und ihr zu zeigen, was Führertum ist, und daß man auch als junger Mensch ein gewisses Führertum betätigen kann«, darin sieht von Oertzen die Aufgabe der Juniorenarbeit in der Herrengesellschaft. Hierbei geht es ihm nicht einmal, wie man vermuten könnte, allein um die Adelsprößlinge, wenngleich diese Arbeit weitgehend durch die Adelsgenossenschaft finanziert wird. Wilhelm von Oertzen will vielmehr eine *»bunte Gesellschaft aus allen Kreisen Mecklenburgs«* zusammenbringen. Allerdings denkt er dabei hauptsächlich an Vertreter der Besitzenden, wenn er Bauernsöhne, Studenten, Gutsbesitzersöhne, Pastoren, Junglehrer sowie land- und forstwirtschaftliche Beamte im Auge hat.

Von Oertzen sieht die Situation unter den Jugendlichen durchaus kritisch und ist sich der Schwierigkeiten bewußt, junge Leute für die Ideen der Herrengesellschaft zu gewinnen. Das entnehmen wir einer Bemerkung, die er 1927, unmittelbar vor der ersten Juniorentagung, macht:

»Die Jugend bei uns in Mecklenburg ist verschieden empfänglich für diese Ideen. Die jüngeren Schulklassen werden voraussichtlich einmal recht erfreulich werden, die Primaner vielleicht auch noch, die dann kommenden Jahrgänge dagegen sind sehr uneinheitliches Material, zum Teil schon gänzlich Modefatzken und im materialistischen Fahrwasser ... Ein kleiner Teil ist vorzüglich. Dazwischen steht eine Anzahl, die vielleicht noch zu haben ist. Auf diese kommt es an. Ihnen muß die riesenhafte Bedeutung ihrer richtigen Einstellung zu den politischen Fragen der Gegenwart und Zukunft klargemacht werden, bei der es sich um nicht mehr und nicht weniger handelt als – um die Zukunft Deutschlands (ideelles Motiv) und den Ast, auf dem sie selbst sitzen (materielles Motiv); ihnen muß das Bewußtsein der politischen und völkischen Pflicht eingeimpft und praktische Wege zur jetzigen sofortigen Betätigung hierin gezeigt werden.«

Es spricht für den Realitätssinn Wilhelm von Oertzens, wenn er sich im Rahmen der Herrengesellschaft für spezifische Jugendveranstaltungen einsetzt.

In einem Vortrag im Juni 1929 in Zippendorf macht er angesichts der Erfahrungen in der Juniorenarbeit diesbezüglich aus seiner Auffassung keinen Hehl und fordert die ältere Generation auf, nunmehr zu begreifen, daß die Jugend völlig anders und viel freier den politischen Fragen gegenübersteht, weil sie nicht in dem Maße wie die ältere Generation in vergangenen Anschauungen wurzelt.

Wenn der Jugend Mangel an Idealismus vorgeworfen wird, so der Standpunkt von Oertzens, sei die ältere Generation daran nicht unschuldig, denn sie habe zugelassen, den Idealismus in ihren eigenen Reihen zu zerstören. Demzufolge komme es für die ältere Generation jetzt darauf an, die an sich gesunde Einstellung der Jugend zu verstehen und aus solcher Erkenntnis heraus sie richtig anzuleiten.

Mit Befriedigung kann von Oertzen die erste Juniorentagung, die im September 1927 mit einhundertfünfunddreißig Teilnehmern stattfindet, gleich als einen Erfolg verbuchen. Herr von Zitzewitz aus Kottow bei Mutrin/Ostpreußen sprach über den *»nationalen Gedanken«*, während ein zweiter Referent sich mit dem *»sittlichen Gedanken in der Welt«* befaßte. Beide Themen waren offensichtlich geeignet, junge Leute in ihrem Suchen nach Aufgaben und Größe im besonderen Maße anzusprechen.

Bis 1933 folgen in jährlichen Abständen noch viele solcher Veranstaltungen, ehe sich dann der Staat und seine Jugendorganisation auf ihre Weise der Aufgabe annehmen, *»Führernachwuchs«* heranzubilden.

Die Juniorenarbeit erfolgte hauptsächlich im Rahmen zentraler Vortrags- und Bildungsveranstaltungen; darüber hinaus hatten sich aber noch unter ihren Anhängern in Bad Doberan und Rostock spezielle Interessengruppen gebildet, die alle paar Wochen zusammenkamen. Bezeichnend für diese Kreise war, daß die Teilnehmer selbst Vorträge hielten, um anschließend darüber ihre Standpunkte auszutauschen.

Der Doberaner Juniorenzirkel entstand am dortigen Gymnasium und wurde von dem Lehrer Dr. Ringeling geleitet. Zum Rostocker Kreis, dem zunächst Herr von Viereck und dann einer der Grafen von Bernstorff vorstand, gehörten hauptsächlich Studenten der Rostocker Universität. Für diesen Zirkel engagierte sich in besonderem Maße auch der Professor für theoretische Physik Jordan. 1933 Mitglied der NSDAP geworden, äußerte er in einer der ersten Ausgaben der Rostocker Universitätszeitung seine Ansichten zu Bildung und Erziehung der Studenten im faschistischen Deutschland. Zeit seines Lebens blieb er ein Befürworter militärischer Politik und hat sich später – er war seit 1945 Mitglied der westdeutschen CDU und bis 1961 Mitglied des Bundestages – öffentlich gegen den »Göttinger Appell«, den Aufruf von achtzehn namhaften Professoren wider die atomare Aufrüstung, gewandt.

Immer wieder beschäftigt von Oertzen die Frage, weshalb sich zu wenig Jugendliche politisch engagieren. 1929 startet er deshalb eine Umfrage unter zwanzig ihm geeignet erscheinenden jungen Leuten. Befragt werden sie danach, weshalb sich ein Teil ihrer Altersgefährten von Vortragsabenden, Veranstaltungen von Parteien, von Tagungen des Jungadels oder der Adelsgenossenschaft fernhalten und welche Vorschläge zu machen seien, um Abseitsstehende heranzuziehen. Mit Genugtuung stellt von Oertzen in Auswertung der Umfrage fest, daß die Art und Weise der Zusammenkünfte in der Juniorenarbeit die Zustimmung unter den jungen Herren gefunden hat. Gleichzeitig erfährt er aber auch mehr über deren Ansichten zu den anderen in der Umfrage genannten Veranstaltungen.

Für den Leser von heute sind die nachfolgenden Bemerkungen von Oertzens nicht uninteressant, da sich in ihnen eine Haltung junger Menschen widerspiegelt, die durchaus der heutigen Situation mit ihrer vielzitierten Parteienmüdigkeit vergleichbar ist:

»Besonders stark zeigt sich die Ablehnung der Jugend gegen die Parteiwirtschaft und das parlamentarische System. Einer der jungen Herren schreibt hierüber: ›Warum sollen wir unsere Kräfte an einer absterbenden Erscheinungsform verschwenden?‹

Der Grund dieser Abneigung liegt hauptsächlich darin, daß auf Parteiversammlungen aller Art in den meisten Fällen eine politische Mittelware verzapft wird, während sich die Herrengesellschaft bemüht, möglichst nur (durch) die allerbesten Redner und zwar solche, die nicht zu stark parteipolitisch abgestempelt sind, das allerbeste zu bieten. Weiter verhält sich die Jugend ablehnend gegen den Druck, der auf Parteiversammlungen direkt oder indirekt auf die Zuhörer ausgeübt wird, der Partei als derjenigen Organisation beizutreten, welche allein und im Gegensatz zu allen anderen die richtige politische Erkenntnis besitzt.«

Durch diese Befragung sieht von Oertzen sich erneut in seiner Abneigung gegen den *»Unstaat von Weimar«*, gegen die *»Allmacht der plumpen Mehrheit, die Parteien, den Klassenstaat, den Klassenkampf, den absoluten Parlamentarismus, den bellum omnium contra omnes«* bestärkt. Er, der seit Jahren den berufsständischen Gedanken propagiert, sieht als einzigen Ausweg ein ständisch gegliedertes und hierarchisch aufgebautes »Drittes Reich«.

Der Vorstand der »Herrengesellschaft Mecklenburg« hoffte nun im Ergebnis der Umfrage darauf, die Jugend für eine politische Bildung ohne eng begrenzte parteipolitische Interessen im *»nationalen Geiste«*, der aber als rechtsorientiert verstanden wurde, zu gewinnen. Praktisch sollte das bedeuten, den Junioren wirkungsvoll die eigenen konservativen Denk- und Verhaltensweisen zu vermitteln, die im Endergebnis in mancher Beziehung in die faschistische Ideologie einmündeten. Sein Herangehen an die Juniorenarbeit verteidigt Wilhelm von Oertzen auch in der Auseinandersetzung mit Freiherrn von Gleichen, der im Herrenklub Berlin für die Juniorenzusammenkünfte zuständig war. Der Roggower nimmt mehrfach an Debatten mit Jugendlichen teil und kritisiert die Theoretisiererei, das Unverbindliche, Ziellose und die Teilnehmer Verwirrende in den Veranstaltungen, die von Gleichen leitete, was, wie er diesem im Oktober 1927 schrieb, *»zur Gehirnerweichung führt, führen muß«*. Für ihn kommen nur zwei Möglichkeiten, solche Zusammenkünfte zu gestalten, in Frage; dabei macht er aber keinen Hehl daraus, welche Variante er selbst bevorzugt:

»Ein Juniorenabend kann nur zweierlei sein. Entweder er ist ein Debattierklub, dann kann man auch über Kunstästhetik oder Botanik oder über den Coitur der Erdfläche sprechen, und es kommt nur darauf an, das Thema geistvoll zu zergliedern und zu zerpflükken und dies möglichst gewandt von sich zu geben. Oder er ist eine Schule der Politik und der Volkswirtschaft, dann müssen Sie unterrichten und zu dem von Ihnen gewollten und klar erkannten Ergebnis gelangen, auch dann, wenn Sie dabei nicht alle Zuhörer zu Ihrer Ansicht bekennen. Sie befriedigen aber wenigstens einen Teil, und zwar den besten, und den übrigen wird unzweideutig gesagt, was sie über die zur Debatte stehende Frage denken sollen.

Wenn sich die Außenseiter dem nicht fügen, wenn sie weiter glauben, es viel besser zu wissen, dann mögen sie fortbleiben. Sie behalten dann aber und bekommen hinzu diejenigen, die lernen wollen, die einmal später im Leben unsere politischen Überzeugungen in die Praxis umsetzen werden, weil es klare und nüchterne praktische Köpfe sind …«

Solcherart Juniorenarbeit, wie sie Wilhelm von Oertzen in Mecklenburg praktiziert, empfiehlt er auch Herrn von Gleichen:

»Wir werden, wenn wir je in Deutschland zu einer Gesundung kommen, einmal Führer brauchen mit Nerven wie Stricke, mit Klarheit des Geistes und des praktischen Verstandes wie der alte Freiherr von Stein oder wie der alte Fritz und mit einer rassig fundierten, intuitiven, nationalen Gedankenreinheit und einer Energie wie Bismarck. Erziehen Sie durch Ihre Bewegung die Jungen und die Alten zu solchen Männern, scharen Sie diese um sich – es gibt noch ein paar in Deutschland – und machen Sie aus den anderen, den Mitläufern, der zweiten Garnitur, eine Truppe von Soldaten, die zwar nicht führen können, aber sich führen lassen und Träger und Sämänner der nationalen Idee sein können, wenn sie

die Kraft haben, zu tragen und die Praxis zu säen. Aber lassen Sie die Nur-Intellektuellen, die Theoretiker, die Dogmatiker, die Klugscheißer und die Federfuchser laufen, wohin sie wollen.«

Offenbar führte die Jugendarbeit der Herrengesellschaft nicht zu dem Ergebnis, das sich von Oertzen wünschte. 1932 stellt er fest, daß der von ihm bereits 1927 befürchtete Kulturrückstand eingetreten sei:

»Er ist längst eingetreten, und jetzt macht er sich für alle, die diese Kultur noch selbst in sich haben, fühlbar. Der Gegensatz zwischen den Generationen ist ein riesenhafter. Es gibt fast keine Verbindung mehr zwischen denen, die das Vorkriegsdeutschland kannten, ja selbst zwischen der eigentlichen Kriegsgeneration einerseits und der Jugend, die Vorkriegszeit und Krieg nicht mehr bewußt erlebt hat. Diese Nachkriegsgeneration ... ist eine völlig andere Menschheit, und ihr Denken äußert sich konzentriert im Nationalsozialismus. Revolutionär – das ist gut –, aber auch allzu losgelöst von der Vergangenheit bis zur völligen Traditionslosigkeit. Da, wo häusliche und persönliche Einwirkung nicht ausgleichen, macht sich eine gefährlich starke Ehrfurchtslosigkeit vor jedem Alten, Althergebrachten geltend. Trotzdem ist Kraft, Wille, Glauben an sich selbst, nationale Begeisterung, auch das Suchen nach Form und Gestaltung stark und gesund.«

BRIEFWECHSEL MIT DEM »BRAUNEN HAUS«

Von Oertzen ist 1928 durchaus noch kein begeisterter Anhänger Adolf Hitlers, des »Trommlers«, wie er ihn nennt. Dennoch wendet sich der jetzt fünfundvierzigjährige Gutsbesitzer, selbst Mitglied der rechtsgerichteten Deutschnationalen Volkspartei, am 4. Juni an den Führer der NSDAP in München. Er unternimmt einfach den Versuch, den Exponenten einer Partei, die eindeutig und lautstark gegen die Weimarer Republik zu Felde zieht, als Referenten für die Herrengesellschaft zu gewinnen.

Zu dieser Zeit ist die NSDAP lediglich eine unter vielen Parteien in Deutschland und hat in Mecklenburg nur eine kleine Anhängerschar. Dieses ist Hitler natürlich auch bekannt. Von Oertzen argumentiert daher, daß sich gerade in letzter Zeit die Intellektuellen lebhaft für die nationalsozialistische Bewegung interessieren würden. Und, wie um das zu beweisen, stellt er für den Vortrag eine Zuhörerzahl von etwa hundertfünfzig Personen aus allen gebildeten Kreisen und Ständen Mecklenburgs in Aussicht, wobei der Veranstalter diese Zahl mühelos auf zweihundert bis zweihundertfünfzig Personen erhöhen könne. Allerdings sei ihm mehr daran gelegen, *»... diejenigen Herren, welche wirklich führend in Mecklenburg sind, teilnehmen zu lassen als eine allzu große Zahl zusammenzubringen«*.

Von Oertzen beteuert, daß der Vortrag Adolf Hitlers für dessen Bewegung in Mecklenburg sehr vorteilhaft sein könne, und fügt hinzu:

»Seitdem ich sehe, daß Sie den Gedanken der Befreiung der Leistung bei Ihrer Werbearbeit in der Arbeiterschaft hervorzuheben beginnen, der meiner Ansicht nach ... die einzige Möglichkeit bedeutet, Deutschland wieder von der Wirtschaft aus zur Gesundung zu verhelfen, gegen den Gewerkschaftsgedanken, gegen die Syndikate, gegen *die Gleichmacherei der Tarifpolitik und alle die anderen Segnungen, die uns der internationale Marxismus gebracht hat, glaube ich persönlich an das Durchdringen der nationalsozialistischen Idee.«*

Abgesehen davon, daß von Oertzen – so war es sein Grundsatz – die Nationalsozialisten durch Hitler ganz gern im Originalton in der Herrengesellschaft gehört hätte und ihm mit der Einladung wohl bewußt politische Nähe signalisieren wollte, waren es besonders die berufsständische Idee, der Führer- und Geführtengedanke und andere deutschnationale Auffassungen, die er im breiten Spektrum der NSDAP-Ideologie wiederfand. Es war ihm auch nicht entgangen, daß sich nicht wenige seiner Berufs- und Standesgenossen der NSDAP gegenüber eher zurückhaltend verhielten, da sie annahmen, daß die Nazis die Zerschlagung des Großgrundbesitzes anstrebten. Die Formulierung *»unentgeltliche Enteignung von Boden für gemeinnützige Zwecke«* im Parteiprogramm der NSDAP von 1920 mußte bei den Mecklenburger Großgrundbesitzern auf Ablehnung stoßen oder machte sie der Hitler-Bewegung gegenüber zumindest mißtrauisch.

Hitler hatte dazu bereits im April 1928 erklärt, die NSDAP wolle, auf dem Boden des Privateigentums stehend, gesetzliche Möglichkeiten schaffen, um lediglich »unrechtmäßig« erworbenen Boden enteignen zu können. Diese Absicht bezog sich auf die Requirierung jüdischen Besitzes. Da aber aus den Reihen der NSDAP inzwischen auch andere Interpretationen zum Parteiprogramm laut geworden waren, lehnten nach wie vor viele Gutsbesitzer die NSDAP ab. Sie schlossen sich, soweit sie sich parteipolitisch orientierten, anderen Rechts-Parteien an, darunter auch der Deutschnationalen Volkspartei, weil diese den Grundbesitz stützten.

Von Oertzen kennt die Situation unter seinen Adelsgenossen und deren Stimmung sehr genau. Deshalb schlägt er Hitler vor, dieser möge über die nationalsozialistische Bewegung und ihre Stellung zur Landwirtschaft sprechen.

Der Vorsitzende der Herrengesellschaft bereitet sich auf diese Vortragsveranstaltung mit der ihm eigenen Gründlichkeit vor, denn ehe eine Antwort von Hitler eintreffen kann, hat er sich bereits an den ihm bekannten Düsseldorfer Industriellen Friedrich Carl vom Bruck gewandt. Dieser war einen Monat zuvor Gast der Herrengesellschaft. Ihre neuerliche Begegnung zeigte, daß sie nach wie vor in der Beurteilung der Politik und der nationalsozialistischen Bewegung übereinstimmten. Von Oertzen bittet nunmehr vom Bruck, ihm Material darüber zuzusenden, ob und wo Hitler *»gegen den Großgrundbesitz gesprochen hat, für dessen Enteignung eingetreten oder ähnliche oder andere dem Marxismus entnommene Programmpunkte propagiert hat oder hat propagieren lassen. Ich vermute nämlich«*, so von Oertzen in seinem Brief an vom Bruck, *»daß er durch seine suggestive Kraft die Versammlung völlig in seinen Bann ziehen wird,* *und möchte aus diesem Grunde eine kleine Nasenbremse zur Hand haben.«*

Friedrich Carl vom Bruck kann die erbetenen Informationen aber nicht geben. *»Hitler selbst ist schwer zu fassen«*, schreibt er Anfang Juli 1928 an Wilhelm von Oertzen, *»da er wenig schreibt und in seinen Reden sich äußerst geschickt ausdrückt, ohne nach der einen oder anderen Seite hin Farbe zu bekennen. Er hält sich vorsichtig im Hintergrund, da er sich selbst wohl in keiner Weise klar ist, was seine Bewegung eigentlich praktisch machen soll. Und darin haben Sie den schwachen Punkt sowohl von Hitler, wie auch der Nat. soz. Bewegung, wie sie heute ist.«*

Vom Bruck verübelt den Nazis vor allem die nationalistischen Phrasen: *»Die Leute, einschließlich Hitler, wollen mit dem Wort überzeugen, anstatt durch die Tat. Erst die mit Hilfe des Wortes gewonnene Macht soll benützt werden, um Taten zu vollbringen.«*

Den Nazis wirft er vor, nach links hin Zugeständnisse zu machen und einen *»wenig schönen Radikalismus«* zu entwickeln, der sich vom marxistischen Geiste angeblich nicht mehr unterscheidet. Von Oertzen empfiehlt er, Hitler mit konkreten Fragen festzulegen.

»Will er Ausflüchte machen, so halten Sie ihm das Beispiel der Marxisten entgegen, die auf dem Wege über Gewerkschaften, Konsumvereine, Krankenkassen sich eine Wirtschaftsmacht geschaffen hatten, lange bevor sie zur Regierung kamen. Und darauf käme es auch bei den Nat. Soz. an, nur daß diese Wirtschaftsmacht von dem entgegengesetzten Geiste getragen würde.«

Inzwischen kam von Rudolf Heß, Hitlers damaligem Privatsekretär, eine positive Antwort; als Termin für den Vortrag wurde der 7. November 1928 vereinbart. Der Termin wird nochmals präzisiert, und Anfragen aus München, um welchen Teilnehmerkreis es sich handele, werden beantwortet. Von Oertzen lädt Hitler für den Fall einer Übernachtung zu sich nach Roggow ein.

Dann kommt Ende Oktober überraschend eine Absage aus der Kanzlei des Führers. Die Begründung lautet, Hitler müsse für eine Rede im Berliner Sportpalast vor zwölf- bis dreizehntausend Menschen seine Stimme schonen.

Von Oertzen schlägt deshalb vor, mit dem Vortrag auf das Jahresende auszuweichen. Das lehnt Heß jedoch ab, Hitlers Stimme sei sehr mitgenommen, und er wäre gezwungen, eine Reihe von Vorträgen abzusagen und die anderen so auseinanderzuziehen, daß sie die Zeit bis Ende des Jahres ausfüllen würden. Um Terminvorschlägen für den Jahresanfang zuvorzukommen, teilt Heß zugleich mit, daß Hitler möglicherweise längere Zeit keine Vorträge halten werde. Die noch vorgesehenen Veranstaltungen geschehen gegen den Willen seines Arztes. Damit ist von Oertzen in seinen Bemühungen um Hitler vorerst gescheitert.

Was mag wohl angesichts dieser offensichtlichen Brüskierung in ihm vorgegangen sein? Mußte er sich in seinen Befürchtungen und seinen Zweifeln gegenüber den Zielen der Nazis nicht bestätigt fühlen?

Da Hitler zur gleichen Zeit andernorts offensichtlich ohne Rücksicht auf seine Stimme Vorträge hielt, schien Heß wohl selbst nicht recht zu glauben, daß ihm von Oertzen die Erklärung abnehmen würde, deshalb betonte er, daß die Empfindlichkeit der Stimme des Führers auf eine Gasvergiftung am Ende des Krieges zurückzuführen sei. Seinen Brief schloß er dann mit Floskeln:

»Ich hoffe, daß Sie nunmehr mir glauben, daß Herrn Hitlers Absage mit Hinweis auf die Stimme keine Ausrede ist. Im übrigen läßt Ihnen Herr Hitler nochmals herzlich danken, daß Sie ihm die Möglichkeit geben wollten, vor dem betr. Kreis zu sprechen; an sich ist dies ihm stets erwünscht. Mit deutschem Gruß, ergebenst Rudolf Heß.«

Von Oertzen, nicht gewohnt, so schnell von seinen Plänen zu lassen, sollte noch viele Versuche unternehmen, Hitler in die Herrengesellschaft einzuladen, so auch über den Gauleiter der

NSDAP Friedrich Hildebrandt, für den er selbst keinerlei Wertschätzung empfand.

Erst nachdem auch dieser Versuch gescheitert ist, beginnt der Vorstand, sich auch um andere prominente Naziführer zu bemühen.

So gelingt es, den Wirtschaftstheoretiker der NSDAP Gottfried Feder im März 1929 für den Güstrower Kursus zu gewinnen. Das war in einer Situation, in der sich Erscheinungen der Krise in Wirtschaft und Politik zu mehren begannen und aus Kreisen der stark verschuldeten Landwirtschaft der Ruf nach einer starken Wirtschaftspolitik lauter wurde.

Gottfried Feder hatte maßgeblichen Anteil an der Entwicklung der NSDAP. Über seine Kontakte zur Geschäfts-, Banken-, und Industriewelt, ja selbst zu jüdischen Banken, organisierte er in den zwanziger Jahren Gelder für die NSDAP. Seine 1923 erschienene Schrift »Der deutsche Staat auf nationaler und sozialer Grundlage« wurde von Hitler als Katechismus der Bewegung hoch geschätzt.

Obwohl Feders Vorträge vom Vorstand als Gewinn für die Herrengesellschaft angesehen werden, hindert den das aber nicht, sich zunächst weiter um Hitler zu bemühen. Nach wie vor gibt es, trotz Übereinstimmung in wesentlichen Gedanken, Vorbehalte zahlreicher Großgrundbesitzer und Industrieller in Mecklenburg gegenüber der NSDAP. Widerspruch erregen vermeintliche Naziforderungen nach einem *»Staatssozialismus«*, nach *»Sozialisierung«* des Kalibergbaus und der Kohlegruben.

Auf heftige Kritik stößt auch die Weigerung der NSDAP in Mecklenburg, sich bei den Landtagswahlen von 1929 der Einheitsliste der Rechts-Parteien anzuschließen.

Um diese Tatsachen klarzustellen und die Ziele der Partei verbindlich zu erläutern, ist nun mal kein Geringerer durch die Herrengesellschaft gefragt als der erste Mann der *»neuen Bewegung«*.

Es kommt dem Vorstand darum sehr gelegen, daß Herzog

Adolf Friedrich von Mecklenburg, der sich frühzeitig auf die NSDAP orientiert hatte, bereit ist, im Oktober 1930 in München zu vermitteln. Zunächst hat es auch den Anschein, als wären seine Bemühungen erfolgreich. Einen Tag nach der Begegnung mit dem Führer schwärmt der Herzog in seinem, an von Oertzen gerichteten Brief: *»Die Art dieses Mannes, seine Gedanken zu entwickeln, hat etwas fashionierendes.«* Doch trotz des herzoglichen Engagements und eines weiteren Versuchs über Gauleiter Hildebrandt sagt Hitler wieder ab, und seine Kanzlei hüllt sich darauf in Schweigen.

Von Oertzen sagte man nach, daß er im Umgang mit anderen Menschen sehr korrekt war. Um so mehr mußte er ein solches Verhalten als Affront auffassen. Gegenüber Freiherrn von Brandenstein nennt er es auch eine ziemliche *»Rücksichtslosigkeit des großen Herrn Hitler, erst grundsätzlich zuzusagen und sich dann in absolutes Schweigen zu hüllen«*. Eine wenig später gestartete Aktion, wenn nicht den ersten Mann, dann wenigstens Hitlers wirtschaftspolitischen Berater Walter Funk für einen Vortrag zu gewinnen, bleibt gleichfalls in den Anfängen stecken. Es ist für von Oertzen nicht nachprüfbar, ob Funk tatsächlich wegen einer Grippe den vereinbarten Termin nicht einhalten kann oder ob es Dienstbeflissenheit gegenüber dem Führer ist. Jedenfalls sagt auch Funk am Ende eines umfangreichen Schriftwechsels im Januar 1932 endgültig ab.

Von Oertzen sollte sich noch ein letztes Mal um Hitler bemühen. Zu diesem Zweck bittet er von Plessen, der Gründungsmitglied der Herrengesellschaft war und sich bereits 1930 der NSDAP angeschlossen hatte, das Anliegen des Vorstandes zu unterstützen, weil, wie er schreibt, er der Überzeugung ist, *»daß ein sachlicher Vortrag ohne Werbepropaganda manchen dem Nationalsozialismus näherbringen wird, der ihn heute glatt ablehnt, weil er nur die Reden solcher Leute wie Goebbels kennt, nur die Auswüchse und Übertreibungen …«*

Wie um seiner Bitte Nachdruck zu verleihen, fügte von Oertzen dem hinzu: »*Viele gerade von unseren Mitgliedern gehen nicht in die Massenversammlungen, weil ihnen diese nichts geben, würden aber einem Vortrag Hitlers in kleinerem Kreise nicht nur das höchste Interesse, sondern auch Bereitwilligkeit, sich überzeugen zu lassen, entgegenbringen.*«

Es kam, was kommen mußte: die neuerliche Absage, wiederum durch Hitlers Privatsekretär übermittelt, ließ nicht lange auf sich warten.

In diesen und späteren Jahren gab es in Mecklenburg zahlreiche Wahlveranstaltungen der Nazis, auf denen führende Vertreter der NSDAP in unmittelbarer Nähe der von der Herrengesellschaft gewählten Veranstaltungsorte auftraten; Hitler selbst tat dieses mehrfach unmittelbar vor den Landtagswahlen 1932. Dennoch gelang es dem Vorstand der Herrengesellschaft nie, sieht man einmal von Gottfried Feder ab, einen führenden Vertreter der NSDAP für einen Vortrag zu gewinnen.

Die führenden Köpfe des Vereins werden über die Gründe hierfür, die letztendlich in den Meinungsverschiedenheiten zwischen NSDAP und konservativer Elite begründet lagen, sicher nachgedacht haben, Wilhelm von Oertzen scheint sie geahnt zu haben, ohne sich ihrer aber ganz sicher zu sein. Oder sollte sein im krassen Gegensatz zum sonstigen Selbstbewußtsein stehendes, fast störrisch anmutendes Bemühen, Hitler trotz mehrfacher Absagen dennoch zum Kommen zu bewegen, nur Ausdruck seines Strebens gewesen sein, die tatsächlichen Hindernisse zu erfahren und beseitigen zu wollen?

Das Verhalten der NSDAP-Reichsleitung kränkte ihn. Trotzdem begann er Anfang der dreißiger Jahre, noch als Mitglied der Deutschnationalen Volkspartei, sich auf die NSDAP zu orientieren und einen Parteiwechsel ins Auge zu fassen. An diesem Prozeß hatte der Fürst Eulenburg-Hertefeld keinen geringen Anteil.

NSDAP ODER DNVP? DIE AKTION DES FÜRSTEN EULENBURG-HERTEFELD

Für die Weimarer Republik wird das Jahr 1930 zu einem Schicksalsjahr. Im September dieses Jahres erzielt die NSDAP, die ein Jahr zuvor noch wenig Beachtung gefunden hatte, wider Erwarten einen riesigen Wahlerfolg. Das verdankte sie nicht zuletzt Alfred Hugenberg, jenem Mediengewaltigen und Großindustriellen, der 1928 die Führung der Deutschnationalen Volkspartei übernommen hatte.

Hugenberg besaß durch seine bereits erwähnte Vorstandstätigkeit erheblichen Einfluß auf bestimmte Kreise der Schwerindustrie und auf ostelbische Großgrundbesitzer. Er zweifelte nicht daran, daß der Deutschnationalen Volkspartei die Führung im Staat zukäme. Adolf Hitler wollte er lediglich als massenwirksamen Trommler für die »nationale Rechte« benutzen.

Seine Rechnung ging aber nicht auf. Die Nazis hatten bei den Reichstagswahlen ihre Stimmen nicht, wie erhofft, den Arbeiterparteien abgenommen, sondern den bürgerlichen Parteien, allen voran der Partei Hugenbergs selber. Die Wählerzahl der DNVP erreichte nicht einmal die Hälfte der Stimmen, die die NSDAP erhalten hatte.

In dieser Situation beeilten sich nicht wenige Industrielle und auch manche Gutsbesitzer, die Deutschnationale Volkspartei zu verlassen und in die NSDAP überzutreten in der Annahme, die Nazis würden bald die Regierungsverantwortung übernehmen. Andere Vertreter der Großindustrie und Landwirtschaft fuhren hingegen fort, auf die Monarchie und die Fähigkeiten ihres Parteivorsitzenden zu schwören, und mißtrauten Hitler weiter.

In Mecklenburg wechselt auch das Gründungsmitglied der Herrengesellschaft von Plessen aus Langen-Trechow von der DNVP in die NSDAP über. Seinem Beispiel folgen weitere Mitglieder der Gesellschaft, so Albrecht Graf von der Schulenburg aus

Tressow bei Bobitz und einige Gutsbesitzer bürgerlicher Herkunft, aber auch Bauern und Landarbeiter.

Diese Entwicklung geht nicht spurlos an Wilhelm von Oertzen vorüber. Er, der zwei Jahre zuvor in seinem Brief an Hitler ein persönliches Bekenntnis zur nationalsozialistischen Idee abgegeben hatte, andererseits aber eine wiederholte Brüskierung durch ihn erfuhr, bleibt, obgleich er sich innerlich den Ideen der Nazis nahe fühlt, deutschnational.

Anfang 1931 entschließt sich Friedrich-Wend Fürst zu Eulenburg-Hertefeld aus Liebenberg/Mark kurz nach seinem Wechsel zur NSDAP, unter seinen Standesgenossen nachdrücklich für die Hitlerpartei zu werben. Zu diesem Zweck trifft er sich am 24. Januar mit Hitler und läßt danach eine vom Führer autorisierte Aufzeichnung ihres gemeinsamen Gesprächs vervielfältigen, die er, verbunden mit einem Rundschreiben, an zahlreiche Großgrundbesitzer verschickt.

Die Eulenburgs waren damals in Deutschland ein weit verbreitetes und einflußreiches Adelsgeschlecht; verständlich, daß die Mitteilungen des Fürsten erhebliche Beachtung im Adel fanden.

In seinem Anschreiben vom Februar 1931 legt der Fürst die Gründe dar, die ihn ins Lager der NSDAP geführt haben. Im Sinne der Gefolgsleute Hitlers stellt er die bestehende wirtschaftliche und politische Situation verschärft dar, spricht vom völligen Zusammenbruch der deutschen Wirtschaft und davon, daß der Endkampf zwischen den beiden Polen *»Rechts und Links, zwischen Nationalismus und Bolschewismus«* begonnen habe. Deshalb sei auch keine Zeit mehr zu warten, bis Hugenbergs Partei eine Massenbasis gewinnen würde. Dagegen habe die NSDAP die Massen hinter sich, sie sei der *»Gegenpol des Marxismus und des Bolschewismus«*.

Fürst Eulenburg nutzt für seine Argumentation in geschickter Weise das elitäre Denken seiner Standesgenossen, von denen sich zu diesem Zeitpunkt nicht wenige noch von den Nationalsozialisten fernhalten:

»Es müssen sich Männer mit Führereigenschaften dazu entschließen, in die N. S. D. A. P. einzutreten und in ihr zu arbeiten«, fordert er auf. *»Nicht nur einzelne, viele müssen es sein, damit sie nach der Machtergreifung für leitende Stellen zur Verfügung sind. Wer sich erst* nachher *zur Verfügung zu stellen gedenkt, wird entsprechend dem italienischen Vorbild im besten Falle ein Staatsbürger zweiter Klasse sein, dem Führeraufgaben nicht zufallen werden.«*

Die Fragen, die Fürst Eulenburg an Hitler richtete, waren so formuliert, daß dieser ohne große Mühe Bedenken und Vorbehalte der Großgrundbesitzer gegen die NSDAP zerstreuen konnte. Bezeichnenderweise begann das Gesprächsprotokoll mit der Frage des Fürsten nach dem Verhältnis der NSDAP zum Eigentum an Grund und Boden.

Hitler versicherte, die Annahme einer Enteignung *»ist eine völlige Verkennung meiner Absichten, die nie und nimmer auf eine Zerschlagung oder Enteignung größerer Güter abzielen. Ich denke nicht daran, den ererbten oder sonstwie rechtmäßig erworbenen Grundbesitz, soweit er im Dienste der Allgemeinheit Arbeit leistet und produziert, zu stören.«* Er beruhigte die Grundbesitzer mit der Feststellung, daß die NSDAP nur *»ergaunerten Grundbesitz«* enteignen wolle und die Siedlungspolitik sich nicht auf deutschen Boden richte, sondern auf noch zu gewinnenden Raum. – Die Geschichte hat alsbald gezeigt, was darunter zu verstehen war.

Hitler betonte, an der Mitarbeit des Mittel- und Großgrundbesitzes in der nationalsozialistischen Bewegung interessiert zu sein, da er sowohl Masse als auch *»Köpfe«* brauche. Hauptbedingung für eine Mitgliedschaft in der NSDAP sei lediglich, keinerlei Kompromisse mit dem Marxismus einzugehen, den er völlig vernichten und ausrotten wolle. Den Deutschnationalen gab er keine Perspektive, die breite Masse des deutschen Volkes würden sie niemals erfassen. Eine große Bewegung sei nun mal nicht mehr von oben aufzuziehen, sie müsse von unten wachsen, nur dann sei sie fundamental – diese Erkenntnis werde nur von seiner Partei beherzigt.

Durch derartige Äußerungen fühlten sich nicht wenige Grundbesitzer und Industrielle angesprochen. Hinzu kam, daß Friedrich-Wend Fürst zu Eulenburg seine ganz persönliche hohe Wertschätzung für den Führer der neuen Bewegung zum Ausdruck brachte:

»Es war mir außerordentlich wertvoll, Adolf Hitler kennenzulernen, der zweifellos eine Persönlichkeit ist, die den heutigen jämmerlichen Durchschnitt weit überragt. Nicht seine äußere Erscheinung ist es, die diesen Eindruck erweckt, sondern die überzeugende Art, die Sicherheit und die Klarheit, mit der er spricht. Besonders eindrucksvoll ist sein Auge, aus dem allerdings Fanatismus leuchtet. Ohne diesen kann aber kein Führer Großes erreichen. Bei Adolf Hitler hat man jedoch den Eindruck des disziplinierten Fanatismus.«

Nach solchen Erklärungen und Bekenntnissen aus dem Munde einer angesehenen Persönlichkeit war es für viele nur noch eine Frage der Zeit, bis sie sich der nationalsozialistischen Bewegung auch organisatorisch anschlossen.

Fürst zu Eulenburg verbreitete sein Rundschreiben durch den Berliner Herrenklub und durch die Mittelstelle des »Ringes« aller Herrenklubs und -gesellschaften im Reich, und Dr. Wilhelm Rosenberger, Sekretär der Ringbewegung und guter Bekannter Wilhelm von Oertzens, sah sich angesichts der Materialien des Fürsten zu dem Kommentar veranlaßt, daß sie *»wegen der eindeutigen Erklärungen Hitlers für Erhaltung der bestehenden ländlichen Besitzverteilung und für die Notwendigkeit, außerhalb der jetzigen Reichsgrenzen Raum für unser Volk zu schaffen«*, interessant seien.

Er verschwieg in dem Zusammenhang aber nicht, daß die leitenden Herren des Berliner Klubs in einer Ansicht übereinstimmten: Auch wenn die NSDAP als Massenbewegung noch so positiv zu beurteilen wäre, dürfe man darüber aber nicht vergessen, daß für den politischen Enderfolg schließlich doch die Unabhängigkeit der Führung von der Masse entscheidend bleibe. Konservatives Elitedenken blieb also, bei aller sonstigen Übereinstimmung mit innen- und außenpolitischen Zielen der NSDAP, im Klub bestimmend.

Auch Wilhelm von Oertzen ist von den Erklärungen beeindruckt, die Hitler gegenüber dem Fürsten zum Eigentum an Grund und Boden abgegeben hatte. Vieles hatte ihn von vornherein an der nationalsozialistischen Bewegung angezogen, dennoch blieb immer eine gewisse innere Distanz. Gegenüber Herrn vom Bruck äußert er, daß dem Nationalsozialismus keine wirkliche Idee zugrunde liege, sondern er nur eine demagogietreibende Bewegung bleibe, aber *»immerhin ist es eine Demagogie auf nationaler Basis und beseelt von heißem Patriotismus«*.

Die Übereinstimmung der Programmatik der Herrengesellschaften und der Nationalsozialisten in vielen Punkten war offensichtlich. Wie andere Deutschnationale fühlt sich Wilhelm von Oertzen aber durch die massenwirksamen Programmpunkte der NSDAP wie Staatssozialismus, entschädigungslose Enteignung des Besitzes zu gemeinnützigen Zwecken sowie durch Otto Strassers Sozialisierungsvorstellungen gegen Ende der zwanziger Jahre immer wieder irritiert.

»Ich selbst gestehe«, so bekennt von Oertzen 1929 gegenüber Generalleutnant Franz Xaver Ritter von Epp, Hitlers bayerischen Statthalter, *»daß mich diese Punkte von der Sympathie für die Partei sehr stark wieder entfernt haben, nachdem ich schon geglaubt hatte, ihr mit meiner politischen Weltanschauung recht nahe zu stehen. Sie ist die Partei, die den Marxismus am schärfsten von allen Parteien bekämpft, und zugleich diejenige, die am meisten von der Gedankenwelt des Marxismus enthält ...«*

1931, nach den Wahlerfolgen der NSDAP und deren Erklärungen, den Grundbesitz nicht antasten und die Agrarstruktur auf dem Lande nicht verändern zu wollen, sieht sich Wilhelm von Oertzen wieder mehr in geistiger Übereinstimmung mit der Hitlerpartei. Im Mai äußert er gegenüber dem Gutsbesitzer Walter Granzow aus Severin, einem führenden Nationalsozialisten in Mecklenburg, der gut ein Jahr später die erste faschistische Regierung bilden und Ministerpräsident in Mecklenburg-Schwerin sein wird:

»Ich persönlich komme in meiner ganzen politischen Einstellung der nationalsozialistischen Ideenwelt immer näher. Dies ist ganz besonders auch durch meine berufsständische Einstellung gekommen, die ja zu meiner großen Freude von Ihren politischen Glaubensgenossen in so hohem Maße geteilt wird, daß Sie jetzt, wie ich höre, zum Gaureferenten für Mecklenburg bestimmt worden sind. Ich sehe gerade in dieser Einrichtung einen praktischen Anfang zu einer berufsständischen Organisation und vielleicht sogar einen Anfang zu einem berufsständischen Landbund der Zukunft.«

Granzow wurde von Wilhelm von Oertzen als ruhiger, sachlicher Mann geschätzt, als *»ein Landwirt, der ein großes soziales Empfinden, ein tadelloses Verhältnis zu seiner eigenen Arbeiterschaft und berufsständisches Denken mitbringt und einen von Pflichttreue getragenen ernsten Willen, zum Wohle des Landes und nicht nur der Partei zu wirken«*. Doch ein großer Führer war er in von Oertzens Augen nicht.

Im Oktober desselben Jahres gratuliert von Oertzen Erbgroßherzog Friedrich Franz von Mecklenburg zu dessen Eintritt in die NSDAP:

»Ich möchte diese Gelegenheit nicht vorübergehen lassen, ohne Eurer Königlichen Hoheit meine ganz besondere Freude darüber auszusprechen, daß Sie jetzt bei dieser Partei eingetreten sind und in ihr aktiv mitarbeiten. Mich selbst trennt heute, nachdem die Partei ihre eigentumsfeindlichen Programmpunkte hat fallen lassen und die berufsständischen Ideen so voll aufgenommen hat, eigentlich nichts mehr von dieser Partei, wenn ich ihr auch parteimäßig noch nicht angehöre, weil mir Parteipolitik an sich nicht liegt.«

Das soll sich aber bald ändern. Noch im Jahre 1931 ist von Oertzen bereit, die Deutschnationale Volkspartei zu verlassen, und bemüht sich ernstlich um Aufnahme in die NSDAP. Doch trotz seines Hinweises, er habe mit der Herrengesellschaft sehr stark für den Nationalsozialismus geworben, wird er zunächst von den Nazis abgelehnt. Ob zwischen dieser eigentlich ungewöhnlichen Zurückweisung und der seit 1928 erfolgten konsequenten Weigerung Hitlers, in der Herrengesellschaft als Referent aufzutreten, ein Zusammenhang besteht, werden wir wohl nicht mehr erfahren.

Da von Oertzen Ende 1931 von der baldigen Übertragung der Regierungsgewalt auf die Nazis überzeugt ist, muß ihn ihr Verhalten umso mehr getroffen haben. Gegenüber Professor Othmar Spann aus Wien, einem der geistigen Führer des klerikal und konservativ geprägten österreichischen Faschismus, bekennt er:

»Ich glaube, daß der Nationalsozialismus hier in kurzer Zeit die politische Macht in Händen haben wird, und daß dann Deutschland nach endgültigem Sturz des heutigen marxistischen, demokratischen Systems zu einem ständischen Gebilde in Ihrem Geiste übergehen wird.«

DAS KABINETT DER BARONE UND DER STREIT IN DEN EIGENEN REIHEN

Wenige Monate nach seinem Brief an Spann kühlt sich die zeitweilige Begeisterung Wilhelm von Oertzens und anderer Konservativer für die Hitlerbewegung wieder einmal ab. Das hängt mit jenen Hoffnungen zusammen, die sie 1932 auf das »Kabinett der Barone« setzten. Wie groß diese Hoffnungen waren, ist unschwer einer Tagebuchaufzeichnung zu entnehmen:

»Während Mecklenburg sich mit seinen Wahlen befaßte, trat in den letzten Tagen des Mai 1932 ein politisches Ereignis ein, das für alle Nichteingeweihten völlig überraschend kam und doch von ungeheurer geschichtlicher Bedeutung für Deutschland werden kann, werden muß. Der Reichspräsident von Hindenburg, der eben erst während seiner Wahl (gemeint sind die Reichspräsidentenwahlen vom März/April 1932, Anm. d. Autors) *durch den Reichskanzler Brüning in der stärksten Weise unterstützt worden war, der von seinen früheren Wählern selbst vom Stahlhelm, dessen Ehrenmitglied er*

ist, beim Wahlgang im Stiche gelassen und von der Sozialdemokratie notgedrungen in Ermangelung eines eigenen Kandidaten auf den Schild erhoben worden war, weil diese in ihm den Schützer des Systems erblickten, Reichspräsident von Hindenburg entließ den Reichskanzler Brüning und beauftragte Herrn von Papen mit der Bildung eines Kabinetts.«

Von Papens Regierung setzte sich aus sechs adligen und zwei bürgerlichen Ministern zusammen. Der Großgrundbesitzer Wilhelm Freiherr von Gayl – wie von Papen Mitglied des Berliner Herrenklubs – wurde Innenminister. Die übrigen Minister standen ebenfalls der Deutschnationalen Volkspartei nahe: General von Schleicher, Magnus Freiherr von Braun, Freiherr von Neurath und Lutz Graf Schwerin von Krosigk.

Wilhelm von Oertzen schätzt von Papen. Er bescheibt ihn als außerordentlich geschickte und gewinnende, ungewöhnlich sympathische, ehrliche und aufrichtige Persönlichkeit. Kein Wunder also, daß von Oertzen sehr große Hoffnungen auf diese Regierung setzt und darauf, daß nunmehr das System à la Weimar beseitigt und konservative Politik betrieben würde. Wenn das Kabinett am Ruder bleibt, *»so bedeutet diese Tat des alten Herrn das Ende des bisherigen Systems und die Rückkehr zum nationalen Gedanken, es bedeutet das Ende des großen Kreislaufes seit Beginn der Revolution«*.

Ganz deutlich zeigt sich hier der eigentliche Wunsch nach einer solchen Entwicklung: Die DNVP möge die Kraft haben, die SPD und die KPD zurückzudrängen und die politische Entwicklung des Reiches zu bestimmen. War die eigene Partei das rettende Boot in der »roten Flut«, so war die NSDAP für einen Mann wie Wilhelm von Oertzen vielleicht nur ein zufällig daherschwimmender Baumstamm, von dem er auch jederzeit wieder abspringen könnte.

Die Hoffnung auf das rettende Boot war Wunschdenken, denn das Kabinett Papen konnte sich nicht auf eine Mehrheit im Parlament stützen. Von Papen regierte deshalb autoritär und schränkte das parlamentarische System noch weiter ein, als es sein Vorgänger Brüning ohnehin schon getan hatte. Dabei hoffte von Papen auf die Unterstützung, zumindest auf die Tolerierung durch die NSDAP.

Diese aber hatte ganz andere Pläne. Durch die Reichstagswahl vom 31. Juli 1932 mit einer Stimmenzahl von 13,7 Millionen Wählern zur stärksten Partei geworden, wollte sie selbst die Regierung übernehmen. Deshalb war sie gar nicht daran interessiert, das Papen-Kabinett zu stützen.

Bei der neuerlichen Wahl zum Reichstag am 6. November 1932 – die NSDAP verliert zwei Millionen Stimmen – deutet sich an, daß diese Partei den Gipfel des Erfolgs bereits hinter sich hat. Dennoch oder gerade wegen dieser rückläufigen Tendenz fordern vierzehn Tage später führende Industrielle, Bankiers und Großagrarier in einem Schreiben an Reichspräsident von Hindenburg, Adolf Hitler die Kanzlerschaft zu übertragen.

Zu den Unterzeichnern gehören außer dem Präsidenten des Reichslandbundes Eberhard Graf von Kalckreuth auch einige Großgrundbesitzer, Standesgenossen Wilhelm von Oertzens, die inzwischen NSDAP-Mitglieder geworden sind.

Von Papen, der zunächst mit der Regierungsbildung beauftragt ist und dem sich infolge der Einschüchterung durch die Nazis allmählich alle anderen Parteien verweigern, gibt schließlich auf. Seinem Vorschlag, Hitler zum Reichskanzler zu berufen, will Hindenburg zunächst nicht folgen. Dafür aber schenkt er dem scheidenden von Papen sein Foto mit der Unterschrift: »Ich hatt' einen Kameraden«.

Die Ablehnung der Papen-Regierung verbinden die Nazis mit einer zügellosen Hetze gegen den hinter der Regierung stehenden konservativen Berliner Herrenklub und die Herrengesellschaften im ganzen Reich.

Die Kampagne trifft Wilhelm von Oertzen heftig und distanziert ihn wieder von der NSDAP. Im Oktober 1932, etwa drei Wochen vor dem Sturz der Papen-Regierung, schildert er dem ehemaligen Oberbürgermeister von Essen und Mitglied der Mecklenburger Herrengesellschaft, Dr. Lembke, die Situation:

»Ja, das Wort Herrenklub ist zu einem Agitationsmittel geworden, das in schamlosester Weise ausgenutzt wird. Mir hat es allerdings Mitglieder und Interesse gebracht. Es finden sich auf einmal Menschen bei unseren Tagungen ein, die nie dort waren und sich wahrscheinlich überzeugen wollen, ob etwas von dem Unsinn wahr ist, den die Nazis verbreiten.«

Und dem Reichstagsabgeordneten der Deutschnationalen, Professor Spahn, bekennt er, die Herrenklubhetze als unsagbar kindisch zu empfinden.

»Ich muß gestehen, daß ich noch selten so einverstanden mit dem Herrenklub gewesen bin wie augenblicklich, daß ich aber auch seit langen Jahren nicht so deutschnational gewesen bin wie zur Zeit.«

Der das schrieb, hatte zuvor jenen Schmähartikel über das »Herrenklub-System« gelesen, der von der »National-Zeitung«, dem Organ der NSDAP, am 25. September 1932 veröffentlicht worden war. In einer für die Nazis charakteristischen Art und Weise wurde gegen den Herrenklub gehetzt. Da war die Rede von den Klub stützender *»jüdischer Hochfinanz«*, vom Einfluß des internationalen Großkapitals; da wurde der *»Standesdünkel einer vermeintlichen Herrenschicht«* angeprangert, die das *»System«* stütze und die Herrschaft des *»Geldsacks über das ausgebeutete Volk«* erstrebe. Diesen Angriffen wurde die faschistische Auffassung von Volksgemeinschaft und Führertum entgegengestellt, bevor es dann in dem Artikel abschließend hieß: *»Die Episode der Papenregierung schiebt die notwendige große Entscheidung zwischen dem Nationalsozialismus und dem Bolschewismus ein kleines Weilchen hinaus und schadet dadurch dem Deutschtum, indem sie seine Gesundung verzögert.«*

Diese Schmähungen, die die Nazis über die Konservativen verbreiteten, und ihre Ablehnung der Papenregierung werden in der »Herrengesellschaft Mecklenburg« unterschiedlich aufgenommen.

Während sich einige um Wilhelm von Oertzen hinter das Papen-Kabinett stellen, welches sich inzwischen auf keine Parlamentsmehrheit mehr stützen kann, üben andere Mitglieder, und zwar auch solche mit nicht geringem Einfluß, gerade deshalb Kritik an der Regierung und ziehen sich von ihr zurück. Die Geister beginnen sich zu scheiden. Es bilden sich zwei gegensätzliche Lager, jeweils geführt von den Gründungsmitgliedern von Oertzen und Reimar von Plessen. Was nach außen wie ein Disput über die Haltung zum Papen-Kabinett und zur Politik des Berliner Herrenklubs wirkt, ist in Wirklichkeit ein Richtungsstreit innerhalb der Herrengesellschaft zwischen den Anhängern der NSDAP und den zu ihr in Distanz bleibenden Deutschnationalen.

Von Plessen war 1930 im Unterschied zu von Oertzen in die NSDAP aufgenommen worden. Wahrscheinlich honorierten die Nazis, daß er schon frühzeitig und vor allem eindeutig seine Auffassung erkennen ließ, daß die weitere Entwicklung Deutschlands weniger vom einflußreichen Wirken elitärer Kräfte abhängig sei, als vielmehr von Parteien mit Masseneinfluß. Da, abgesehen von den Arbeiterparteien SPD und KPD, nur die Hitlerpartei diesen Masseneinfluß hatte, war diese Einstellung von Plessens ein deutliches Bekenntnis zur nationalsozialistischen Bewegung.

Die unterschiedliche Denkweise und verschiedene parteipolitische Bindungen belasten das Verhältnis beider Vorstandsmitglieder zunächst aber nicht. Im Gegenteil, in einem Brief vom November 1931 an von Oertzen spricht von Plessen die Hoffnung aus, *»unsere Herren G.* (Gesellschaft, Anm. d. Autors) *mit in eine neue Zeit herüberzunehmen …«* Allerdings warnt er vor einer zu engen Bindung an den Berliner Herrenklub, weil das in seinen Augen einem Selbstmord der Mecklenburger Herrengesellschaft gleich käme.

Ein Jahr später bleibt es aber nicht mehr bei einer Warnung. Von Plessen sieht sich nunmehr veranlaßt, dem Vorsitzenden der Herrengesellschaft mit seinem Rücktritt zu drohen. Voll auf der Welle der Nazis, ist er überzeugt, daß es dem Papen-Kabinett auf

Dauer nicht gelingen wird, *»die Staatsgewalt gegenüber den demokratisch-nationalen Kräften«* zu festigen. Und ausgerechnet von Oertzen hatte als Vorsitzender der Herrengesellschaft das Kabinett Papen begrüßt und damit gegen die bisherige den Richtlinien entsprechende national-neutrale Einstellung der Gesellschaft verstoßen.

»Sie werden aber verstehen, daß ich nicht Mitglied der Herrengesellschaft bleiben kann, wenn sich dieselbe im Gegensatz zu ihrer bisherigen Haltung zur Stütze eines bestimmten Kabinetts entwickelt.« Er werde austreten, so äußert von Plessen weiter, wenn der bisherige Weg verlassen würde, *»so sehr ich das bedauere, weil ich die politische Information für alle nationalen Kräfte auf neutralem Boden für außerordentlich wichtig halte und weil die ›Herrengesellschaft Mecklenburg‹ unter Ihrer bewährten Leitung darin so Außerordentliches geleistet hat«.*

Von Oertzen antwortet bereits drei Tage später und erklärt, weder in einer Berliner Besprechung noch auf der Generalversammlung der Herrengesellschaft vom 29. September in Güstrow zum Papen-Kabinett Stellung genommen zu haben. Er hält es aber wohl für geboten, seine Haltung zum Nationalsozialismus zu erläutern:

»Ich habe mich viel mehr nur im Laufe einer weiteren Diskussion über den Nationalsozialismus in sehr positivem Sinne geäußert, meinem Bedauern Ausdruck gegeben, daß es dem Herrenklub nicht gelungen sei, mit diesem in nähere Fühlung zu kommen, und gesagt, daß ich das sowohl für den Herrenklub als auch für die Herrengesellschaften für dringend notwendig hielte. Ich hätte das bereits vor Jahren wiederholt Herrn von Gleichen gesagt, leider ohne Erfolg.«

Erst nach dieser grundsätzlichen Erklärung, die er gegenüber von Plessen für angebracht hält, kommt von Oertzen auf seine Äußerungen zum Papen-Kabinett in der Generalversammlung zu sprechen. Dazu wolle er unbedingt richtigstellen, er habe es als überparteiliches Kabinett bezeichnet, das die Verantwortung nicht auf das Parlament abwälze; seine Bemerkungen seien keine Unterstützung der in der Regierung befindlichen Personen gewesen, sondern eine Bejahung der durch das Kabinett repräsentierten Idee *»konservativer, autoritärer Staatsauffassung«*.

Herr von Plessen bleibt die Antwort auf diese Erklärungsversuche – über deren Ursachen es wohl zwischen Vorstandsmitgliedern zu Mutmaßungen kommt – zunächst schuldig. Das geht zumindest aus den Worten des Rechtsanwalts Behm aus Schwerin hervor, der seit Sommer 1932 im Vorstand tätig ist. Er äußert Ende Oktober 1932 von Oertzen gegenüber:

»Ich kann mich des Eindrucks nicht ganz erwehren, als ob die Einstellung der Nationalsozialisten in Mecklenburg auch für Herrn von Plessen wenigstens mit Anlaß zu seinem Schreiben vom 26. September gewesen ist. Sie haben wohl sehr recht, wenn Sie sich dahin äußern, daß Herr von Plessen mit seiner Antwort an Sie solange wartet, bis die Entscheidung aus München vorliegt. Es wäre nicht sehr angenehm, wenn gerade Herr von Plessen, der doch solange Zeit alleiniges Vorstandsmitglied neben Ihnen war, jetzt ausscheiden würde.«

Am 8. November 1932 läßt von Plessen den Vorstand wissen, daß er die bedingte Austrittserklärung vom 26. September aufrechterhalte und sein Austritt nunmehr Tatsache sei. Er betont, sein Schritt sei vor allem mit der Ablehnung der durch den Berliner Herrenklub und den *»Ring«* betriebenen Politik begründet. Herrn von Gleichen und seinen Gesinnungsgenossen in Berlin wirft er eine *»ausgesprochen hochkapitalistische Tendenz«* vor, einen *»Überliberalismus«*. Leider würde von Gleichen und nicht Graf von Alvensleben den Herrenklub bestimmen. Als Mitglied der »Herrengesellschaft Mecklenburg« müsse er darauf bestehen, jede Beziehung zum Berliner Herrenklub abzubrechen. Da nicht anzunehmen sei, daß diesem Vorschlag gefolgt werden würde, teile er nunmehr endgültig mit, *»daß durch diese Umstände ... eine Zusammenarbeit mit der Herrengesellschaft nicht mehr möglich ist«*.

Der Austritt Reimar von Plessens mußte von Oertzen und die »Herrengesellschaft Mecklenburg« empfindlich treffen. Von Plessen war ein einflußreicher Anhänger Hitlers, und Auseinandersetzungen mit den Nationalsozialisten hatten die Mecklenburger Deutschnationalen zu dieser Zeit ohnehin schon genug.

STREIT MIT DEN NATIONALSOZIALISTEN

Wieder einmal auf der Suche nach einem geeigneten Referenten für die Herrengesellschaft, wendet sich Wilhelm von Oertzen Mitte Oktober 1932 an Generalleutnant von Metzsch in Berlin. Er will ihn für einen Vortrag über Hindenburg gewinnen. Von Metzsch war Leiter der wehrpolitischen Abteilung der Deutschen Hochschule für Politik in Berlin.

Wir erinnern uns der Gewohnheiten von Oertzens, nur Experten und ihm oder anderen Mitgliedern gut bekannte Persönlichkeiten in die Herrengesellschaft einzuladen und diese mit den Verhältnissen in Mecklenburg und den Erwartungen im Herrenklub vertraut zu machen. So informiert er von Metzsch über das politische Umfeld in Mecklenburg:

»Die Nazis sind in Mecklenburg, wo sie die absolute Mehrheit haben und einen sehr ungebildeten Gauleiter dazu, den Herrengesellschaften besonders gram wegen deren politischer Haltung zugunsten eines autoritären Kabinetts ... Ich möchte den Faden zu den Nationalsozialisten nicht ganz abreißen lassen, ihnen aber doch politisch meine Ansicht sagen.«

In der Tat resultierte die Ablehnung der Papen-Regierung durch die NSDAP in Mecklenburg aus ihrer besonderen politischen Situation. Offenbar spielte hierbei eine zusätzliche Rolle, daß die NSDAP im Juni die Landtagswahlen in Mecklenburg-Schwerin knapp mit absoluter Mehrheit an Landtagssitzen gewonnen hatte. Anders als in Mecklenburg-Strelitz, wo sie mit der DNVP zusammen regierte, stellte sie in Schwerin allein die Regierung, und entgegen dem geflügelten Wort, in Mecklenburg käme alles viel später, begann die von dem Gutsbesitzer Walter Granzow gebildete Regierung sogar noch vor der Reichsregierung in Berlin, faschistische Politik zu betreiben.

Bezeichnend für die Haltung von Oertzens in dieser Zeit ist sein Bemühen um Auskommen mit den Nazis und mit ihrem führenden Mann, dem Gauleiter Friedrich Hildebrandt, den er als Person ablehnt.

Die Beziehungen zwischen von Oertzen und Hildebrandt sind nicht wenig belastet. Der ehemalige Freikorps-Landsknecht, Sohn eines sozialdemokratischen Landarbeiters, ist bereits Anfang der zwanziger Jahre zu den Nazis gestoßen. Deren auf die einfachen Menschen gerichtete Demagogie beherrscht er meisterhaft, was nicht zuletzt auch seine Karriere beschleunigte. Er taucht 1924 als Deutschvölkischer im Landtag auf, tritt 1925 zur NSDAP über und baut diese als Gauleiter in Mecklenburg auf. Eine *»Meisterschaft in der Beherrschung der Volksverführung«* bescheinigen ihm auch seine politischen Gegner. Seine Herkunft, wohl auch sein begrenzter Bildungsumfang lassen ihn aber stets ein bestimmtes Mißtrauen und eine gewisse Distanz zum humanistisch gebildeten Bürgertum und zu jenen adligen Gutsbesitzern wahren, die sich als geistige Elite der Nation empfinden und diese Rolle ernst nehmen. Hildebrandt kultiviert, wie andere NSDAP-Führer auch, seine begrenzte Bildung als Volksverbundenheit, muß aber damit rechnen, daß Vertreter der konservativen Führungsschicht ihn eines Tages verdrängen könnten. Für ihn ist es also vorteilhafter, in so manchem exponierten Vertreter des Adels nicht den Verbündeten, sondern den Gegner zu sehen. Das schützt gleichermaßen seine Stellung und bringt ihm außerdem Stimmen bei denjenigen Landarbeitern, die bis zum Juni 1932 DNVP wählten.

So ist es wohl zu verstehen, daß Hildebrandt 1931, nach Beratung mit maßgeblichen NSDAP-Funktionären des Gaus, von Oertzens Antrag auf Mitgliedschaft in der NSDAP rundweg ablehnte. Offiziell hieß es, von Oertzen wolle seine Tätigkeit als Leiter der Herrengesellschaft im bisherigen Sinne fortführen, wodurch *»unter der Mitgliedschaft und unseren Wählern eine bedenkliche Unruhe, die für die Entwicklung der Partei hemmend sein würde, entstehen könnte«.*

Der NSDAP ging es aber eigentlich darum, den Einfluß der Herrengesellschaft zurückzudrängen. Von Plessen war dazu bereit, und deshalb konnte er nicht nur Mitglied, sondern auf seinem Gut auch Leiter der NSDAP-Ortsgruppe werden. Bei von Oertzen handelte es sich immerhin um den Leiter dieser Gesellschaft. Bei ihm war nicht zu erwarten, daß er von der Herrengesellschaft lassen würde.

Es nutzt ihm deshalb nichts, daß er in seiner Antwort an Hildebrandt darauf verweist, schon immer mit der Herrengesellschaft *»sehr stark für die berufsständische Idee und damit für den Nationalsozialismus geworben«* zu haben. Gerade die Betonung der ständischen Idee konnte die NSDAP zu diesem Zeitpunkt, wo sie im *»Kampf«* um Mitgliederanhang das Banner der Volksgemeinschaft flattern ließ, nicht gebrauchen. So bleibt es vorerst bei der Ablehnung seiner Aufnahme in die NSDAP.

Mit welchem Widerstreben sich von Oertzen immer wieder an Hildebrandt wendet, wie groß seine Abneigung gegen diesen ist, läßt sich unschwer einer Tagebuchnotiz entnehmen, die unmittelbar nach den für die NSDAP so erfolgreichen Landtagswahlen 1932 entsteht.

»Die mecklenburgischen Landtagswahlen brachten mit einem Überschuß von nur ganz wenigen Stimmen eine absolute Mehrheit der Nationalsozialisten ... Unser langjähriger Diener Richard Methling, der auf der Naziliste stand, wurde gewählt und ging infolgedessen von uns fort. Er wohnt im leerstehenden Pfarrhause in Russow, das er von der Kirche gemietet hat, und will außer von seinen Diäten als Landtagsabgeordneter und Amtsvertreter im Amt Wismar von den Zinsen eines kleinen eigenen Vermögens sowie von den Einkünften aus dem Pfarrgarten leben. Ich gönne ihm seinen Aufstieg auf der Bonzenleiter der Partei, über die er oft geschimpft hat, und kann mich zugleich des Lächelns über das Groteske, das in diesem heute noch recht ›zeitgemässen‹ Vorgange liegt, nicht erwehren.

Herr Landarbeiter Hildebrandt, der nationalsozialistische Gauleiter im Lande und ungekrönte Großherzog von Mecklenburg, braucht gefügige und bequeme Mittelware für alle seine Unterführerposten. Man kann ihm, Hildebrandt, die Anerkennung und offene Bewunderung für das, was er als alleiniger Leiter der Bewegung im Lande aus dieser geschaffen hat, nicht versagen, man muß seine Nerven, seine Fähigkeit, sich zu einem wirklich gewandten Redner und Führer emporzuarbeiten, die Organisation fest in der Hand zu haben und zu beherrschen, bewundern, aber in unzähligen Dingen, z.B. in seiner erstaunlichen Empfindlichkeit, in seinem Mißtrauen gegenüber der gebildeten Schicht, seiner absoluten Verständnislosigkeit für Traditionelles und geschichtlich Gewordenes und eben in seinem Hang, kleine Leute zu Unterführern zu machen, zeigt sich auch in ihm der kleine Mann.«

Von Oertzen ist nicht ganz unschuldig an der Karriere einer solchen *»gefügigen und bequemen Mittelware«* wie Richard Methling. Er selbst hatte seinen Diener, der seit 1924 der Deutschvölkischen Freiheitspartei angehörte, 1931 an die Spitze des Landarbeiterbundes lanciert.

Obwohl sich von Oertzen sehr um einen Ausgleich bemüht, verhärten sich auch in Mecklenburg zusehends die Fronten zwischen der NSDAP-Gauleitung und der Herrengesellschaft.

Am 25. September 1932, im Vorfeld der Reichstagswahlen vom 6. November, veröffentlicht Gauleiter Friedrich Hildebrandt im »Lübecker Beobachter«, der nationalsozialistischen Tageszeitung für die Freie und Hansestadt Lübeck, einen scharfen Artikel gegen die *»Regierung des Herren-Klubs«*. Die fettgedruckte Überschrift enthält bereits die Kampfansage: »Hitler oder Bürgerkrieg«. Sein Angriff richtet sich gegen jene Konservativen in Herrenklubs und Herrengesellschaften, die im Interesse der Bewahrung ihrer Vorrechte lieber Bürgerkrieg und Bolschewismus in Kauf nehmen würden, als Hitler die Führung zu übergeben. Damit war der Ton für die weitere Auseinandersetzung vorgegeben, und es ist eigentlich nur folgerichtig, daß Hildebrandt den NSDAP-Mitgliedern seines Gaues die Mitgliedschaft in der von ihm öffentlich diskreditierten Herrengesellschaft untersagt.

Dieses Verbot wird nicht sofort von allen seinen Parteifreunden befolgt, auch Ortsgruppenführer von Plessen zögert anfänglich, sich von der Herrengesellschaft abzusetzen. Dennoch erhält der Vorstand etliche Austrittserklärungen, denen die Absender zum Teil Worte des Bedauerns hinzufügen.

Von Oertzen, der diese Situation nicht auf sich beruhen lassen will, wendet sich deshalb an den Gauleiter persönlich. Der rechtfertigt nochmals das Verbot und bekräftigt seinen Vorwurf, daß sich die Herrengesellschaft absolut gegen den Nationalsozialismus stelle. Nach mehrmaligem Drängen gelingt es von Oertzen schließlich, Gauleiter Hildebrandt am 19. Oktober 1932 zu einer Aussprache, die in Neubukow stattfindet, zu bewegen. In der direkten Gegenüberstellung erklärt Hildebrandt, daß die scharfen Worte gegen Herrenklub und Herrengesellschaften lediglich taktischer Art gewesen seien und er inzwischen die Reichsleitung in München um eine Entscheidung bezüglich des Verbots gebeten habe. Den Vorwurf, die Herrengesellschaft sei einseitig deutschnational, hält er jedoch aufrecht.

Von Oertzen widerspricht und betont erneut deren Überparteilichkeit.

Am Ende scheint es dann doch noch zu einem Ausgleich zwischen beiden gekommen zu sein. Im Tagebuch notiert von Oertzen: *»Wir trennten uns in gutem Einvernehmen.«*

Dieses Einvernehmen scheint im großen und ganzen in den darauffolgenden Jahren angehalten zu haben. Es schloß zwar manche Mißhelligkeiten nicht aus, und es war auch nicht zu erwarten, daß Gauleiter Hildebrandt fortan die Veranstaltungen der Herrengesellschaft besuchen würde, denn zu tief saß bei ihm der Stachel des Mißtrauens gegen die elitären Vorstellungen der Konservativen. Hildebrandt vergaß auch nach dem Rückgang der Stimmen für die NSDAP bei der Reichstagswahl vom 6. November 1932 nicht, daß die Herrengesellschaft sich für die Regierung Papen eingesetzt hatte. Mit diesem Vorwurf mußte von Oertzen noch lange leben.

Für ihn und die »Herrengesellschaft Mecklenburg« war es aber schon wichtig, daß schließlich nach und nach die öffentliche Verdammung von Herrenklub und Herrengesellschaften durch die NSDAP nachließ. So entstand die berechtigte Hoffnung, daß die Gesellschaft auch im nationalsozialistischen Staat wirken könne.

HITLER WIRD REICHSKANZLER

Was aus dem 30. Januar 1933, einem Datum, das in die Geschichte einging, erwachsen sollte, wußte zu jenem Zeitpunkt in Deutschland kaum einer. Und diejenigen, die es ahnten, wagten meist nicht, es laut zu sagen.

Es kann auch Wilhelm von Oertzen nicht unbedingt verübelt werden, daß er die Situation falsch einschätzt. Wie die meisten Konservativen ist auch er davon überzeugt, daß jetzt endlich ein neues starkes Reich komme:

»Hätten wir am Silvesterabend gewußt, daß wir schon im Januar des neuen Jahres den Anbruch einer neuen Zeit würden erleben können, wir hätten unseren Punsch mit größerem Genuß getrunken«, schreibt er in seinem Tagebuch.

Die Übernahme der Regierungsgewalt durch Hitler wird von den meisten Deutschen im Lande, so auch in dem abgelegenen Roggow in Mecklenburg, bejubelt. Die unterschiedlichsten Erwartungen werden an dieses Ereignis geknüpft: neue Impulse in der Wirtschaft, die noch zu sehr in der Krise steckt, und die internationale Aufwertung Deutschlands durch die einen, Arbeitsplätze für Millionen durch die anderen.

Von Oertzen selbst erhofft sich mit dem Machtantritt der Nazis – obwohl er schon so manchen Strauß mit ihnen auszufechten hatte – eine *»ganz neue Epoche, wenn auch keine schnelle Lösung der Wirtschafskrisis«*, wie er gleichen Tags an Dr. Rosenberger nach Berlin schreibt.

Für die fast ungeteilte Zustimmung, die Hitlers Machtübernahme bei den Konservativen findet, spielt vor allem eine Rolle, daß es sich um eine Koalitionsregierung von NSDAP und Deutschnationalen handelt, bei der sowohl von Papen als auch Hugenberg und dessen deutschnationale Mitstreiter vorerst wichtige Plätze auf der Regierungsbank einnehmen. In den Augen der konservativen Elite ist es die erhoffte Nutzung des Masseneinflusses der NSDAP für die Interessenpolitik der DNVP.

Die folgenden Tage und Wochen verlebt von Oertzen in Hochstimmung, da die Nazis Hoffnung und Zuversicht zu verbreiten wissen. In seinem Tagebuch notiert er:

»Ein ungeheurer Jubel brach in ganz Deutschland los, als das Radio kurz nach Mittag diese Botschaft durch den Äther funkte, die wir zufällig auch auffingen. Die Nationalsozialisten schnappten vor Seligkeit fast über, aber auch bei allen anderen national Gesinnten war die Freude gewaltig und ehrlich, wenn sich auch gerade nach dem Verhalten der Partei in den letzten Monaten gegenüber den beiden kurzen Rechtsregierungen im Reiche einige Zurückhaltung noch bemerkbar machte. Diese wurde schnell und in immer steigendem Maße durch die elementaren Ausbrüche der Freude und alle dann folgenden Ereignisse und besonders auch durch das Verhalten Hitlers selbst und seiner Reden überrannt und mit fortgerissen.«

Der Adlige vergleicht die Hochstimmung im Reich mit jener in den Augusttagen des Jahres 1914 nach der Verkündung der Mobilmachung. Den 30. Januar selbst schildert er so:

»Am Abend ... bewegte sich ein riesenhafter Fackelzug des Stahlhelm und der SA vom Brandenburger Tor zur Wilhelmstraße, wo der Reichspräsident stundenlang am erleuchteten Fenster stand und die brausenden Heil- und Hurrarufe der Tausenden entgegennahm, die sich in einem ganz spontanen Gefühl dort eingefunden hatten, um ihm und dem gleichfalls anwesenden Hitler, Selte und den anderen Ministern zuzujubeln. Wir erlebten dies alles fast unmittelbar

am Radio mit, durch das die Tritte der Marschierenden, die Musik und die stundenlang anhaltenden Rufe in Millionen von Häusern ganz Deutschlands und weit darüber hinaus gefunkt wurden. Es war wirklich, als ob in diesem Augenblick Deutschland erwacht sei.«

Vier Wochen später brennt der Reichstag. Eine ungebremste Hysterie verbreitet sich, und aus dem Radio vermelden die Nazis, es seien die Kommunisten gewesen, die Hand, oder besser gesagt, Feuer angelegt hätten an das Symbol der Staatsgewalt und nationalen Würde. Was heute die ganze Welt weiß, wurde damals von den meisten für ausgeschlossen gehalten: Den Reichstagsbrand inszenierten die NSDAP-Führer selbst, um einen Vorwand für die massenhafte Verfolgung aller linken Kräfte in Deutschland zu haben.

Auch von Oertzen ist zunächst überzeugt, daß die Kommunisten die Brandstifter waren. Er nimmt an, daß diese sich nicht kampflos ergeben wollten. Der brennende Reichstag *»hatte das Fanal sein sollen für einen bolschewistischen Umsturz in ganz Deutschland. Mit einer ungeheuren Schnelligkeit wurde eingegriffen, die Entdeckungen in den unterirdischen Geheimräumen des Karl-Liebknecht-Hauses am Bülowplatz brachten gleichzeitig ein großes weiteres Material zu Tage, und eine große kommunistische Verschwörung, die mit Bränden in ganz Deutschland, mit Streiks, Sabotageakten, Morden, Plünderungen und Lebensmittelvergiftungen hatte durchgeführt werden sollen, um den Beginn einer Bolschewistenrevolution einzuleiten und zugleich zu verschleiern, wurde erkannt. Acht Tage vor dem Wahltermin!«*

Mit ihrem beispiellosen Wahlkampfspektakel eine Woche vor den Reichstagswahlen, dem brennenden Reichstag und Tausenden verhafteter Kommunisten erreichen die Nazis das, was sie wollten, nämlich die Mehrheit bei den Reichstagswahlen am 5. März. Die NSDAP kann ihren Stimmenanteil von 37 Prozent im November 1932 auf 45 Prozent erhöhen. Zusammen mit der DNVP sind es fast 52 Prozent. Während die SPD riesige Verluste hinnehmen muß, ist der Anteil der Stimmen für die KPD, die praktisch bereits in der Illegalität arbeitet, gegenüber 1932 nur gering niedriger.

Für von Oertzen und andere Konservative sind die Verluste der einflußreichen Sozialdemokratie der entscheidende Sieg. Über den Wahltag notiert er:

»In Roggow und Russow machte ich meinen Leuten, da man ja nun endlich frei von der Leber weg sprechen konnte, ohne das Gesetz zum Schutz der Republik fürchten und respektieren zu müssen, einen Tag vor der Wahl leicht die ganze Bedeutung dieser Volksabstimmung klar und erreichte, daß wir keinen einzigen kommunistischen Stimmzettel und nur drei sozialdemokratische statt deren zwanzig wie bei der Wahl vom 6. November in der Wahlurne fanden. Von den sozialistischen waren bestimmt mindestens zwei von Knechten der Bauern abgegeben, die zum Reichsbanner gehörten. Wir waren also zum ersten Mal so gut wie marxistenfrei. Ich ließ sofort ein paar Fäßchen Bier anrollen, und wir feierten am selben Abend noch unter der schwarz-weiß-roten und der Hakenkreuzfahne den Sieg des nationalen Deutschlands und die Geburtsstunde des Dritten Reichs.«

Die Ergebnisse der Wahlen vom 5. März 1933, die bereits unter den Bedingungen des staatlich organisierten Terrors stattfanden, sind für Wilhelm von Oertzen ein Zeichen dafür, daß eine *»neue Epoche«*, ein *»völlig neues Zeitalter«* begonnen hat. Endlich, so meint er, ist das *»undeutsche«* parlamentarische System der Weimarer Republik beseitigt. Ein Ereignis dieser Größe konnte in seinen Augen aber nicht das alleinige Verdienst der Nazis sein und Hitler nicht, wie allgemein propagiert, *»der alleinige Schöpfer dieser neuen Epoche«*. Niemals, so die Ansicht von Oertzens, *»ist eine Epoche von* einem *Manne gemacht worden, sondern stets haben viele an den großen geschichtlichen Wendepunkten gearbeitet. So haben auch an dieser geistigen Erneuerung des deutschen Volkes, an unserer nationalen Revolution viele gearbeitet, sie mit herbeigeführt, sie mitgestaltet. Hitler selbst hat zahllose Dinge in* *seine Weltanschauung, in sein Programm und auch in die äußere Form seiner Volksbewegung hineingenommen, die nicht von ihm sind. Man kann sogar sagen, daß an ganz ureigensten Gedanken Hitlers im Nationalsozialismus weniger enthalten ist als in vielen anderen Bewegungen ... Mussolinis Faschismus ist zweifellos origineller. Hitler hat ihm den Gruß, die Uniform, den Aufbau seiner Truppe und die allermeisten seiner politischen Ideen entlehnt. Die deutschvölkische Freiheitsbewegung des Herrn von Gräfe-Goldebee ist der direkte Vorläufer und Wegbereiter des Nationalsozialismus gewesen und hat ihr das Abzeichen des Hakenkreuzes abgetreten ...*

Die berufsständischen Gedankengänge in der Bewegung sind von Ottmar Spann und Rohr-Demmin, und zwar erst ziemlich spät, übernommen ... vor allem aber hat die Erkenntnis des Marxismus als einer undeutschen, als einer jüdischen Weltanschauung nicht im Gehirn Hitlers das Licht der Welt erblickt, sondern ist in unzähligen anderen Köpfen gewesen und gewachsen, hat in zahllosen anderen Organisationen gewirkt ...«

Daß von Oertzen an diesen »Verdiensten« auch die Herrengesellschaft beteiligt sieht, ist unschwer zu erkennen.

Kurz darauf wurde in der Nähe von Roggow wieder gefeiert. Es gab wohl mehrere Gründe hierfür. Zum einen war es die Güstrower Tagung der Herrengesellschaft vom 18. und 19. März, deren erfolgreicher Verlauf von Oertzen in gute Stimmung versetzte. Zu seiner Freude nahmen nicht nur zweihundertfünfzig Mitglieder und Gäste, sondern auch der in Ludwigslust residierende Großherzog sowie der Herzog und die Herzogin aus Bad Doberan teil.

Zum anderen weckte zwei Tage später der »Tag von Potsdam« starke Emotionen im ganzen Land. Wilhelm von Oertzen verfolgte mit großer Spannung die Rundfunkübertragung von dem in Potsdam inszenierten Staatsakt zur Reichstagseröffnung am 21. März, der den Beginn des Dritten Reiches einläutete. Diese Inszenierung war bewußt so gewählt, da am gleichen Tag und gleichen Ort Bismarck 1871 den Reichstag eröffnet hatte, was damals den Beginn des sogenannten »Zweiten Reiches« bedeutete.

Die Veranstaltung wird 1933 in Potsdam im großen Stile aufgezogen und durch den Rundfunk sowohl in Deutschland – über Lautsprecher war sie auf allen Plätzen zu hören – als auch ins Ausland übertragen.

Im Mittelpunkt des Staatsaktes in der fast zweihundert Jahre alten Garnisonskirche, dem evangelische und katholische Gottesdienste vorausgegangen waren, standen die Ansprachen des ehemaligen Feldmarschalls und jetzigen Reichspräsidenten Paul von Hindenburg sowie des früheren Gefreiten und derzeitigen Reichskanzlers Adolf Hitler. Die Kranzniederlegungen an den Sarkophagen Friedrich Wilhelms I. und Friedrichs II. in der Gruft der Kirche, das Erscheinen von Prinzen und Prinzessinnen des Hauses Hohenzollern, eine große Militärparade, bei der erstmals die Armee und die paramilitärischen Verbände der NSDAP gemeinsam defilierten, sowie ein abendlicher Fackelzug – all das ließ für den aufmerksamen Beobachter keinen Zweifel daran, daß der »Tag von Potsdam« das Bündnis Preußens mit dem Nationalsozialismus symbolisieren sollte.

Eine verhängnisvolle Traditionslinie war an diesem Tage neu aufgenommen worden.

Gleich vielen anderen verfolgt Wilhelm von Oertzen begeistert die Ereignisse von Potsdam. An Dr. Lembke in Mülheim an der Ruhr schreibt er über seine Empfindungen:

»Den 21. kann man nun wohl als die Geburtsstunde des Dritten Reiches ansehen. Wir selbst haben den Tag in Alt-Gaarz sehr nett mit Stahlhelm und S.A. und den Kriegervereinen sowie mit einem Holzstoß und einem Fackelzug gefeiert, wo ich eine Rede bei brennendem Feuer halten mußte. Nun wird es darauf ankommen, diese Einigkeit im Volke sowohl wie in der Regierung zu erhalten. Eine große und schwere Aufgabe ...!«

Wenig später gehen die Nationalsozialisten dazu über, ihre Vorstellungen von der Einheit der Nation in die Tat umzusetzen.

DEUTSCHER KLUB MECKLENBURG

Das rigorose Auftreten der NSDAP vor und nach den Reichstagswahlen erzeugte bei einigen Unsicherheit, bei anderen Anpassungszwang. Von Oertzen drängt in jenen Wochen darauf, daß sowohl im Herrenklub Berlin, als auch in der »Herrengesellschaft Mecklenburg« sehr positiv zur Regierungsübernahme durch die Nazis Stellung genommen wird. Es ist nicht von der Hand zu weisen, daß er, der sich nach wie vor keinerlei Gunst bei den Nazis erfreuen kann, mit einer solchen Stellungnahme das Überleben seiner eigenen Gesellschaft zu sichern gedenkt.

Während er in Mecklenburg schon vor den Reichstagswahlen Zustimmung findet, wollen die Herren des Berliner Klubs mit einer offiziellen Meinungsäußerung allerdings erst bis nach den Reichstagswahlen warten.

Bestärkt wird von Oertzen in seinem Drängen durch den Arbeitsausschuß der Herrenklubs. Dieser war 1932 gebildet worden, nachdem mehrere Herrengesellschaften dem Berliner Klub vorgeworfen hatten, die Nationalsozialisten nicht genügend zu unterstützen.

Dem Ausschuß, der eine koordinierende Funktion zwischen den verschiedenen Klubs hat, gehören außer von Oertzen zunächst Dr. Rosenberger vom Berliner Klub und später dessen Leiter Graf von Alvensleben an, Bankdirektor Willink vom »Hamburger Nationalklub von 1919«, der sich schon frühzeitig auf die NSDAP fixiert hat, und Freiherr von Kress von der Augsburger Herrengesellschaft.

Der Ausschuß kommt am 23. April in Weimar zusammen. Inzwischen haben die Nationalsozialisten durch Ermächtigung der Regierung, Gesetze zu erlassen, und mit dem Gesetz zur Gleichschaltung der Länder sowie dem zur Wiederherstellung des Berufsbeamtentums eindeutig die Weichen gestellt, die Parlamente auszuschalten und eine Diktatur zu errichten.

Nicht unbeeinflußt durch von Oertzen, fordert der Ausschuß, die Klubarbeit für den Nationalsozialismus zu verstärken. Wörtlich heißt es:

»Die nationale Bewegung und der Sieg der nationalsozialistischen Führung geben uns Anlaß, die Gesinnungsgemeinschaft der deutschen Klubs und Herrengesellschaften mehr als bisher zu betonen und damit unsere unterstützende Wirkung in der Gesamtbewegung für das Dritte Reich zu stärken.«

Unterdessen holen die Nationalsozialisten zum Schlag gegen die Sozialdemokratie aus. Unmittelbar nach dem 1. Mai besetzen sie an einem Tag sämtliche Gewerkschaftshäuser in Deutschland, beschlagnahmen das Gewerkschaftsvermögen und inhaftieren *»die roten Arbeiterführer«*. Am 10. Mai wird mit der Bücherverbrennung in Berlin marxististisches und humanistisches Gedankengut verfemt.

Immer mehr Sozialdemokraten verschwinden in Gefängnissen und Lagern, die SPD gerät in eine tiefe Krise. Im Mai versucht ein Teil der noch nicht emigrierten Funktionäre, sich durch die Unterstützung für das außenpolitische Programm der Hitler-Regierung, den Austritt aus der Sozialistischen Arbeiterinternationale und mit der Entfernung der Juden aus dem Vorstand eine legale Existenz zu erkaufen. Aber es nützt ihnen nichts; am 22. Juni wird die SPD verboten, und dreitausend Funktionäre werden verhaftet.

Für Wilhelm von Oertzen vollzieht sich mit diesem Prozeß der Ausschaltung der Sozialdemokratie aus dem öffentlichen Leben im Frühsommer 1933 eine Art Befreiung. Im Tagebuch notiert er:

»So ist diese marxistische Weltanschauung, die fast ein Jahrhundert bestanden und fast anderthalb Jahrzehnte schrankenlos geherrscht hatte, sang- und klanglos binnen wenigen Tagen von der Bildfläche Deutschlands verschwunden. Niemand hätte sich noch vor wenigen Wochen vorstellen können, daß eine Organisation, die

Milliardenwerte besaß, die sich rühmen konnte, auch trotz der steten Zunahme des Nationalsozialismus noch ungeheure Massen der Arbeiterschaft absolut zu beherrschen, die einem Jahrhundert ihren üblen roten Stempel aufgedrückt hatte, die in ihrer vielgerühmten und auch viel gefürchteten Reichsbannerorganisation eine starke Waffe besaß, wortlos und kampflos alles verlieren und von der Bildfläche abtreten könnte, ohne auch nur den Versuch einer aktiven Gegenwehr zu unternehmen!«

Im Juni lösen sich die DNVP und auch die anderen Parteien auf. Der Berliner Herrenklub ändert seinen bei den Nazis anstößigen Namen in »Deutscher Klub Berlin«, um so jeglichen Verdacht auszuräumen, die Vereinigung von Leuten einer elitären Führungsschicht zu sein. Dem Beispiel des Berliner Klubs folgen die übrigen im ganzen Reich.

Im selben Monat schreibt Rosenberger an Wilhelm von Oertzen, daß Vertreter der Nationalsozialisten offiziell im Berliner Klub aufgetreten sind. Der Berliner Klub übernimmt – durch seine lokal begünstigten, besonders engen Beziehungen zur Nazihierarchie – von nun an stärker als vorher die Aufgaben einer Dachorganisation und die Vertretung der Klubs nach außen.

Die Umbenennung der »Herrengesellschaft Mecklenburg« in den »Deutschen Klub Mecklenburg« erfolgt auf der Generalversammlung am 22. September 1933.

In der Eröffnungsrede spricht der Vorsitzende Wilhelm von Oertzen seine Genugtuung darüber aus, daß durch den Nationalsozialismus nun Wirklichkeit wird, wofür er und der Klub sich in all den Jahren eingesetzt haben:

»Der Klub war Reaktion und Opposition gegenüber den marxistischen Regierungen, hinter der jetzigen nationalen Regierung und ihrem Führer Adolf Hitler steht er rückhaltlos und ohne jede Einschränkung. Ich halte es für eine selbstverständliche Pflicht unserer Mitglieder, diesen Staat und diese Regierung mit allen Mitteln zu unterstützen, an der Festigung der nationalen Einheit mitzuarbeiten,

alles Verbindende zu fördern und auf Zersplitterungen gerichteten Bestrebungen entgegenzuwirken.«

Diese Erklärung wiederholt von Oertzen auf der Novembertagung vor den Junioren in Rostock. Per Rundschreiben wird sie unter allen Mitgliedern verbreitet. Der Berliner Rosenberger sorgt darüber hinaus dafür, daß sie allen Klubs in Deutschland zugesandt wird.

Die Generalversammlung des »Deutschen Klubs Mecklenburg« vom September 1933 bestätigt den alten Vorstand, trägt dem Großherzog die Ehrenmitgliedschaft an und verabschiedet, hinsichtlich der Unterordnung des Klubs unter den »Deutschen Klub Berlin«, eine unverbindliche Formulierung:

»Der Deutsche Klub Mecklenburg ist eine selbständige Organisation, hält aber Verbindung mit den anderen Gesellschaften und Klubs in Deutschland und dem Deutschen Klub in Berlin, soweit in diesen die gleichen nationalen Grundauffassungen bestehen.«

Die Generalversammlung ändert die erst ein Jahr zuvor angenommenen »Richtlinien«, wenn auch nur geringfügig. So gilt als Ziel weiterhin, die »national« gesinnten Mecklenburger aller Stände und Berufe in Stadt und Land zu sammeln und über Politik, Wirtschaft und Kultur zu informieren.

Allerdings scheint eine solche Feststellung dem Präsidenten des »Deutschen Klubs Berlin« Bodo Graf von Alvensleben nicht ausreichend zu sein. Er fordert von den Klubs, der Führung des nationalsozialistischen Staates und der NSDAP Gelegenheit zu geben, *»außerdienstlich mit führenden Persönlichkeiten des öffentlichen Lebens, der Landwirtschaft, des Handels, der Industrie, der Arbeit, der Wissenschaft und der Kunst sowie mit heranzubildendem Führernachwuchs zusammenzutreffen«*.

Offenbar galt Wilhelm von Oertzen jedoch der Leitung des Berliner Klubs, die sich um enge Zusammenarbeit mit den Nazis bemühte, als so vertrauenswürdig, daß für Mecklenburg auf eine solche Formulierung verzichtet wurde.

Jedenfalls zählte von Oertzen auch weiterhin zum engeren Kreis des Berliner Klubs. Er gehörte zu den rund fünfzig ausgesuchten Teilnehmern eines Essens, das zu Ehren des Reichsführers der SS Heinrich Himmler am 4. November 1933 gegeben wurde und an dem auch Oberführer Heydrich teilnahm.

Dieses Ereignis mußte geradezu den Eindruck erwecken, daß frühere Meinungsverschiedenheiten zwischen Herrenklub und NSDAP beigelegt waren und der nunmehrige »Deutsche Klub Berlin« Eingang in das Dritte Reich gefunden hatte.

Insgesamt brachte das Jahr 1933 für Wilhelm von Oertzen keine wesentlichen Beschränkungen in der Arbeit der »Herrengesellschaft Mecklenburg«. Dies stellte er 1936 in seiner Rede anläßlich der Feier zum zehnten Jahrestag in Heiligendamm rückblickend fest:

»Diese Namensänderung war ... die einzige Umstellung, die wir vorzunehmen hatten. An unserer Aufgabe, zu informieren, zu bilden und für ein großes, einiges, starkes und nationales Deutschland an unserem Teil zu kämpfen und zu wirken, hat sich nichts geändert und wird sich nichts ändern. Dieses Deutschland ist heute identisch mit der Person des Führers und Reichskanzlers Adolf Hitler.«

Der Übergang von deutschnationaler zu überwiegend nationalsozialistischer Politik war ihm offensichtlich nicht bewußt geworden. Das lag aber auch an den von ihm selbst so gesehenen fließenden Grenzen und Übergängen zwischen beiden.

ERNEUTE DIFFERENZEN MIT HILDEBRANDT

Treuebekenntnisse zum Führer änderten nichts daran, daß die Beziehungen zwischen Herrengesellschaft und NSDAP in Mecklenburg durch frühere Meinungsverschiedenheiten belastet blieben. Gauleiter Hildebrandt verhielt sich nach wie vor gegenüber Wilhelm von Oertzen zurückhaltend bis ablehnend.

Mit Mißtrauen wurden ohnehin jene bedacht, welche nicht

rechtzeitig von der DNVP und anderen bürgerlichen Parteien abgesprungen waren, sondern erst nach deren Auflösung um Aufnahme in die NSDAP ersucht hatten.

Nach der Entfernung von Reichswirtschaftsminister Hugenberg aus dem Kabinett Hitler begegneten die Nazis den Deutschnationalen mit dem gleichen Argwohn wie den Angehörigen gemäßigter bürgerlicher Parteien und schalteten sie zumeist von jeder praktischen Mitarbeit aus.

Mitte Mai 1933 vertraute von Oertzen dem Leiter der Deutschen Herrengesellschaft in Schleswig-Holstein an:

»Ich persönlich wäre sogar bereit, der N. S. D. A. P. beizutreten, da mich politisch und weltanschaulich eigentlich nichts mehr von der Partei trennt. Ein Mensch, der eine selbständige politische Ansicht besitzt, wird wohl niemals hundertprozentig mit einer Parteileitung, welche es auch immer sei, einverstanden sein, und ich kann daher wohl sagen, daß ich der nationalsozialistischen ebenso nahe stehe und ihr gegenüber ebenso einige Reserven habe wie der deutschnationalen, der ich seit vielen Jahrzehnten als eingeschriebenes Mitglied angehöre.«

Welcher Art von Oertzens Einwände waren, sollte sich alsbald zeigen. Ende Mai beklagt er, daß bei der Vergabe von Funktionen bewährte Persönlichkeiten umgangen oder ausgeschaltet würden, *»nur damit verdiente Parteigenossen, die aber nicht die erforderlichen Sachkenntnisse besitzen, hineingeschoben werden können«*.

Es konnte dem standesbewußten von Oertzen in diesem Zusammenhang nicht gleichgültig bleiben, daß sein früherer Diener inzwischen weiterhin erfolgreich Karriere machte und von der NSDAP-Führung zum kommissarischen Leiter der mecklenburgischen Gewerkschaften ernannt war. Nicht ohne Sarkasmus bemerkt er hierzu:

»Es braucht wohl kaum gesagt zu werden, daß dieser neue Aufstieg auf der Bonzenstufenleiter ihm sehr stark zu Kopf ging! Er ehrt mich zwar noch mit seinem Wohlwollen und gelegentlich mit einem Händedruck, aber fühlt sich doch in Wirklichkeit stark über mich hinweggewachsen. Wie hätte es auch wohl anders sein sollen.«

Um die Situation für sich und die Herrengesellschaft erträglicher zu machen und endlich doch zu einer gedeihlichen Zusammenarbeit mit der Gauleitung der NSDAP zu kommen, unternimmt von Oertzen im Sommer 1933 erneut große Anstrengungen, Hildebrandt, der seit Mai Reichsstatthalter in Mecklenburg ist, zu einer Aussprache zu bewegen. Diesem gelingt es aber monatelang, mit fadenscheinigen Ausflüchten einem Gespräch auszuweichen. Von Oertzen will jedoch nicht einsehen, daß in Mecklenburg nicht sein kann, was in Berlin möglich ist. Dort sind inzwischen Röhm und Himmler in den Vorstand des Berliner Klubs eingetreten. So versucht von Oertzen schließlich, Johann Albrecht Graf von der Schulenburg für eine Vermittlung zu gewinnen, was einer gewissen Komik nicht entbehrt. Graf von der Schulenburg gehörte einst zu den Gründungsmitgliedern des Herrenklubs, war aber schließlich als NSDAP-Mitglied befehlsgemäß aus der Herrengesellschaft ausgetreten, ohne sich damit je von ihr und ihren Mitgliedern auch innerlich getrennt zu haben.

Die Antwort des Grafen auf von Oertzens Bitte läßt nicht lange auf sich warten.

Graf von der Schulenburg verspricht, bei passender Gelegenheit mit Hildebrandt zu reden, fügt aber vorsichtshalber hinzu:

»In der Partei herrscht natürlich eine gewisse Animosität gegen den Herrenklub und hiermit auch gegen die mecklenburgische Herrengesellschaft in Erinnerung an die Papen-Ära im vorigen Jahr.«

Immerhin bescheinigt er von Oertzen, daß dieser seit vielen Jahren im nationalsozialistischen Sinne tätig war. Zugleich bemängelt er aber, die Masse der Mitglieder der Herrengesellschaften sei eben nicht nationalsozialistisch eingestellt, das habe er bei zahlreichen Verwandten und Bekannten beobachtet. Man verfolge *»zum großen Teil heute noch die alten Tendenzen von Gleichens, Bildung einer Führerschicht u. s. w., ohne damit zu rechnen, daß die N. S. D. A. P. keineswegs geneigt ist, Leuten, die nicht in der Partei oder in verantwortlichen Stellungen die Befähigung zur wirklichen Mitarbeit erbracht haben, irgendwelchen Einfluß zu gewähren.«*

Graf von der Schulenburg bestätigt mit dieser Bemerkung ungewollt von Oertzens Kritik an der NSDAP, wonach Eintrittsdatum und Parteibuch mehr über die Verteilung von Posten entscheiden als fachliche Kompetenz und Leistung.

Aber selbst der Einfluß des Grafen reicht nicht, um sofort einen Gesprächstermin zu erwirken. Es sollte noch geraume Zeit vergehen, bis der Reichsstatthalter Hildebrandt dem Rittergutbesitzer von Oertzen die Aussprache gewährt.

Für den wird diese Begegnung allerdings immer dringlicher, denn Anfang Dezember 1933 hat ein vom Stabschef der SA, Ernst Röhm, herausgegebener Erlaß Unruhe unter den Mitgliedern des Klubs ausgelöst. Danach wurde allen Angehörigen der SA, der SS und der SA-Reserve die Zugehörigkeit zu politischen Klubs verboten; die Abmeldungen hatten noch im Dezember zu erfolgen.

Dieser Aufforderung kamen unverzüglich zehn Mitglieder des Mecklenburger Klubs nach, und obgleich sich die Austritte aus der DNVP in Mecklenburg in Grenzen hielten, war von Oertzen durch den Röhm-Erlaß doch sehr beunruhigt. Zu Rosenberger äußert er, daß das zwar nicht tödlich für den Klub sei, *»aber das Fortbestehen eines Klubs sieht dann wie eine Tat der Opposition aus, in die ich mich nicht zu begeben wünsche«*.

Ehe Rosenberger aus Berlin antwortet, versucht von Oertzen die Vorstandsmitglieder und auch einige derer, die inzwischen aus dem Klub ausgetreten sind, zu beruhigen, daß der Röhm-Erlaß sich nicht auf den Deutschen Klub beziehen könne.

Und in der Tat: Am 1. Januar 1934, während des Neujahrsempfangs des Berliner Klubs, führt eine Unterredung zwischen Röhm und von Alvensleben dazu, daß der Stabschef der SA seinen Erlaß als für die Deutschen Klubs nicht gültig erklärt, wenngleich er sich aber eine endgültige Entscheidung noch vorbehält.

Natürlich nutzt Alvensleben die Situation, um seine eigene

Messe zu lesen und die Klubs im Reich nun endlich stärker dem Berliner Klub unterzuordnen. Röhm habe erklärt, so teilt Alvensleben den Anwesenden mit, sein Erlaß gelte nicht für jene deutschen Klubs, die sich ihm, dem Präsidenten des Berliner Klubs, unterstellten.

Den Klubs sagt er für den Fall, daß sie diese Bedingung beachten würden, zu: »*Sie können ... sämtlichen Herren der S.A., S.S. und der S.A. Reserve, die Mitglieder bei Ihnen sind, mitteilen, daß von der obersten S.A. Führung nichts dagegen eingewendet wird, wenn sie weiter Mitglieder bei Ihnen bleiben.*« Röhm forderte allerdings als Gegenleistung exakte Angaben über die Gliederung der Klubs im Reichsgebiet und über die Mitglieder, die der SA angehören.

Dann, Ende Februar 1934, verfügt er schließlich, daß ab sofort die zuständigen Führer der SA-Gruppen darüber zu befinden haben, ob ein SA-Angehöriger Mitglied geselliger Vereine sein dürfe oder nicht. Außerdem verlangt er, daß ein Beauftragter der SA-Gruppe in den jeweiligen Vorstand aufgenommen werde und diesem sowohl Satzung als auch die Namen sämtlicher Klubmitglieder zu übergeben seien. Die Genehmigung für SA-Angehörige, Klubmitglieder zu sein, wird überdies nur auf Widerruf erteilt.

Laut Mitgliederliste von 1934, die wahrscheinlich im Zusammenhang mit Röhms Forderungen entstanden ist, gehören von den etwa zweihundertneunzig Mitgliedern des »Deutschen Klubs Mecklenburg« achtundzwanzig der SA und hundertdreizehn der SA-Reserve an. Vier weitere Mitglieder sind in der SS organisiert und sechs im Nationalsozialistischen Kraftfahrerkorps, NSKK. Über die Mitgliedschaft in der NSDAP werden keine Angaben gemacht.

Zufall oder nicht! Eine Woche nach dem Neujahrsempfang in Berlin und der Begegnung zwischen Alvensleben und Röhm sind auch von Oertzens monatelange Bemühungen um eine Aussprache mit Hildebrandt erfolgreich.

Beide treffen sich am 8. Januar 1934. Es geht um Sein oder Nichtsein des Herrenklubs. Von Oertzen packt den Stier bei den Hörnern und beschwert sich über die Ablehnung, die ihn und seinen Klub trifft.

Am folgenden Tag teilt er seinen beiden Vorstandsmitgliedern, den Rechtsanwälten Berndes und Behm offiziell mit, vom Gauleiter zu der Erklärung ermächtigt worden zu sein, daß die Streitfragen beigelegt werden konnten.

Was Inhalt dieses Gesprächs unter vier Augen war und wie einvernehmlich es wirklich verlief, hat von Oertzen in seinem Tagebuch festgehalten. Danach weist Hildebrandt zunächst darauf hin, daß er in den letzten Monaten viel durchgemacht habe. Ursache hierfür sei das Verhalten der Ritterschaft gewesen, aus deren Reihen er des Mordes an Andreas von Flotow bezichtigt worden sei. Dieser Mordverdacht sei in der Öffentlichkeit durch die Form der Todesanzeige des Offizierskorps entstanden. Er, Hildebrandt, verfüge aber über Beweise, daß Flotow Waffen für die eigene Tasche verkauft hätte, die er als Gauleiter gegen kommunistische Unruhen besorgt habe. Außerdem hätte Flotow die Absicht gehabt, ins Ausland zu fliehen. Dem sei er mit einer Verhaftung nur zuvorgekommen. Der Sachverständigenbefund habe im übrigen bestätigt, daß sich Flotow tatsächlich absetzen wollte und dabei rechtmäßig auf der Flucht erschossen worden sei.

Diese Rechtfertigung dauerte nach von Oertzens Beschreibung etwa eine halbe Stunde. Es ist nicht auszumachen, ob er der Darstellung Glauben schenkte oder nicht, zumal bis heute die Umstände um den Tod des SA-Führers Flotow nicht restlos geklärt sind. Von Oertzen gewann jedenfalls aus dem Gespräch den Eindruck, als ob es Hildebrandt ein Bedürfnis gewesen wäre, sich auszusprechen.

Das hinderte den Vorsitzenden des Herrenklubs jedoch nicht, darauf zu verweisen, daß er selbst ja kein Angehöriger des Offizierskorps sei und er deshalb auch nicht einsehen wolle, daß das Verhalten von Einzelpersonen der ganzen Ritterschaft zum Vorwurf gemacht werde. Er selbst habe als Vorsitzender des Klubs viele Jahre im Sinne und Geiste des Nationalsozialismus gearbeitet und lehne es rundweg ab, aus den Vorkommnissen um Flotow eine Opposition in der Ritterschaft ableiten zu wollen. Vielmehr schlage er vor, daß Hildebrandt, ähnlich dem Führer, *»ein paar Worte der Anerkennung finden solle für diejenigen, die zwar nicht zur Nat. soz. Partei gehörten, aber unbedingt von Geburt, Stellung, Erziehung mit Selbstverständlichkeit national seien. Diese fühlten sich heute zurückgeschoben und seien daher gekränkt, aber nicht oppositionell gegen den heutigen Staat.«*

Nachdem Hildebrandt erkennen mußte, daß seine Argumente bei seinem Gesprächspartner ins Leere gingen, suchte er sein Mißtrauen gegen diesen damit zu rechtfertigen, daß von Oertzen und die Mitglieder der Herrengesellschaft die Papen-Regierung bedingungslos unterstützt hätten.

Als der Gutsbesitzer persönliche Hochachtung und Wertschätzung für von Papen nicht leugnet, der für ihn nicht eine x-beliebige, sondern eine hervorragende Persönlichkeit im Dritten Reich ist, stimmt Hildebrandt dem nur begrenzt zu und spricht von seinem Mißtrauen gegenüber von Papen wegen dessen katholischer Einstellung.

In diesem Punkt, das heißt in ihrer Haltung zu den Katholiken, sind sich beide schnell wieder einig, ebenso in einigen anderen Fragen, so daß dem Gauleiter am Ende nichts anderes übrig bleibt, als sein Einverständnis zu erklären, daß von Oertzen nach Ablauf der bestehenden Aufnahmesperre seinen vor Jahren gestellten Antrag um Aufnahme in die NSDAP wiederholen dürfe.

Ganz offensichtlich beendete Hildebrandt dieses Gespräch nicht gerade als Sieger, und so dürften seine Sympathien für Wilhelm von Oertzen nicht unbedingt gestiegen sein. Aber auch von Oertzen müßte die Schwächen seines Gesprächspartners und die sich daraus ergebende Unberechenbarkeit für spätere Situationen erkannt haben.

Zunächst jedoch hat er den Eindruck, daß zur Zeit keine Gegensätze mehr zwischen ihnen beiden bestehen:

»Damit sind – für den Augenblick jedenfalls – die Feindseligkeiten eingestellt, und ich hoffe, daß es zu einem guten Einvernehmen für die Zukunft führen wird.«

Vorerst tut von Oertzen alles, um den Burgfrieden mit dem Gauleiter nicht zu beschädigen. Dabei kommt er zu erstaunlichen, ja bisweilen kühnen Überlegungen. So schlägt er seinen Vorstandsmitgliedern vor, dem Gauleiter anzubieten, *»zwei Persönlichkeiten seines Vertrauens«* in den Vorstand aufzunehmen. Des weiteren soll sich dieser bereiterklären, eine Anzahl von Nationalsozialisten, so zwanzig bis dreißig Personen, als Mitglieder in den Klub aufzunehmen, ohne daß von diesen ein Beitrag erhoben würde. Um außerdem den Anschein von Heimlichkeiten zu vermeiden, will er überdies Hildebrandt alle Rundschreiben und Einladungen des Klubs zur Kenntnis geben.

Wilhelm von Oertzen war sich durchaus darüber klar, daß die Umsetzung dieser Vorschläge erhebliche Schwierigkeiten bereiten könnte. Die Ernennung von Vorstandsmitgliedern hatte nämlich laut Richtlinie alljährlich durch die Generalversammlung zu erfolgen. Deshalb fragt er die Rechtsanwälte Behm und Berndes im Januar 1934, ob man sich über diese Regel hinwegsetzen könne.

Diese sind nicht gerade begeistert von den Ideen ihres Vorsitzenden. Berndes empfiehlt größte Zurückhaltung, weil die NSDAP die vom Klub verschickten Einladungen bisher immer negiert hatte. Er verweist außerdem auf das Prinzip der gleichen Rechte und Pflichten und lehnt es grundsätzlich ab, Unterschiede bezüglich der Beitragszahlung zu machen.

Rechtsanwalt Behm, der zwar ebenso dachte, stimmt aber schließlich der Aufnahme von Nationalsozialisten in den Vorstand und der Übersendung von Materialien an die Gauleitung zu.

Im Februar 1934 muß von Oertzen den Gauleiter erneut aufsuchen. Der Grund hierfür liegt darin, daß Staatssekretär Gottfried Feder, ein prominenter NSDAP-Funktionär, bereit ist, im

Herrenklub zu sprechen. Allerdings hatte er Wilhelm von Oertzen gegenüber zwei Wochen zuvor in Berlin erklärt, Bedingung für sein Kommen sei das Einverständnis der Gauleitung.

Wie schon erwähnt war Feder, als er noch in der Gunst Adolf Hitlers stand, Wirtschaftstheoretiker der NSDAP gewesen, und es hatte lange Zeit den Anschein, als sei er zu höherem berufen. Nun aber hatte man ihn auf den Posten eines Staatssekretärs im Reichswirtschaftsministerium abgeschoben. Bei diesen persönlichen Erfahrungen war es nicht verwunderlich, daß er seine Zusage zum Vortrag von Hildebrandts Einverständnis abhängig machte. – Und Hildebrandt war einverstanden.

Bei dieser Gelegenheit kommt von Oertzen nochmals auf sein Angebot zurück, zwei Personen, die das Vertrauen des Gauleiters genießen, in den Vorstand aufzunehmen.

Die Ablehnung eines solchen Vorschlags durch Hildebrandt – und noch dazu mit der Begründung, keinerlei Mißtrauen gegen von Oertzen zu hegen – kam sicher mehr als unerwartet für diesen und hätte ihn eigentlich mißtrauisch machen müssen. Als der Gauleiter erneut auf vermeintliche Umtriebe des Großgrundbesitzes gegen sich verweist, wogegen von Oertzens Einwände erfolglos bleiben, kommt dieser letzten Endes für sich zu dem Schluß, daß Hildebrandt eine vorgefaßte Meinung habe, auf der er beharre und die er öffentlich äußere.

Diese Erkenntnis hatte nicht wenig Anteil daran, daß sich bei von Oertzen wiederum eine gewisse Distanz zur Praxis der NSDAP genau zu dem Zeitpunkt einstellte, als er sich ihr durch seine Parteimitgliedschaft am meisten genähert hatte.

Es waren vor allem zwei Gründe, die ihn immer wieder hinderten, alle Gräben zwischen sich und den Nationalsozialisten zuzuschütten. Zunächst schreibt er zu ersterem 1933 freimütig in seinem Tagebuch:

»Am 27. Mai wurde Gauleiter Hildebrandt, der frühere Landarbeiter in Rabensteinfeld, zum Reichsstatthalter von Mecklenburg ernannt. Ich kenne ihn seit vielen Jahren sehr genau. Er ist eine ungeeignete Persönlichkeit. In demselben wunderschönen Monat

Mai wurde mein früherer Diener Richard Methling zum Kommissar für die Gewerkschaften in Rostock bestellt und hat alle Aussicht, der Arbeiterführer für den ganzen Arbeitsbezirk Nordmark zu werden. Der Bezirk Nordmark umfaßt Mecklenburg, Lübeck, Hamburg und Schleswig-Holstein. Ferner wurde der Zahnarzt Dr. Drechsler aus Kröpelin zum Oberbürgermeister von Lübeck ernannt. Er war ein schlechter Zahnarzt. Und mein früherer langjähriger Dr. Stichtenoth, der die berufsständischen Landarbeiterkurse unter meiner Leitung viele Jahre lang abgehalten hat und aus Thüringen stammt, wurde an Stelle des deutschnationalen v. Michael Minister in Mecklenburg-Strelitz. Stichtenoth war ein guter, braver, fanatischer, also begrenzter Wanderlehrer. Zur gleichen Zeit wurde der Gutsbesitzer Engel zum Staatsrat und einige Wochen später zum Landwirtschaftsminister und Minister in Schwerin ernannt. Auch ihn kenne ich zur Genüge. Er wird selbst von Nationalsozialisten als Schwätzer bezeichnet.«

Ein Jahr später erlebt von Oertzen erneut, wie die Nazis in der Personalpolitik das Parteibuch dem Sachverstand vorzogen.

1934 wurde sein Verwandter, der parteilose Brauerei-Geschäftsführer Guido von Oertzen, bislang Präsident der Handelskammer Rostock, in seiner Funktion durch das NSDAP-Mitglied Hans Lehmann ersetzt, der später Mitglied des Klubvorstandes wurde. Das erfolgte, nachdem sich Rechtsanwalt Berndes aus Rostock im Februar 1934 veranlaßt sah, sein Amt niederzulegen. Als ehemaliger Vorsitzender des Vorstands der Genossenschaftsbank waren er und weitere Aufsichtsrats- und Vorstandsmitglieder von den Nationalsozialisten verdächtigt worden, sechs Jahre zuvor Veruntreuungen begangen zu haben. Berndes wollte damit vermeiden, daß der Klub zum Zielpunkt weiterer Angriffe der Nazis wurde.

Der andere Grund für von Oertzen sind die ständigen Angriffe Hildebrandts gegen den Großgrundbesitz. Darüber schreibt er:

»Es ist immer wieder dasselbe. Man ist bereit und gewillt mitzuarbeiten, es gibt so vieles, worüber man sich freuen kann und freuen muß in der heutigen Zeit, es hat sich so vieles erfüllt, was man an-

gestrebt und geholfen hat zu verwirklichen, und immer wieder treten Dinge dazwischen, die man eben mit dem besten Wollen nicht billigen kann und die einen zurückstoßen. Am 13. Mai fand eine riesige Landarbeiterkundgebung in Schwerin auf dem Alten Garten statt. 35 000 Arbeiter sollen dort gewesen sein. Eine ausgezeichnete Unternehmung, die ich durch Entsendung zahlreicher Arbeiter förderte. Hildebrandt aber hielt eine Rede gegen den Großgrundbesitz von solcher Schärfe, daß selbst die Arbeiter damit nicht einverstanden waren. Sie wollen diese Reminiszenzen an eine Zeit des Kampfes und des Gegensatzes nicht mehr hören.«

Von Oertzen blieb nach wie vor von zwiespältigen Gefühlen beherrscht. Einerseits hatte er mit seiner 1934 erfolgten Aufnahme in die NSDAP endlich erreicht, was ihm jahrelang verwehrt worden war, nämlich seine Anerkennung durch die Nationalsozialisten. Aber andererseits mehrten sich gerade zu diesem Zeitpunkt bei ihm Einwände gegen die inkompetenten Unterführer der NSDAP.

Zurück zu der Veranstaltung, zu der Gauleiter Hildebrandt sein Einverständnis gegeben hatte.

Gottfried Feder war der erste prominente Nationalsozialist, der nach der Bildung der Hitler-Regierung vor der Mecklenburger Herrengesellschaft sprach. Von Oertzen beabsichtigte, nicht zuletzt mit diesem wirtschaftspolitischen Vortrag, der für den 8. Juni 1934 angekündigt wurde, zu demonstrieren, daß die Differenzen zwischen seinem Klub und der NSDAP beigelegt seien. Dazu war das Thema ganz besonders geeignet, denn es konnte bei der Dienststellung des Referenten angenommen werden, daß die einflußreichsten Vertreter der Wirtschaft sich die Ehre geben würden, an der Veranstaltung und dem anschließenden Essen in kleinerem Kreise teilzunehmen.

Folgt man den Berichten, die zwei Tage nach der Veranstaltung im »Niederdeutschen Beobachter« und im »Rostocker Anzeiger« erschienen, hatte Staatssekretär Feder kaum Originelles mitzuteilen. Er beschränkte sich darauf, den Anspruch der NSDAP auf die Führung der Wirtschaft zu rechtfertigen, sprach über Maßnahmen zur Beseitigung der Arbeitslosigkeit, über die Autarkiebestrebungen und die Siedlungspolitik seiner Partei. Dennoch wurde die Rede, wie es nun einmal für Hofberichterstattung zu allen Zeiten üblich ist, als bedeutend klassifiziert.

Der große Festsaal des Rostocker Ständehauses mit seiner dunklen Täfelung und seinem gediegenen Schnitzwerk stellte einen würdigen Rahmen für die versammelten Wirtschaftsgrößen des Landes dar. Aber wichtiger noch als der offizielle Teil der Veranstaltung war das anschließende gemeinsame Essen. An diesem nahmen nur auserwählte Gäste teil, und hier ergab sich dann die Gelegenheit zu vertraulichen Gesprächen mit dem Staatssekretär.

Die Teilnehmerliste ließ von Oertzen geflissentlich durch die Gauleitung bestätigen. Alles, was in Wirtschaft und Politik Mecklenburgs Rang und Namen besaß, hatte seine Teilnahme an Vortrag und Essen zugesagt.

So konnte von Oertzen sowohl den Ministerpräsidenten Hans Engel als auch Herrn Obermarschall von Rantzau aus Schwerin begrüßen. Außerdem gab sich Herzog Adolf Friedrich von Mecklenburg aus Bad Doberan die Ehre. Allerdings hatte Gauleiter und Reichsstatthalter Hildebrandt, wie üblich, abgesagt. Er ließ sich durch den Stellvertreter des Oberbügermeisters von Rostock, Stadtrat Walter Volgmann, vertreten.

Überwiegend kamen die Teilnehmer aus den Führungsetagen der Industrie und der Banken. Darunter waren Vorstandsmitglieder und Direktoren der A. E. G. Rostock, der Bierbrauerei »Mahn & Ohlerich«, der Neptunwerft, der Handelskammer Rostock, der Reichsbank …

Am Ende der Veranstaltung ist der Gastgeber zufrieden; für ihn ist es ein großer Tag gewesen. In seinem kurz darauf an Feder gerichteten Brief weiß er bereits mitzuteilen, daß dessen *»Vortrag sehr klärend gewirkt hat, auch gerade in den Kreisen derer, die nicht unmittelbar der nationalsozialistischen Bewegung angehören* *und daher aus alter Gewohnheit heraus die Maßnahmen der Regierung mehr als nötig kritisieren, weil sie deren Motive nicht durchsehen.«*

Da offensichtlich auch der Referent von der Resonanz auf seinen Vortrag angetan ist – und sicherlich tat dazu der anschließende abendliche Aufenthalt in Roggow noch ein übriges – gibt es Zufriedenheit auf beiden Seiten. Der Vorstand des Mecklenburger Herrenklubs stellt für sich fest, daß das Ziel, welches man mit dem Auftreten eines prominenten Nationalsozialisten verfolgte, erreicht worden ist.

RÖHM-PUTSCH

Ende Juni 1934, also nur kurz nachdem Gottfried Feder in Rostock gesprochen hatte, kam es zu Ereignissen im Reich, die als Röhm-Putsch in die Geschichte eingehen sollten. Tatsächlich wurden damals innerhalb weniger Tage auf Befehl von Hitler, Göring und ihren engsten Vertrauten rund tausend Menschen umgebracht, darunter hohe SA-Führer, angefangen von Stabschef Röhm bis hin zu den Obergruppenführern von Berlin und Schlesien Karl Ernst und Edmund Heines.

Zu den Ermordeten gehörte auch Gregor Strasser, der frühere Reichsorganisationsleiter und faktische Stellvertreter Hitlers. In der obersten Führungsetage war er 1933 wegen taktischer Meinungsverschiedenheiten in Ungnade gefallen, außerdem haßte Göring ihn als seinen Rivalen ganz besonders. Umgebracht wurden auch General von Schleicher, der letzte Reichskanzler vor Hitler, sowie Herbert von Bose und Edgar Jung, beide enge Mitarbeiter des Vizekanzlers Franz von Papen und zugleich führende Köpfe der konservativen Opposition.

Parallel zur Mordaktion an der SA-Führung lief die schlagartige Besetzung der SA-Kasernen und die Entwaffnung der SA durch SS-Einheiten. Und wie es in Tagen terroristischen Vorgehens gegen den Feind oft geschieht, wurden bei dieser Aktion alte Rechnungen sofort mit beglichen, fielen tatsächliche oder vermeintliche Gegner aus früheren Jahren ebenfalls den Putschisten zum Opfer; auch zahlreiche Antifaschisten, darunter der Dichter Erich Mühsam im KZ Oranienburg.

Vor der Öffentlichkeit suchten Hitler und seine Gefolgsleute das Blutbad mit phantastischen Erzählungen über einen angeblich von Röhm vorbereiteten Putsch der SA zu rechtfertigen. Mit dieser Aktion, die für die sogenannten Verschwörer völlig überraschend kam, beabsichtigte die Naziführung, die in den Reihen der kleinbürgerlichen Nazigefolgschaft und auch unter SA-Männern entstandene Unzufriedenheit mit ihrer Politik zu unterdrücken. So hatten zahlreiche Angehörige der SA, unter ihnen auch viele Arbeitslose, die sich für ihre Opfer im Kampf um die Macht unzureichend von der Naziführung belohnt sahen, eine »zweite Revolution« zur Befriedigung ihrer sozialen Ansprüche gefordert. Die erste, die den Nationalsozialisten die politische Macht gebracht hatte, genügte ihnen nicht mehr. Gleichzeitig strebte Stabschef Ernst Röhm eine Zusammenführung seiner SA mit der Reichswehr an, deren Stärke immer noch durch den Versailler Vertrag auf 100000 Mann beschränkt war. In dem so entstandenen »Volksheer« wäre die SA aufgrund ihrer zahlenmäßigen Überlegenheit schon bald die führende Kraft gewesen. Solche Vorstellungen alarmierten deshalb nicht nur die Reichswehrführung, sondern widersprachen zugleich auch den Absichten Hitlers, der mit Hilfe der Reichswehr eine militärisch hochqualifizierte Angriffswaffe zu schaffen gedachte. Als erwartungsgemäß keinerlei Einigung zwischen SA- und Reichswehrführung zustande kam, wurden Röhms vermeintliche »Putschpläne« zum Anlaß genommen, einen Teil der SA-Führung regelrecht zu liquidieren. Über alle diese Vorgänge informierten die Nazis in der Öffentlichkeit völlig einseitig oder nur unvollkommen. Es war daher nicht verwunderlich, daß geraume Zeit vergehen mußte, ehe die Wahrheit über die tatsächlichen Vorkommnisse durchzusickern begann.

Wilhelm von Oertzen, in dieser Zeit um gutes Einvernehmen mit den Nazis bemüht und inzwischen Mitglied der NSDAP, ist durch die blutigen Ereignisse stark erschüttert, zumal sich unter den Ermordeten einige gute Bekannte befinden.

Er hält sich mit sechs amerikanischen Studenten, Freunde seines Sohnes, beim Billardspiel in der Diele auf, als ihn die Nachricht erreicht. Nach dem Einschalten des Radios hören sie, berichtet er später, *»daß der oberste SA-Führer Röhm in Wiessee mit sieben Obergruppenführern der SA erschossen worden sei, weil er einen Putsch gegen den Führer vorbereitet habe und im Begriff gestanden hätte, diesen durchzuführen.*

Diese Nachricht wirkte erschütternd auf uns. Es war das erste Mal, daß der Führer gegen einen seiner eigenen alten Mitkämpfer, gegen einen Parteigenossen einschritt. Und sieben der höchsten Unterführer waren mit Röhm zusammen ohne Verhör, ohne Urteil niedergeschossen worden. Das war etwas Neues in Deutschland, noch nie Dagewesenes, und ein altüberkommenes Gerechtigkeitsgefühl sträubte sich dagegen. Warum konnten sie nicht verhaftet und vor ein Kriegsgericht gestellt werden? Auch das hätte innerhalb 24 Stunden erledigt und vollstreckt sein können.

Die Boys begriffen erst allmählich unsere Erregung, weil sie die Meldung nicht so schnell verstanden hatten, und fragten, warum? Haben sie jemanden ermordet? Warum werden sie so ohne Urteil getötet? Wir deuteten es ihnen aus, so gut wir konnten, denn auch wir wußten ja nicht mehr als die eben erhaltene Meldung und machten ihnen klar, daß es ein SA-Putsch, eine Revolte gegen den Führer sei, die diesen berechtigte, sofort zu handeln, um den Staat vor etwas Schlimmerem, was geplant gewesen sei, zu bewahren. Die nächsten Meldungen bestätigten, daß höchste Gefahr im Verzuge gewesen sei, und wir begannen, die Gründe für das übermäßig schnelle Einschreiten wenn auch nicht zu billigen, so doch wenigstens zu verstehen, zumal es durch den selbst dabei anwesenden Führer vollzogen worden war … Wir beruhigten uns, und an den folgenden Tagen, als nähere Nachrichten in der Presse erschienen, wich unser Unbehagen, und an seine Stelle trat ein Gefühl, gemischt aus Bejahung des schnellen Handelns, Mitleid mit dem getäuschten, vertrauenden Führer und Bewunderung seiner blitzschnellen Entschlossenheit, diese gefährliche Eiterbeule gleich im ersten Augenblick radikal auszubrennen.«

In den nächsten Tagen werden neue Gerüchte verbreitet. Die Meldungen überschlagen sich; es ist die Rede davon, daß noch mehr Unterführer erschossen worden sind, dann heißt es wieder, sie seien nur in Haft, ja sogar nur in Schutzhaft genommen.

Auf ihrem Gut, am Rande Mecklenburgs und weit ab von Berlin, tun die von Oertzens diese einander widersprechenden Meldungen zunächst einmal ab, schieben sie beiseite, halten sie für schlechte Gerüchte und viel zu unwahrscheinlich.

Das Ausland hört inzwischen von »phantastischen Totenzahlen«, vom angeblichen Verrat des Generals von Schleicher, der mit dem Ausland konspiriert habe. Und dann kommt die Nachricht, General von Schleicher sei bei einem Versuch, ihn zu verhaften, ums Leben gekommen, als er sich mit der Waffe in der Hand widersetzte. Dabei sei auch seine Frau niedergeschossen worden, als sie sich schützend vor ihren Mann gestellt habe.

»Und wieder fanden wir uns damit ab, beruhigten uns, billigten und glaubten, daß die Zeitungen die Wahrheit berichten, bis – bis ich am 7. Juli einen Brief mit schwarzem Trauerrand auf dem Frühstückstisch fand, unterschrieben von der Frau meines guten, prachtvollen Freundes Beulwitz: ›Meine lieben Oertzens! Ihnen allen die unfaßbare Nachricht, daß man mir den Veit Ulli am 1. Juli abends 1/2 8 Uhr in Berlin erschoß. Dieser Patriot aus tiefstem Herzen hatte bestimmt nichts mit der Schurkerei von Röhm zu tun. Es genügte schon für das unglaubliche Blutbad in Berlin das Wort Stabsführer im obersten SA-Presseamt. Ich habe heute noch nichts, kein Zeichen, keine Wertsachen, keine Leiche. Wäre ein Freund nicht zufällig Augenzeuge gewesen, würde ich noch suchen.‹«

Diese Nachricht ist keine alltägliche mehr, betrifft keine fremden Menschen. Plötzlich sind die Ereignisse in das ganz persönliche eigene Leben eingedrungen, in die Ruhe von Roggow: Beulwitz erschossen, ein guter Freund, ein naher Mensch – erschossen als Verräter! Das ist so unglaublich, daß von Oertzen hellhörig wird. Er stellt sich die Frage: Wer noch?

Die Erschütterungen dieser Tage lassen ihn nun mit wacheren Sinnen verfolgen, was über den vermeintlichen Putsch berichtet wird. Und als die Presse von völliger Ruhe und Ordnung im ganzen Reich und von unerhörter Begeisterung schreibt, mit der das ganze Volk hinter dem Führer steht, weiß von Oertzen inzwischen, daß alle diese Meldungen erlogen sind wie alles, was über die Vorgänge in der Zeitung steht.

Er selbst sagt wenige Monate später von sich, daß in dieser Zeit etwas in ihm entzweigegangen ist, was nicht wieder verheilte.

Dann wird zum 13. Juli der Reichstag einberufen. In jenen Tagen unerhörter Nervenanspannung setzt von Oertzen seine ganzen Hoffnungen auf diesen einen Tag. Der Führer wird alles klarstellen, wird Mißverständnisse aufdecken, hofft er; aber statt dessen kommen neue Gerüchte, neue Zahlen, neue Einzelheiten.

Hitler spricht im Reichstag von einer Verschwörung und von achtundsiebzig Verrätern, die erschossen wurden – in Wirklichkeit waren es schon viele Hunderte. Kein Wort, warum alle Erschießungen umgehend, ohne Anhörungen, ohne Urteil erfolgten. Im Gegenteil, das Reichskabinett erklärt pauschal das Vorgehen für Rechtens und die Aktion für abgeschlossen und erledigt.

Jetzt ahnt von Oertzen, woran er ist. Sein Bild vom Führer bekommt einen gewaltigen Riß, wird dämonisch: *»Etwas Undeutsches, Asiatisches, Japanisches ist in dem Bilde Hitlers aufgetaucht.«*

Er fährt dann fort: *»Warum wurde erst jetzt eingeschritten, obwohl man seit Monaten, seit Jahren wußte, was mit Röhm war? Deutsch war es bisher, bei der ersten strafbaren Verfehlung einen Mann abzusetzen, und so hatte es auch der Nationalsozialismus gehalten nach seiner Machtergreifung – gegen Nicht-Nazis.«*
In diesen Tagen muß der Vorsitzende des »Deutschen Klubs

Mecklenburg« die bittere Erfahrung machen, daß Macht auch zur Willkür verkommen kann. Er begreift seine Ohnmacht und beginnt, auf eine spätere Zeit zu hoffen, die die Wahrheit an die Öffentlichkeit bringen wird, *»weil geschichtliche Wahrheit niemals verborgen bleiben kann. Jedes Verbrechen wirkt sich irgendwann einmal aus. Gott bewahre unser deutsches Vaterland vor den Folgen dieses Blutbades. Gott bewahre uns davor, daß die Rache der Angehörigen dieser Hunderten von unschuldig oder ohne Urteil Erschossenen sich Luft macht in einer furchtbaren Tat, deren Folgen unabsehbar sind.«*

Von Oertzen fährt zunächst nach Berlin. Er sucht die Wahrheit. Die Presse schweigt, darf nichts mehr bringen, nicht einmal die Todesanzeigen der Angehörigen. Den Adligen quält Ungewißheit. Immer wieder hört er neue Gerüchte. Er will Einzelheiten erfahren, und er erfährt sie. Auch Frau von Beulwitz, die einige Wochen später mit ihrem Sohn Dietz, ein Patenkind Wilhelm von Oertzens, nach Roggow kommt, weiß über weitere zahlreiche Einzelschicksale zu berichten.

Von Oertzen begreift in diesen Wochen Mitte 1934 aber auch, wie gefährlich sein Tagebuch für ihn werden kann:

»Ich bin mir klar, daß die bloße Tatsache, hier schriftlich darüber etwas – weniges aufgezeichnet zu haben, für mich gefährlich ist. Sei es drum. Das Bild des Führers, der mit Recht für den unblutigen Revolutionär der Geschichte und für den gemäßigsten der lebenden Diktatoren galt, ist blutbefleckt … Ein Diktator und Führer wie er, der selbst stets betont, er trage die Verantwortung für das Schicksal des deutschen Volkes, und er wolle und wäre bereit, diese vor dem ganzen deutschen Volk zu übernehmen, trägt auch die Verantwortung für die Blutopfer, wenn auch die Taten selbst auf andere zurückgehen, insbesondere auf den des Reichsführers der SS Himmler und seinen Adjutanten Major Heidrich, einem blöden, nordischen Tschekisten, kalt, blutrünstig und vielleicht krankhaft.

Man steht und wartet. Was wird das nächste sein? Was kommt nun? Wann werden die an die Reihe kommen, die haben fliehen können, z.B. Rohr-Demmin, Treviranus, Kapitän Erhardt? Und wer weiter?«

Wilhelm von Oertzen erfaßt zunehmend die wahren Vorgänge um den angeblichen Röhm-Putsch, und sie veranlassen ihn, über die nationalsozialistische Bewegung insgesamt nachzudenken. Wenn manche Erkenntnis auch später wieder überdeckt wird durch Hitlers innen- und außenpolitische »Erfolge«, bleiben dennoch bestimmte Eindrücke im Gedächtnis haften. In sein Tagebuch notiert er:

»Was ist heute aus dieser Bewegung geworden, … aus dieser Bewegung, die nur durch den Glauben der Anhänger, der Jugend, der Zukünftigen entstand und weitergetragen worden ist und noch getragen wird, aber der Schwung läßt nach, das Tragen wird schwerer, der Glaube wird schwächer, schon jetzt, nach kaum zwei Jahren. Und was kann man tun, um aufzuhalten, was herannaht? Nichts kann man tun, um zu helfen, zu warnen, zu retten. Man kann tatsächlich nichts tun, so feige, so jämmerlich dies klingt. Man kann nur beten.«

Trotz dieses Gefühls der Ohnmacht ist sein Glaube an den Führer nicht restlos geschwunden, auf Adolf Hitler richten sich weiterhin seine Hoffnungen. Im Sommer 1934, nur wenige Wochen nach den Ereignissen, ist er der Meinung, daß es für den Führer noch ein einziges Mittel gäbe, sich physisch und moralisch zu erhalten – die Wahrheit:

»Denn das deutsche Volk ist tatsächlich nicht nur reif, sie zu hören, sondern es schreit nach ihr, es will sie. Und Hitler kann es sich noch heute leisten, sie zu sagen. Wenn er sich heute hinstellt vor den Reichstag und damit vor das Volk, ihm die Wahrheit sagt über die Ereignisse des 1. Juli 1934, die Schuldigen nennt, sie bestraft und in einigen Punkten der Innenpolitik einlenkt, so rettet er sich – und die Bewegung – und uns.«

Aber Hitler verschwieg die Wahrheit, nicht nur in diesem Fall. Es vergingen noch viele Jahre, und bittere Erfahrungen waren nötig, ehe Wilhelm von Oertzen die Politik der Nazis tatsächlich durchschaute. Ob er damit aber auch das Unrecht erfaßte, das er – selbst ein Teil dieses Systems – anderen zugefügt hatte, wie zum Beispiel seinem Klubmitglied Dr. Meyer?

DER FALL DR. MEYER

Dr. jur. Wilhelm Meyer aus Rostock, Friedrich-Franz-Str. 10, war Erster Syndikus der Handelskammer Rostock und wurde im Mitgliederverzeichnis der Herrengesellschaft vom 1. Juli 1932 unter der Nr.166 geführt. Er war ihr am 1.4.1931 beigetreten. Seinetwegen erhält Wilhelm von Oertzen Anfang November 1934 Post von dem neuen Präsidenten der Mecklenburgischen Handelskammer, Hans Lehmann, der zugleich Vorstandsmitglied des »Deutschen Klubs Mecklenburg« war. Nicht in einem Brief, wie es in solchen Fällen üblich wäre, sondern auf einer Postkarte teilt Lehmann mit:

»Dr. M. ist im vor. Jahr als Nichtarier unter unliebsamen Umständen aus dem Amt geschieden. Er soll für Volgmann (NSDAP-Kreisleiter von Rostock und später Oberbürgermeister, Anm. d. Autors) *und Hildebrandt ein rotes Tuch sein. Ich möchte nicht verfehlen, Sie hierauf hinzuweisen, damit Sie nachteilige Folgen von sich und dem Club abwenden können.«*

Wie Wilhelm von Oertzen über diese offensichtlich beabsichtigte öffentliche Denunziation im Innersten dachte, ist nicht nachvollziehbar. Fest steht aber, daß er sich postwendend für die Information bedankt und um nähere Mitteilungen über Meyer bittet, der jetzt in Brunshaupten, einem Ortsteil des 1938 durch Zusammenschluß entstandenen Kühlungsborn, wohnt, denn er kann sich nicht entsinnen, daß Dr. Meyer jemals unangenehm aufgefallen war.

Zwei Tage später klärt Lehmann – jetzt in einem vertraulichen Brief – seinen Vorsitzenden auf. Meyer müßte, so ist den Zeilen zu entnehmen, nachdem er lange verstanden hätte, es zu

Das Roggower Gutshaus mit Wirtschaftsgebäuden.

Gespanne während der Mittagspause am Kirchsteig zu Roggow. 1939.

Das Französische Zimmer, benannt nach den aus dem 18. Jahrhundert stammenden Leinwandtapeten eines französischen Malers, u.a. mit einer Darstellung der »Hochzeit der Medici«.

Ansicht des sogenannten Großen Salons bzw. Damensalons.

Ahnenbilder im Eßzimmer, die 1945 allgemeinen Plünderungen zum Opfer fielen.

Das dunkel getäfelte Eßzimmer; im Hintergrund, links stehend, der Diener Richard Methling.

Luisenhütte und Wappeneiche. Vor der Überführung auf den Friedhof von Russow, waren Wilhelm und Gerda von Oertzen hier begraben.

Der Gutsbesitzer und seine Frau.
Alt-Gaarz, 1923.

Die Oertzen-Kinder mit dem Hauspersonal: links stehend mit Schleife, Adele; auf dem Schoß sitzend, Sibylle; rechts, Jürgen; davor, im Matrosenanzug, Frithjof; neben Jürgen, der Diener Richard Methling. 1926.

Die Geschwister von Oertzen. Von links nach rechts: Frithjof, Adele, Sibylle, Jürgen. 1933.

Familienfoto am Voraband der Abreise Jürgens nach Amerika. 1933.

Besuch des Großherzogs von Mecklenburg, Bildmitte mit Mütze. August 1935.

Gerda von Oertzen,
geborene Gräfin von Westarp. 1938.

Wilhelm von Oertzen am Schreibtisch. Hier verfaßte er sein Tagebuch.

Wilhelm von Oertzen mit beiden Söhnen während der Feierlichkeiten zum 1. Mai 1935 zu Pferde.

Letztes gemeinsames Familienfoto. Von links nach rechts: Sibylle mit Ehemann Hermann Bolten, Schwiegertochter Elisabeth von Oertzen mit Jürgen, Frithjof, Adele mit Ehemann Edzard von Knyphausen, Gerda und Wilhelm von Oertzen. 1941.

verschleiern, als Nichtarier aus dem Dienst ausscheiden. Hinterher habe man festgestellt, daß er als Steuerberater die Kammer finanziell geschädigt hätte, jedoch sei das Verfahren wegen einer Amnestie eingestellt worden.

Obwohl also Dr. Meyer nicht verurteilt war und somit als unschuldig galt, erklärt Kammerpräsident Lehmann, vertraulich versteht sich, daß Meyers Verhalten, wie die Akten zweifelsfrei ergeben hätten, verwerflich sei. Er fragt an, ob die Satzungen der Herrengesellschaft einen Arierparagraphen enthielten und ob der Vorstand zur Streichung des Mitglieds Meyer ermächtigt sei.

Der Brief schließt mit der Aufforderung – deutlicher gesagt, mit der versteckten Drohung:

»Ich rate Ihnen dringend, eine Trennung mit allen Mitteln zu versuchen, da seine weitere Anwesenheit im Club gerade bei den Stellen den größten Anstoß erregen würde, mit denen der Club in bestem Einvernehmen zu leben wünscht.«

Wilhelm von Oertzen übergibt den Schriftwechsel dem Rechtsanwalt und Vorstandsmitglied Hans-Ulrich Behm.

Er habe gehofft, die Sache ignorieren zu können, so von Oertzen in seinem Begleitschreiben, das sei aber nun nach Lehmanns Brief nicht mehr möglich. Er sähe nur folgende Auswege: Man *»vergißt«*, Meyer künftig zu Veranstaltungen einzuladen. Erhielte man dann ein Schreiben von ihm, könnte man zunächst ausweichend antworten. Auf ein zweites Schreiben hin müßte man allerdings Farbe bekennen.

Diese Vorgehensweise war dem geradlinigen Wilhelm von Oertzen natürlich höchst unangenehm, dennoch suchte er eine Lösung. Wörtlich schreibt er:

»Schön ist das nicht. Ehrlicher ist es, wenn man ihm einen höflichen Brief schreibt und sagt, man wäre von höherer Stelle darauf hingewiesen worden, ich bäte ihn, sich stillschweigend damit einverstanden zu erklären, daß er keine Zusendungen mehr erhielte, da bei der derzeitigen Einstellung oben der Fortbestand des Klubs

dadurch gefährdet wäre. Als Grund müßte man wohl beides, die unliebsamen Umstände und die Arierfrage, angeben. Die Arierfrage allein zur Begründung heranzuziehen, ist darum nicht recht angängig, weil es noch ein oder zwei andere Mitglieder des Klubs gibt, auf die dieselbe Frage zutrifft. Bevor ich aber nicht darauf von anderer Seite gestoßen werde, möchte ich diese nicht ausschließen, da einer davon ein recht guter Bekannter von mir ist, dessen arischer Vater dann sicher ebenfalls austreten würde.«

Auch Behm fühlt sich unbehaglich, den Juden Meyer auf diese Weise aus der Herrengesellschaft auszuschließen. Die Schreiben von Lehmann scheinen ihm doch zu vage, um einen Hinauswurf zu rechtfertigen.

So antwortet er auf von Oertzens Anfrage:

»Die Angelegenheit ist allerdings nicht sehr angenehm. Mir liegt die Arierfrage nicht so sehr, ich stimme Ihnen aber grundsätzlich darin zu, daß Klarheit besser ist als dies stillschweigende Übergehen, das doch einmal zur Auseinandersetzung führt.« Und er erkundigt sich, ob mehr zu erfahren sei.

Von Oertzen sieht sich daraufhin nochmals veranlaßt, mit Lehmann und einem weiteren Syndikus der Handelskammer zu sprechen, der die Akten genau kennt. Behm berichtet er dann am 22. November, bei jenem Gespräch nichts Näheres über den Tatbestand in Erfahrung gebracht zu haben. Aber beide Gesprächspartner wären überzeugt davon, daß Meyer etwas wie Betrug oder Unterschlagung zum Nachteil der Kammer begangen hätte, obwohl der Nachweis nicht zu führen sei. Beide hätten ihm nochmals dringend angeraten, Meyer hinauszukomplementieren, da dieser nicht arisch sei, einen unangenehmen Charakter besäße und ein rotes Tuch für Naziprominente darstelle. Durch die Erfahrungen eigener langjähriger Ablehnung vorsichtig geworden und vielleicht auch eingeschüchtert durch Lehmanns Drohungen, teilt von Oertzen seinem Vorstandsmitglied schließlich mit:

»Ich habe nun zunächst seinen Namen im Mitgliederverzeichnis gestrichen, damit er auf keinen Fall in das Mitgliederverzeichnis

kommt, das ich gemäß dem Beschluß der Generalversammlung etwa um den ersten Januar herum herausbringen soll. Er bekommt also keine Einladungen mehr. Aber wie, wenn er trotzdem kommt. Es wird mir doch weiter nichts übrig bleiben, über kurz oder lang an ihn zu schreiben und seine Streichung lediglich auf die Arierfrage zu gründen.«

Bereits zwei Tage später antwortet Behm. Der vorsichtige Rechtsanwalt schlägt zur Begründung für Meyers Streichung Formulierungen vor, die die wahren Motive verschleiern sollen. Er empfiehlt, das Schreiben an Meyer so zu formulieren, daß dieser gebeten würde, sich nicht mehr als Mitglied zu betrachten, und zwar aus denselben Gründen, die zur Aufgabe seiner Stellung bei der Handelskammer geführt hätten. Mochte er sich als Grund aussuchen, welchen er wollte.

Dr. Meyer wurde im November 1934 tatsächlich aus der Mitgliederliste des »Deutschen Klubs Mecklenburg« gestrichen. Wie der ganze Ablauf des Vorgangs zeigt, war es dem Vorstand nicht mehr um das Ob, sondern nur um das Wie der Streichung des Juden Meyer als Mitglied der Herrengesellschaft gegangen. Inwieweit der Betroffene jemals davon erfuhr und ob er dagegen Protest erhob, was angesichts der sich entwickelnden Verhältnisse in Nazideutschland unwahrscheinlich erscheint, konnte nicht ermittelt werden. In den Unterlagen der Herrengesellschaft taucht der Name Dr. Wilhelm Meyer jedenfalls nie wieder auf, und über sein weiteres Schicksal ist nichts bekannt.

DER TOD DES FELDMARSCHALLS

Drei Monate bevor sich der Vorstand mit der Angelegenheit des Juden Dr. Meyer befaßte, beziehungsweise vier Wochen nach der »Röhm-Affäre«, stirbt am 2. August 1934 Reichspräsident Paul von Hindenburg auf seinem Gut in Ostpreußen. Mit seinem Tod geht für den Monarchisten Wilhelm von Oertzen eine Ära zu

Ende. Deren Symbole waren für ihn das Wilhelminische Kaiserreich, die Schlachten des Ersten Weltkrieges und der Generalfeldmarschall, der »Sieger von Tannenberg«. Sicher, Hindenburg war sechsundachtzig Jahre alt geworden, und von Oertzen wußte um das Älterwerden, um die Vergänglichkeit menschlichen Lebens. Aber bis vor kurzem hatte Hindenburg ja noch in die Politik eingegriffen. Seine zweifellos folgenschwerste Amtshandlung beging er, der 1932 die Wahl zum Reichspräsidenten gegen Hitler gewonnen hatte, als er diesen zum Reichskanzler ernannte. Der Handschlag zwischen dem Generalfeldmarschall und dem Gefreiten des ersten Weltkrieges am »Tag von Potsdam« anläßlich der spektakulären Reichstagseröffnung verkörperte das Bündnis zwischen alten und jungen Reaktionären. Und erst unlängst hatte Hindenburg an Hitler telegrafisch seinen Beifall zum Vorgehen im Röhm-Putsch übermittelt.

Ungeachtet derartiger Vorgänge, die ja zumeist durch Presse und Radio in der Öffentlichkeit bekannt wurden, empfindet Wilhelm von Oertzen echte Trauer, als er von Hindenburgs Tod erfährt. Am Radio verfolgt er die Berichterstattung von der Trauerfeier im Reichstag und dem anschließenden Begräbnis im Feldherrenturm des Tannenbergdenkmals (im heutigen Polen in der Wojewodschaft Olsztyn gelegen, Anm. d. Autors).

»Mit ihm ging eine Persönlickeit von uns«, so schreibt er in sein Tagebuch, *»deren geschichtliche Bedeutung als Feldherr im Kriege, besonders als Sieger von Tannenberg, und dann als Reichspräsident unantastbar und fleckenlos wie kaum eine für immer dastehen wird.«*

Hindenburg verkörperte für von Oertzen die »Stetigkeit der deutschen Politik«, er zeichnete sich in dessen Augen durch sein angeblich die Nazis mäßigendes, zügelndes Wirken aus. Sein Tod, so meint von Oertzen, würde dazu führen, daß viele *»doppelt ernst und sorgenvoll in die Zukunft sehen«*.

Hitlers Handlungen bieten in der Tat Grund genug für derartige Besorgnisse. Was ihm 1932 bei den Reichspräsidentenwahlen nicht gelungen war, sucht er jetzt zu erreichen: Er will nach

Hindenburg Staatsoberhaupt werden. Zu diesem Zweck hatte er entschieden, die Funktionen des Reichskanzlers und des Reichspräsidenten zu vereinen.

Und da er die innerparteiliche Opposition beseitigt hatte und die Nationalkonservativen keinen Protest erhoben, da Vizekanzler von Papen nach dem Röhm-Putsch aus der Regierung entfernt und als »Gesandter in befristeter Mission« nach Wien abgeschoben worden war, kann er sich sogar eine Volksbefragung erlauben. Dennoch wird zu aller Sicherheit organisiert, daß unmittelbar vor der Abstimmung Oskar von Hindenburg, Sohn des Generalfeldmarschalls und Monarchist, über den Rundfunk mitteilt, sein Vater habe in Hitler seinen Nachfolger gesehen und dieses ihm auch ausdrücklich mitgeteilt.

Von Oertzen muß das Szenario der Nazis durchschaut haben, denn in seinem Tagebuch findet sich folgende Notiz:

»Am 16. August veröffentlichte die Presse ein politisches Testament Hindenburg, bei dem auffallen mußte, daß es hieß: ›Der Inhalt des Testaments ist folgender.‹ Nicht der ›Wortlaut‹! Auch hier blieb, wie bei allem, was die inländische Presse bringt, eine Unklarheit. Die Masse merkte auch davon nichts.«

Es kam, wie es kommen mußte: 84 Prozent der Stimmberechtigten sprachen sich bei der Volksabstimmung für Hitler aus. Immerhin wurde Hitler von 4,3 Millionen Deutschen abgelehnt, aber die Mehrheit der Wähler hatte sich anders entschieden, auch Wilhelm von Oertzen. Trotz bestimmter kritischer Einwände gegen die terroristischen Praktiken der Nazis stimmte er zu, daß Hitler mehrere Funktionen auf sich konzentrierte und nun auch Staatsoberhaupt wurde. Im Tagebuch begründet von Oertzen seine Haltung:

»Ich stimmte trotz schwerster Bedenken mit ›Ja‹, weil ich zur Zeit keine andere Möglichkeit sehe, weder innen- noch außenpolitisch, als die, die Stellung des Führers zu festigen, denn wenn er verschwände, bestände die Gefahr eines völligen Chaos. Es ist wohl eine Macht da, die im Augenblicke die Ordnung aufrecht erhalten

und für Ruhe sorgen würde, aber es ist keine Persönlichkleit vorhanden, die zur Zeit den Führer ersetzen könnte.«

Mit dieser Entscheidung trug Wilhelm von Oertzen zusammen mit all den anderen, die sich wie er entschieden hatten, dazu bei, daß auf Adolf Hitler eine Machtfülle ohnegleichen konzentriert und seine Stellung als Diktator für Jahre gefestigt wurde.

Hitler war nunmehr zugleich Staatsoberhaupt, Reichskanzler und Führer einer Millionen Mitglieder umfassenden Partei. Offiziell ließ er sich jetzt »Führer und Reichskanzler« nennen. Seine Gefolgsleute nannten ihn »Mein Führer«.

WIRKUNGEN DER AUSSENPOLITIK

Trotz seines Votums für Hitler bleiben bei Wilhelm von Oertzen die Zweifel an der Politik der Nationalsozialisten. Inzwischen weiß er auch, daß sie selbst den Reichstag angesteckt haben und daß die Massenerschießungen im Röhm-Putsch zur Beseitigung derer dienten, *»die zuviel wußten«*. Obwohl Reichspropagandaminister Göbbels nicht müde wurde zu betonen, daß alle Schwierigkeiten überwunden würden, da das deutsche Volk reif genug sei, die Wahrheit zu hören, beobachtet von Oertzen das Gegenteil:

»In Wirklichkeit hat das deutsche Volk noch niemals weniger die Wahrheit zu hören bekommen wie jetzt, und noch nie hat eine führende Persönlichkeit in Deutschland skrupelloser die Unwahrheit gesagt als Herr Göbbels. Und die Schwierigkeiten, welche auftauchen, sind fast auf allen Gebieten größer denn je. Besonders auf dem der Außenpolitik. Wir leben in einem fortgesetzten Zustand drohender Kriegsgefahr.«

Von Oertzen erkennt: *»Immer wieder, fast täglich, bei jeder Zeitung des In- und Auslandes, die man in die Hand bekommt, bei jeder Unterhaltung, die man über die unmittelbar aktuellen Ereignisse mit irgendeinem Menschen führt, und auch im stillen Kämmerlein, wenn man versucht, sich Rechenschaft über die Ereignisse* *um einen selbst und in der Welt abzulegen, taucht die Frage nach dem Für oder Wider des in Deutschland herrschenden Systems auf.«*

Und zum wiederholten Male fragt er sich: *»Ist Hitler unser Glück oder unser Verhängnis?«*

Von Oertzen ist der Meinung, daß jetzt, Mitte der dreißiger Jahre, das deutsche Volk genug habe von Aufmärschen, Massenfesten, Klassenkampf und Parteienwirtschaft, daß es Frieden nach außen und Ruhe nach innen will. Erst recht jetzt, nachdem im November 1934 Frankreich und Sowjetrußland ein Militärbündnis eingegangen sind und dadurch der Eindruck einer Einkreisung durch Deutschlands frühere Feinde entstand.

Unzufrieden im hohen Maße ist er mit bestimmten innenpolitischen Vorgängen. Wie schon erwähnt, hatte er zwar Burgfrieden mit Gauleiter Hildebrandt geschlossen, aber das hindert ihn nicht, sich gegenüber Verwandten und guten Bekannten über dessen selbstherrliche Entscheidungen zu beklagen und von einer *»Herrschaft der Minderwertigen«* zu sprechen. Auch in Mecklenburg sind eine Anzahl von Dingen geschehen, die Empörung, heimliche versteckte Empörung, hervorrufen.

»Ministerpräsident Engel, ein Mann, der viel besser war als der Ruf, der ihm vorausging, ein Mann mit Mut und Schneid, mit Können und Überblick«, wurde als Staatsminister einfach abgesetzt. Den jetzt Gelobten hatte von Oertzen früher, wie wir uns erinnern, als Schwätzer bezeichnet. Ob er seine Meinung über ihn geändert oder sich mit ihm wegen des durch die Nazis bewirkten Hinauswurfes solidarisiert hatte, wer kann das heute noch beurteilen? Auch der für die Nazionalsozialisten früher sehr verdienstvoll agierende Ministerialrat und Staatsrat Friedrich Steinfatt sowie der Kammerdirektor im Landwirtschaftsministerium Dr. Martin Sohm, ein *»guter, alter Freund«*, verschwanden von der Bildfläche. Landwirtschaftsdezernent bei dem neuen Ministerpräsidenten Dr. Scharf wurde Dr. Stichtenoth, von Oertzens *»kleiner Adlatus, das unerzogene, unmanierliche, gallige Doktorchen aus Thüringen«*, mit dem er die berufsständische Bewegung

in Mecklenburg aufgezogen hatte. *»Trefflich als Redner in der Knechtsstube, aber unfähig im Ministersaal.«*

Reichsstatthalter Hildebrandt entließ auch wieder den Präsidenten der Handelskammer Mecklenburg, seinen Parteigenossen Hans Lehmann, der erst Monate zuvor den parteilosen Guido von Oertzen ersetzt hatte, und das ungeachtet der Vorschrift, daß die Handelskammerpräsidenten von der Kaufmannschaft gewählt werden mußten.

Im Zuge dieser allgemeinen Entlassungswelle, von der auch Bürgermeister und Oberbürgermeister verschiedener mecklenburgischer Städte betroffen waren, mußte 1935 ebenfalls, wie von Oertzen notiert, der Rostocker Oberbürgermeister Dr. Robert Grabow seinen Hut nehmen, ein in seinen Augen sehr tüchtiger und eben darum unbequemer Mann. Dessen Stuhl nimmt der NSDAP-Kreisleiter, der bisherige Stellvertreter Grabows, Walter Volgmann ein, ehemals Schreiber in der Landwirtschaftskammer, dem man nachsagte, daß er dort wegen Unredlichkeiten seines Postens enthoben worden war. Volgmann war übrigens, bevor er stellvertretender Oberbürgermeister wurde, NSDAP-Kreisleiter.

Von Oertzen erklärt sich Hildebrandts Personalpolitik durch *»Minderwertigkeitskomplexe des mecklenburgischen Tyrannen, dem selbständige Naturen unheimlich sind«*. Dessen Verfügungen sind nur selten zu korrigieren, hatte doch Hitler seinen Gauleitern unumschränkte Vollmachten erteilt.

Der Vorsitzende der Herrengesellschaft, der zwischen solchen Beobachtungen und der Person des Führers immer noch zu unterscheiden versucht, befürchtet dennoch, daß Bedeutung und Größe des Führers durch die *»Minderwertigkeit seiner Unterorgane«* beschädigt werden. Die bestehende Situation charakterisiert er so:

»Es ist selbstverständlich von oben gesehen viel bequemer, mit Unterführern zu arbeiten, die bedingungslos gehorchen, also mit den sogenannten alten Kämpfern der Bewegung, die aber zu klein

sind, zu wenig Wissen und Erfahrung mitbringen und die selbst wieder in der Furcht des Herren stehen vor ihren nächstübergeordneten Vorgesetzten, die ebenso klein sind. Es ist und bleibt aber doch für das Ganze verhängnisvoll, wenn überall im Lande, d.h. in ganz Deutschland, diese Tausenden und aber Tausenden von kleinen Torheiten, Niederträchtigkeiten, kurzsichtigen Entscheidungen rednerischer Entgleisungen und vor allem schweren Rechtsbiegungen und Rechtsbrüchen vorkommen, gegen die es unter Geltung des Führerprinzips keine Möglichkeit des Widerspruchs oder der Richtigstellung in irgendeiner Form gibt.«

Möglicherweise spielte auch ein bißchen verletzte Eitelkeit, die Nichtnutzung seiner Fähigkeiten durch die Naziclique eine Rolle, wenn der Roggower Gutsbesitzer vom Bestehen eines Zweikastenstaates sprach: *»Die eine Kaste ist die privilegierte derer, die das Parteiabzeichen des Nationalsozialismus tragen, die zweite Kaste umfaßt die, welche es nicht tragen und* eben darum *minderen Wertes und minderen Rechts sind.«*

Absolut unzufrieden mit den innenpolitischen Verhältnissen feiert von Oertzen aber um so mehr die Saarabstimmung vom 13. Januar 1935 als einen ersten großen außenpolitischen Erfolg Hitlers.

Das Saargebiet war 1919 nach der Niederlage Deutschlands im Ersten Weltkrieg aus preußischen und bayerischen Landesteilen gebildet und laut Versailler Friedensvertrag dem Völkerbund unterstellt worden. Über die Zukunft dieses Gebietes sah der Vertrag eine Volksabstimmung vor, die von den Nazis nicht zuletzt mit nationalistischen Losungen systematisch vorbereitet wurde. Wer jedoch wie SPD und KPD aus antifaschistischen Gründen gegen den Anschluß an Deutschland war und dafür eintrat, den Völkerbund-Status des Saarlandes beizubehalten, wurde als »Judas« verketzert. Als am 13. Januar 1935 mehr als 90 Prozent der Abstimmenden sich für die »Rückkehr« entschieden, und als daraufhin wenige Tage später der Rat des Völkerbundes die Rückgabe des Saargebietes an Deutschland beschloß, war die erste territoriale Korrektur des von Deutschland geschmähten Versailler Vertrages vorgenommen.

Zu der Mehrzahl der Deutschen, die dieses Abstimmungsergebnis enthusiastisch begrüßen, gehört wie gesagt auch Wilhelm von Oertzen. Er hält in seinen Aufzeichnungen fest: *»Außer der ausgezeichneten ununterbrochenen Propaganda über die ganze Welt, die alle alten Saarländer nach der Heimat lockte, ist dieser Erfolg der Einheit der Regierung und Staatsform in Deutschland zu verdanken.«*

Auch die diplomatische und die finanzielle Vorbereitung der Abstimmung befindet er für gut, weshalb wohl auch die von ihm danach befürchteten Schwierigkeiten und internationalen Verwicklungen ausbleiben.

Proteste aus dem Ausland, die sich jedoch in Grenzen hielten, gab es, als die deutsche Regierung im März 1935 die Einführung der allgemeinen Wehrpflicht bekanntgab. Hiermit kündigte sie eine der grundlegenden Klauseln des Versailler Vertrages auf. Nach dieser hatte Deutschland 1919 die Wehrpflicht aufzuheben und die Heeresstärke auf 100 000 Mann zu beschränken. Weil England und Frankreich es aber bei Protestnoten beließen und der englische Außenminister gar zu Verhandlungen nach Deutschland fuhr, gelang die kühne Überraschung, wie von Oertzen formuliert:

»Die Verkündung der allgemeinen Wehrpflicht rief in Deutschland einen Sturm der Freude und Begeisterung hervor, im Ausland selbstverständlich das größte Mißfallen.«

Was letzteres betrifft, beruhigt sich von Oertzen mit der Feststellung, daß, obwohl die internationale Lage gespannt, *»ein Krieg unwahrscheinlich ist, denn die Entente hat keine Neigung, Krieg zu führen, und ein neuer europäischer Krieg würde, wie alle Nationen wissen, das Ende Europas sein …«* Europa müsse sich statt dessen gegen die Gefahr des Bolschewismus wenden.

Weit entfernt davon, die friedensbedrohenden Handlungen Adolf Hitlers zu kritisieren, sofern sie nur erfolgreich sind, befürwortet von Oertzen auch in den nächsten Jahren alle jene innen- und außenpolitischen Schritte des Führers und Reichskanzlers, die geeignet scheinen, Deutschlands Einfluß und Ansehen im Ausland zu erhöhen.

Die judenfeindliche Gesetzgebung der Nationalsozialisten lehnt er vor allem deshalb ab, weil sie außenpolitisch einen *»schlechten Eindruck«* mache. Um so mehr lobt er eine Rede des Reichswirtschaftsministers Schacht auf der Ostmesse in Königsberg im August 1935, die unter anderem in der Judenfrage *»maßvolle Äußerungen brachte und damit beruhigend zugunsten unserer so notwendigen Außenhandelsbeziehungen wirkte«*.

Die Besetzung des entmilitarisierten linksrheinischen Gebietes durch deutsche Truppen am 7. März 1936, mit der man erneut gegen den Versailler Vertrag verstößt, und Hitlers Friedensbeteuerungen am gleichen Tage vor dem Reichstag begrüßt Wilhelm von Oertzen begeistert:

»Eine Tat von unglaublicher Kühnheit und einem Risiko, dessen Umfang erst einige Tage später zutage trat, aber sie gelang und war ein großer Erfolg.«

Nachdem die Gefahr eines Krieges – von Deutschland durch die Rheinlandbesetzung und danach durch Italiens Überfall auf Abessinien provoziert – dann aber infolge der zurückhaltenden Reaktion von England und Frankreich zunächst abgewendet war, notiert von Oertzen in seinem Tagebuch:

»Der deutsche Führer hatte gesiegt, und viele wurden dadurch überzeugt.«

Viele – das waren gleich ihm auch nicht wenige Nationalkonservative, Angehörige der alten Eliten, die Hitlers diplomatisches Geschick bewunderten und ihm Unstimmigkeiten in der Innenpolitik nachsahen.

Nicht so von Oertzens Kutscher Camin, der seine Zweifel dem Gutsherrn gegenüber äußerte:

»›Herr von Oertzen, das mit dem Reichstag und dem Rheinland, das ist mir doch unheimlich.‹ Ich fragte: warum? Er: ›Wir haben doch Feinde rundum, ich weiß nich, daß wir da immer so Hurrah schreien, mir ist das doch unheimlich. – Krieg führen, na ja, das können wir ja, – aber den Krieg gegen die alle gewinnen, das können wir ja doch nich. Mir is das unheimlich.‹«

Von Oertzen hörte aus diesem Gespräch, wie er selber sagte, die Stimme des Volkes.

SILBERHOCHZEIT

Zur gleichen Zeit, als Hitler sich durch Aufrüstung und militärische Abenteuer auf einen größeren Waffengang vorbereitet und Gefahren für den Frieden heraufbeschwört, scheint im Roggower Gutshaus die Welt noch heil zu sein. Geburtstage und Weihnachtsfeste bieten willkommene Gelegenheit, Verwandte und Bekannte einzuladen und in harmonischer Runde den Gedankenaustausch über die große und kleine Politik zu führen.

1936 feiert die Roggower Adelsfamilie Verlobung und Hochzeit des ersten der vier Kinder: Adele heiratet Edzard Freiherr zu Innhausen und Knyphausen.

Ostern 1936 hatte der künftige Schwiegersohn seine Aufwartung gemacht, und da er es sehr schnell verstand, sich auf seine Gastgeber und künftigen Verwandten einzustellen, begann, wie der Hausherr notierte, *»eine sehr schöne Zeit, nicht nur für unser Töchterchen, sondern für unser ganzes Roggower Haus ..., und alles, Äußeres wie Inneres, war so schön und glückverheißend, daß wir alle von da ab in reiner Freude und Zukunftshoffnung dahinlebten – und auch sofort mit den Hochzeitsvorbereitungen begannen«.*

Das Frühjahr und der Sommer sind mit der Vorbereitung dieses Familienereignisses angefüllt, mit Einkäufen, mit Plänen für Einladungen und den Ablauf der Festlichkeit und auch mit baulichen

Veränderungen im Gutshaus. Der große Saal wird restauriert. Durch wochenlanges emsiges Arbeiten geben Maurer, Stukkateure und Maler ihm den Charakter eines Festsaals. Kaminwand und Kamin werden wiederhergestellt, die Decke mit ihren Stuckverzierungen erhält ihre ursprüngliche Schönheit zurück und wird von späteren Übermalungen befreit. Die Wappen der Vorfahren, die an die Verbindung zwischen den Adelsgeschlechtern derer von Oertzen und von Bülow erinnern, bekommen frische Farben und werden durch die Familienwappen des Hausherrn und seiner Frau ergänzt.

Mit diesen Vorbereitungen beschäftigt, verdrängt von Oertzen zeitweise die sich verstärkenden Zweifel an der Führungspolitik der Nazis. Je länger und je wachsamer er das innen- und außenpolitische Geschehen beobachtet, um so mehr verfestigt sich in ihm der Gedanke:

»Der heutige Staat ruht, mit einigen Ausnahmen, auf einem minderwertigen Führertum und kann seiner ganzen Struktur nach nur auf einem solchen ruhen, weil eigene Überzeugung, eigene Gedanken, eigenes Handeln darin keinen Platz haben, es paßt nicht in das System. Solcher Zwang ist aber ein Zwang zum Undeutschen. Es bringt mit sich das Heucheln, weil er ein Handeln gegen die eigene Überzeugung verlangt, das Duckmäusertum, weil er ein offenes Wort nicht duldet, Kadavergehorsam, weil er eigenes Wollen unterdrückt und Ausschaltung des Individuums.«

Und von Oertzen ist erstaunt, bis zu welcher Vollkommenheit die Heuchelei es schon gebracht hat. 1937 stellt er enttäuscht fest, daß es kein Recht mehr in Deutschland gibt, *»auch keinen freien, nur sich selbst, seinem Gewissen und Gott verantwortlichen Richterstand …«*

Zu diesen Zweifeln, die, hätte er sie laut werden lassen, lebensbedrohlich gewesen wären, kommen infolge der großen Auswinterungsschäden und der anhaltenden Nässe im Frühjahr 1937 Schwierigkeiten auf dem Gut hinzu. Die Bestellung der Felder zieht sich dadurch monatelang hin. Die Sorgen werden nicht geringer, als dann auch noch die oberschlesischen Wanderarbeiter ausbleiben, weil der Reichsstatthalter eine »rassische Verschlechterung« der Deutschen befürchtet. Die zu Arbeitsdienst Verpflichteten sind kein Ersatz, da obendrein die kräftigsten und besten während der Ernte wochenlang abgezogen *»und für die Parade des Nürnberger Parteitages geschliffen«* werden.

Voller Sarkasmus notiert der Landwirt von Oertzen: *»... der Vorsitzende des Arbeitsamtes Wismar rühmt sich, daß in seinem Bezirk keine unerwünschten Ausländer arbeiten und daß dem Willen des Herrn Hildebrandt Rechnung getragen sei. Herrschaft der Minderwertigen, der Schuster und der Subalternbonzen!«*

Trotz dieser Widrigkeiten und Sorgen besuchen die von Oertzens zunächst noch vor der für Ende August anberaumten Hochzeit ihrer Tochter den künftigen Wohnsitz des jungen Paares, Hof Drais in Eltville im Rheingau, und den alten ehrwürdigen Sitz der Knyphausens, das Wasserschloß Bodelschwingh bei Dortmund.

Nach der Hochzeit, die in Roggow mit über fünfzig Gästen gefeiert wird, vermerkt der Hausherr in seinem Tagebuch:

»Wenn Vorbedeutungen einen Sinn haben, dann waren alle guten Vorzeichen gegeben, um meiner über alles geliebten Tochter eine schöne, gesegnete – und, wie man so zu sagen pflegt, glückliche Zukunft vorauszukünden. Möchte alles uns und ihr zum Besten sich wenden und kein Unstern sie und uns erschrecken!«

Etliche Zeit scheint es auch so, als ginge dieser Wunsch in Erfüllung.

Dazu trägt auch die Silberhochzeit von Gerda und Wilhelm von Oertzen am 25. Oktober 1937 bei. Der Tag wird zu einem der schönsten Feste, das die Roggower je erlebten. Als besondere Freude empfindet das Silberpaar, daß in diesen bewegten Zeiten alle vier Kinder wieder einmal um sie versammelt sind. Jürgen, der ältere Sohn, der sich durch eine Lehre in verschiedenen großen Landwirtschaftsbetrieben darauf vorbereitet, das väterliche Gut einst zu übernehmen, und Frithjof, der jüngere, der eben seine Arbeitsdienstzeit beendet hat und wenige Tage nach dem Familienfest als Fahnenjunker in die Luftkriegsschule Fürstenfeldbruck bei München einzutreten beabsichtigt. Eigentlich hatte Frithjof zunächst mehr Neigung für die Landwirtschaft. Da aber dem erstgeborenen Sohn die Übernahme des väterlichen Gutes zustand, hatte er sich entschlossen, Flieger zu werden. Adele ist mit ihrem Mann aus Drais gekommen; Sibylle, die Jüngste, die derzeit das Gymnasium in Bad Doberan besucht, lebt als einzige noch im elterlichen Hause.

Außer den vier Kindern und Schwiegersohn Edzard hatten sich weitere nahe Verwandte und gute Freunde zur Gratulation eingestellt.

Am Morgen des festlichen Tages weckten sie das Silberpaar mit einem mehrstimmigen Gesang. Nach dem Frühstück hielt man gemeinsam eine Hausandacht, während Jürgen zur Freude aller wieder einmal die alte Glocke des Hauses in Gang setzte. Da es ein milder und sonniger Herbsttag war, verbrachten die Feiernden einen Teil des Tages im Freien, spazierten im Park, besichtigten den Garten. Später versammelten sie sich an der Luisenhütte, einer Art Teehäuschen. Dieses hatte vor mehr als hundert Jahren Jaspar von Oertzen, Wilhelms Urgroßvater, in einer Nacht für seine Frau Luise von Pentz zu deren fünfzigsten Geburtstag erbauen lassen. Erst jüngst war die Luisenhütte von Wilhelm von Oertzen mit Unterstützung anderer Familienmitglieder renoviert worden. Nun wurde in ihrer Nähe unter einer alten Eiche vom Hausherrn ein Gedenkstein enthüllt, der einst die Nachwelt an den 25. Oktober 1937 erinnern sollte. In den Findling war eine Bronzetafel mit einem dreistrophigen Gedicht eingelassen, das Wilhelm von Oertzen vor Jahren geschrieben hatte.

Was ist das Leben? Eine kurze Zeit,
Die uns an einen Weltentropfen bindet,
Der niederfällt aus der Unendlichkeit
Und wieder in Unendlichkleit verschwindet.

Was ist der Tod? Ein sanftes Sichbefrein
vom Stoffe, der uns fremd war. Ein Erlösen,
Nach kurzer Trennung ein Vereinigtsein
Dem Geist, von dem auch wir ein Teil gewesen.

Und dennoch wird ein letzter Rest verbleiben.
Erinnerung, wie ferner Kindheitstraum.
Und Heimatsehnsucht wird uns wieder treiben
Zu jenem Tropfen dort im Weltenraum.

An dieser Stelle soll ein persönliches Wort über das Schicksal dieser Bronzetafel eingefügt werden, die seit 1945 als verschollen galt. Niemand schien damals daran interessiert – sieht man von den in Westdeutschland lebenden engsten Familienmitgliedern ab – sich an die Gutsherren zu erinnern, geschweige denn an diese Bronzetafel.

Wie groß war daher mein Erstaunen, als ich 1995 zum erstenmal Frau Sibylle Bolten, die jüngste Tochter des Gutsbesitzers, in Burgwedel besuchte und, als nach langer Unterhaltung die Rede auf die Bronzetafel kam, Frau Bolten aus dem Fenster in den Garten ihres Hauses wies; da stand die Tafel, an einen Baum gelehnt.

Der Pfarrer aus Rerik hatte sie jahrzehntelang im Turm seiner Kirche aufbewahrt, um sie schließlich der Tochter bei einem ihrer Besuche in Roggow zu übergeben. Wie und durch wen die Bronzetafel nach dem Krieg in den Kirchturm gekommen war, konnte nicht ermittelt werden.

Den Gedenkstein, an dem sie einst befestigt war, entdeckte ich unweit des Gutshauses, als ich im Sommer 1995 Peter-Jürgen von Oertzen, den Enkel und Erben, in Roggow besuchte.

Am 25. Oktober 1937, beim abendlichen Festessen, ehrte Frithjof seine Eltern mit einer Rede, die in deren und in den Augen der Gäste den Höhepunkt des Tages darstellte.

Frithjof hatte sich lange darauf gefreut, den Eltern einmal seine ganze Zuneigung und Dankbarkeit bei einer besonderen Gelegenheit sagen zu können, und sich das Vorrecht dazu von seinen Geschwistern erbeten. Von Oertzen berichtet über diesen Augenblick:

»Er sprach ganz einfach und aufrichtig, so daß wir fast alle den Tränen nahe waren. Ich kann verstehen, daß ein Sohn so etwas empfinden kann, ich kann mir auch denken, daß ein älterer Mann, wenn die Eltern nicht mehr leben, das aussprechen könnte, daß ein zwanzigjähriger aber so denkt und in Worte bringt, war mir ein Erlebnis, was ich schwerlich im Leben noch einmal haben werde.«

Der Tag klang schließlich aus, wie es bei solchen Gelegenheiten üblich ist. Aber noch jahrelang erinnerte ein Geschenk besonderer Art an dieses Familienfest: Zwei Wappenfenster derer von Oertzen und von Bassewitz, den Eltern von Wilhelm von Oertzen. Sie waren ein Geschenk seines Bruders aus Rostock und der Tante Ina, der Oberin aus Ludwigslust.

Einige Zeit später, Weihnachten 1937, erhielten die von Oertzens von ihren Kindern wiederum zwei Wappenfenster geschenkt, diesmal mit den Wappen derer von Oertzen und von Westarp, nunmehr also an sie selbst erinnernd. All diese Fenster fanden ihren Platz in der Diele des Hauses.

EINE SCHWERWIEGENDE ENTSCHEIDUNG

Was sich schon angedeutet hatte, wird zu Weihnachten 1937 zur Gewißheit: Jürgen, der künftige Erbe Roggows, und Elisabeth von Alvensleben, die zweite Tochter des einflußreichen Präsidenten des »Deutschen Klubs Berlin«, wollen heiraten. Sie hatten sich kennengelernt, als Jürgen von Oertzen bei den von Alvenslebens in Neugattersleben wohnte, um die Leitung eines landwirtschaftlichen Unternehmens zu erlernen. Wilhelm von Oertzen und seine Frau waren von der künftigen Schwiegertochter aus Anhalt sehr angetan. Wenn es dennoch in der frohen und gelösten Stimmung der Weihnachts- und Neujahrstage, die auch diesmal wieder zahlreiche Verwandte in Roggow zusammengeführt hatten, Ernstes zu besprechen gab, so lag das in den Konfessionsunterschieden der Familien von Oertzen und von Alvensleben begründet.

Die von Oertzens waren von jeher protestantisch, die künftige Schwiegertochter Elisabeth von Alvensleben dagegen katholisch. Nach dem Willen des Hausherrn sollte aber Roggow aus Gründen der Familientradition auch künftig in protestantischer Hand bleiben. Deshalb hoffte er, daß seine Schwiegertochter den Glauben wechseln würde. Doch diese Hoffnung erwies sich als Illusion, und so notiert er, offenbar nicht über das Antiquierte seiner eigenen Haltung in der Konfessionsfrage nachdenkend, in seinem Tagebuch:

»Durch lange schwere Kämpfe, die durch alle Tiefen und Höhen der Aufregung des Verzichtes auf die Heirat wie auch des Glückes und der Seligkeit in fortwährendem Wechsel gingen, entschloß sich Jürgen schließlich, auf sein Erstgeburtsrecht und auf Roggow Verzicht zu leisten, um seine Heirat mit Elisabeth, genannt Titti, möglich zu machen. Und wenn es ein Mädchen gibt, das imstande ist, durch ihre Persönlichkeit und ihr Wesen ihm über diesen Verzicht hinwegzuhelfen und ihm durch ihre Liebe seine große Liebe zum alten Stammgut zu ersetzen, so ist es die, welche er sich auserwählt hat.«

Trotz seiner Wertschätzung für die künftige Schwiegertochter fällt von Oertzen der Gedanke sehr schwer, daß sein erstgeborener Sohn die nahezu sechshundertjährige Familientradition nicht fortsetzen wird; Ausbildung und Erziehung beider Söhne waren immer so angelegt gewesen, daß der älteste das Gut übernimmt. Und deshalb hatte sich Frithjof auf einen anderen Beruf orientiert. Nun, während der Weihnachtszeit und seines Urlaubs, mußte sein Vater ihm sagen, daß jetzt alles ganz anders sein würde. Von Oertzen sah sich, wie er äußerte, in der gefürchteten Lage, *»daß der eine ... Roggow nicht bekommen* konnte *und der andere vielleicht nicht wollte«*. Es waren Tage größter Sorgen und Aufregungen für ihn, da er die Zukunft des alten Familienstammsitzes im Ungewissen sah. Daß Jürgen, sein Ältester, das Gut nicht übernehmen würde, war bislang unvorstellbar für ihn gewesen.

Weit davon entfernt, in der Konfessionsfrage einen Kompromiß zu schließen, weil zu tief in die Tradition verstrickt, befürchtet von Oertzen nun allerdings, daß Frithjof sich jetzt weigern könnte, den inzwischen liebgewordenen Beruf eines Fliegers aufzugeben. Er kann nur darauf hoffen, daß bei seinem Sohn die Liebe zur heimatlichen Scholle siegen und er Roggow als erste Aufgabe und Pflicht ansehen würde.

»Ich bin glücklich darüber«, schreibt von Oertzen in seinem Tagebuch, *»daß alle meine Kinder und ganz besonders meine Söhne diesen Konflikt, den ich durchzumachen habe, ganz verstehen und teilen und daß sie selbst aus Liebe zu mir und aus Liebe zu Roggow den Wunsch und Willen haben, alles zu einem guten Ende zu führen, was ich vielleicht nicht mehr bis zum guten Ende werde bringen können ... Hätte ich dieses ganz sichere Bewußtsein nicht, so würde mir die Freude an der Arbeit um Roggow vergehen. Ich könnte ein bequemeres Leben führen, ein sorgenloseres, aber auch ein inhaltsloseres. Alles das wünsche ich mir nicht ...«*

Zunächst erhielt Frithjof, nachdem sein Vater ihm die neue Lage dargestellt hatte, Bedenkzeit. Schließlich und zur großen Erleichterung seines Vaters entschied er sich für die Landwirtschaft und damit für Roggow. Nicht, daß seine Begeisterung für das Fliegen nachgelassen hätte, aber ihm behagte das tägliche Kommißleben nicht, und das erleichterte ihm die Entscheidung. Als der erste Antrag seines Vaters, ihn vom Militär freizubekommen, damit er nunmehr die Landwirtschaft erlernen könnte, abgelehnt wurde, war Frithjof sogar enttäuscht, denn er hatte sich gedanklich bereits auf das Zivilleben eingestellt. Von Oertzen wiederholte seinen Freistellungsantrag 1939, und diesmal wurde er positiv entschieden.

Somit hätte Frithjofs Zukunft in der Landwirtschaft eigentlich nichts mehr im Wege gestanden. Beide, Vater und Sohn, wußten zu diesem Zeitpunkt aber nicht, daß noch im selben Jahr der Krieg allen ihren Hoffnungen und Plänen ein Ende bereiten würde.

WER SOLL DAS BEZAHLEN

Wilhelm von Oertzen genoß nicht umsonst Ansehen und Wertschätzung seiner Standesgenossen, denn entgegen der Vorstellung vom etwas rückständigen, vertrottelten Landwirt irgendwo am Rande Mecklenburgs verfügte er über eine ausgeprägte Urteilskraft, die ihn in den schwierigen Jahren für viele zum wertvollen Gesprächspartner macht. Das Geschehen innerhalb und außerhalb der Grenzen verfolgt er zunehmend mit wachem Verstand und hoher persönlicher Anteilnahme. Sein Tagebuch spricht in dieser Beziehung eine deutliche Sprache. Angesichts des provokanten Vorgehens der Nazis hatte er schon so manches Mal militärische Verwicklungen befürchtet. Wenn diese bislang nicht eintraten, war das weder Ausdruck einer Fehleinschätzung seinerseits noch ein Beweis hohen diplomatischen Geschicks der Deutschen, sondern hatte damit zu tun, daß England und Frankreich sowie andere Garantiemächte des Versailler Vertrages bei den aggressiven Handlungen Deutschlands nachgegeben hatten. Das zeigte sich zum Beispiel beim Einmarsch der Deutschen in die entmilitarisierte Rheinzone beziehungsweise bei der Verkündung der allgemeinen Wehrpflicht.

Von Oertzen beobachtete aufmerksam die seit Mitte der dreißiger Jahre forcierte Aufrüstung. In nächster Nähe seines Gutes, auf der Halbinsel Wustrow, wuchs in schnellem Tempo ein militärisches Objekt, nachdem bereits 1934 hier mit dem Aufbau einer Flakartillerieschule begonnen worden war. Obwohl die ländliche Stille nun durch Flieger und Kanonendonner gestört wurde, begrüßte von Oertzen die Forderung nach *»Wehrgleichheit«* Deutschlands. Bereits im Mai 1935 hatte er an seinen Bekannten Prof. Baeumler in Berlin geschrieben:

»Das Tempo der Rüstung, das wir so nahebei beobachten können, hat etwas ungeheuer Erfrischendes, wie auch die Einführung der allgemeinen Wehrpflicht ein ungeheurer Prestigezuwachs für Deutschland und den Führer ist.« In jenem Jahr hoffte von Oertzen noch auf die Zeit, *»bis wir einmal stark genug sind, Feinden gegenüber die Zähne nicht nur zu zeigen, sondern sie auch zum Beißen benutzen zu können«.*

Vorerst war es aber noch nicht so weit. Deshalb unterstützte er unter anderem auch jene auf dem Nürnberger Parteitag der NSDAP 1937 verkündeten Ziele des Vierjahresplans, die auf eine Ankurbelung der Wirtschaft und darauf hinausliefen, die Erzeugung von Nahrungsmitteln und Förderung industrieller Rohstoffe zu erhöhen.

Ob er wohl auch die Orientierung kannte, die diesem Plan zugrunde lag und die Hitler in seiner Denkschrift festhielt? Sie lautete kurz und knapp:

»I. Die deutsche Armee muß in 4 Jahren einsatzfähig sein.

II. Die deutsche Wirtschaft muß in 4 Jahren kriegsfähig sein.«

Von Oertzen würde sich damit wohl auch identifiziert haben, wenn er von dieser Orientierung gewußt hätte, denn er war davon überzeugt, daß Sowjetrußland die größte Gefahr für Deutschland sei. Außerdem beteiligte sich Deutschland zu diesem Zeitpunkt schon unmittelbar am Bürgerkrieg in Spanien, einem Krieg *»gegen den Bolschewismus«.*

Eine den politischen Anforderungen gerecht werdende Wirtschaftsentwicklung wurde nach von Oertzens Beobachtungen aber wiederum sehr stark durch Praktiken, die er scharf kritisierte, behindert. Dazu gehörte die ungenügende Versorgung der Landwirtschaft mit Arbeitskräften, Baumaterialien und Industrieerzeugnissen aller Art, was sich auch in Roggow nachteilig bemerkbar machte. Vor allem aber haderte von Oertzen mit der Finanzpolitik des Reiches. Das Geld, so meinte er, würde zum Fenster hinausgeworfen. Nicht nur die Aufrüstung, die seiner

Ansicht nach gut und richtig war, und die für Heereszwecke unentbehrlichen Reichsautobahnen verschlängen unverhältnismäßig hohe Summen, auch auf anderen Gebieten würde Geld verschwendet. Da waren die monströsen Feste, überhöhte Ministergehälter, die Prunkbauten für die Reichsoberen, beispielsweise in der Schorfheide und auf dem Obersalzberg, oder das für Nürnberg geplante größte Stadion der Welt, das allein schon hundert Millionen Reichsmark verschlingen sollte. Es war für ihn auch absolut nicht einsehbar, daß zu einer Zeit, in der kein Landwirt Koppeldraht erhielt, weil dieser für Heereszwecke beschlagnahmt war, Hunderte von Kilometern Draht für die Erweiterung der Jagdreviere Herrmann Görings zur Verfügung standen.

Mit Sorgen beobachtet von Oertzen die inflationären Tendenzen und kommt zu einer pessimistischen Beurteilung der Wirtschaft, die er wie folgt 1937 in seinem Tagebuch beschreibt:

»Als 1933 die Machtergreifung mit einer würdigen und schönen kirchlichen Feier in Gegenwart des greisen Hindenburgs in der Potsdamer Garnisonkirche begangen und begonnen wurde, gab es wenige Deutsche, die nicht an eine deutsche Zukunft glaubten … Heute ist wenig mehr von diesem Glauben bei allen ernsthaft und nüchtern Denkenden vorhanden. Aber eben zur Nüchternheit soll das Volk ja auch nicht kommen, es soll in ständiger Freude gehalten werden, um es abzulenken.

Vielleicht kommt der Zusammenbruch auch nicht von innen, sondern von außen. Das wäre noch schlimmer!«

Seinem guten alten Bekannten Prof. Spahn, einst Vorsitzender des Politischen Kollegs im Juniklub, bekennt er, daß ein allgemein zu beobachtendes, unheimlich zunehmendes Mißvergnügen um sich greife, daß das blinde Vertrauen schwinde, die Skepsis immer größer werde und das Gefühl, daß es so doch nicht geht. Der vielfältige Mangel hindere, *»das zu tun, was man nach dem Vierjahresplan soll und gern möchte, auch das durchzuführen, was man aus sozialen Gründen muß und will, schon allein, um der zunehmenden Landflucht«* zu begegnen.

Aus all diesen Gründen war der Autor des Buches »Das deutsche Finanzwunder« Professor Prion aus Berlin für von Oertzen und die Herrengesellschaft ein interessanter Gesprächspartner, und von Oertzen bemüht sich deshalb ein Jahr später, ihn für einen Vortragsabend zu gewinnen. Dabei deutet er ihm seine Sorgen darüber an, daß das derzeitige Finanzsystem mit seinen ungeheuren Ausgaben für Rüstungszwecke im allerweitesten Sinne nicht aufrecht zu erhalten sei, ohne wirtschaftlichen Zusammenbruch, Inflation, Staatsbankrott oder ähnliches befürchten zu müssen.

Wilhelm von Oertzens Unzufriedenheit mit den innenpolitischen Ergebnissen der Hitlerregierung bezieht sich aber nicht nur auf die Finanzpolitik. Für den 30. Januar 1938, den 5. Jahrestag der Kanzlerschaft Hitlers, merkt er an, daß in Berlin wieder der *»übliche historische Fackelzug«* stattgefunden habe, *»mit allem, was dazu gehört und was Partei, SA und SS dazu beizutragen pflegen unter Ausschluß aller derer, die nicht dazugehören, d.h. der Nichtparteigenossen, der Staatsbürger zweiter Klasse«*.

Der Festtag ist zudem noch überschattet von neuerlichen Personalentscheidungen Adolf Hitlers, die in von Oertzens Augen die *»schärfste Konzentration der Macht«* darstellen.

Bereits vor Ende des Jahres 1937 war der Bankier Hjalmar Schacht als kommissarischer Wirtschaftsminister entpflichtet worden, blieb zunächst aber noch Präsident der Reichsbank. Und um die Rüstungswirtschaft straffer leiten zu können, wurde die Tätigkeit des Wirtschaftsministeriums stärker mit den für den Vierjahresplan geschaffenen Behörden koordiniert. Das stärkte wiederum Görings Stellung, der nunmehr Koordinator der Rüstungsvorhaben wurde. In den ersten Wochen des Jahres 1938 nahm Hitler weitere umfangreiche Personal- und Strukturveränderungen vor. Unter fadenscheinigen Begründungen, offiziell wegen Krankheit, entließ er den Reichskriegsminister Blomberg. Drei Wochen zuvor hatten Hitler und Göring noch als Trauzeugen an dessen Hochzeit teilgenommen. Das Kriegsministerium wurde aufgelöst, den Oberbefehl über die Wehrmacht übernahm Hitler selbst. Der Oberbefehlshaber des Heeres, Generaloberst von Fritsch, wurde aufgrund von Beschuldigungen, die vom Reichsführer der SS Himmler erhoben worden waren und von Fritsch der Homosexualität bezichtigten, von seinem Posten entfernt. Es hieß, Himmler selbst wolle die Stellung des Generals einnehmen. Obgleich ein Ehrengericht unter Görings Vorsitz die Anschuldigungen gegen von Fritsch als üble Verleumdungen entlarvt hatte und der General von jeglicher Schuld freigesprochen wurde, führte das weder dazu, daß Himmler zurücktrat, noch, daß er betraft wurde. Aber es führte auch nicht dazu, daß General von Fritsch in seine Position zurückkehrte. Diese nahm nun der von Oertzen geschätzte General Walter von Brauchitsch ein.

Weitere Generäle wurden in den Ruhestand versetzt, um bedenkenlosere Charaktere auf ihre Positionen aufrücken zu lassen. Von Ribbentrop ersetzte den bisherigen Außenminister von Neurath, und auch eine Anzahl von Botschaftern wurde ausgewechselt.

Weder die Generalität noch andere Vertreter der alten Eliten wehrten sich gegen die ungerechte Behandlung der höchsten Offiziere des Heeres; von einer ernsthaften Militäropposition konnte zu dieser Zeit keine Rede sein.

Wilhelm von Oertzen, der aus seiner Sympathie mit den Entlassenen in seinem Tagebuch keinen Hehl machte, notierte über die Ergebnisse der Veränderungen:

»Die selbständigen Naturen sind fort, die Kreaturen sind da, die Krise ist behoben, alles ist wieder in Butter. Der D-Zug Deutschland hat die Weiche passiert und rennt weiter.«

Absolut nicht zu verstehen war für Wilhelm von Oertzen, wie ruhig die Menschen angesichts der Willkür der Nationalsozialisten blieben. Sein eigenes Befinden konnte er nicht treffender ausdrücken, als es fast hundert Jahre zuvor kein geringerer als Heinrich Heine gesagt hatte:

»Denk ich an Deutschland in der Nacht,
so bin ich um den Schlaf gebracht.«

DER »ANSCHLUSS« ÖSTERREICHS UND DAS MÜNCHENER ABKOMMEN

Nachdem Hitler, ohne auf größeren Widerstand oder Widerspruch zu stoßen, seine einschneidenden Personalveränderungen an der Reichsspitze vorgenommen hatte, das heißt, die entscheidenden Ministerposten mit seinen langjährigen Helfern besetzt hatte, und er selbst Oberbefehlshaber der gesamten Streitkräfte war, wandte er sich seinem nächsten Ziel zu, Österreich an das Deutsche Reich anzuschließen.

Am 11. März 1938 erhielten die deutschen Truppen den Befehl, am folgenden Tag die deutsch-österreichische Grenze zu überschreiten. Zwei Tage später fuhr Hitler selbst in einer Wagenkolonne über jene Grenze, die er vor einem Vierteljahrhundert mit kleinem Handgepäck in umgekehrter Richtung passiert hatte.

Es war ein wohldurchdachtes Szenario: Der Führer kehrte in seine Heimat zurück, die er vor Jahrzehnten als Namenloser verließ.

Über den Einmarsch der Deutschen urteilt Wilhelm von Oertzen kritiklos begeistert:

»Am 12. März 1938 vollbrachte der Führer die größte außenpolitische Tat, die er bisher geleistet hat, auch wenn man die Saarbefreiung, den Einmarsch ins Rheinland, die Einführung der allgemeinen Wehrpflicht oder die Anbahnung der Freundschaft mit Italien in ihrer ganzen Bedeutung würdigt. Österreich wurde dem deutschen Reiche wiedergewonnen.«

Das der Propaganda entlehnte Vokabular von der »Wiedergewinnung«, von der »Heimkehr« Österreichs nach Deutschland stellte die Geschichte einfach auf den Kopf: Österreich hatte niemals zum 1871 gegründeten Deutschen Reich gehört, vielmehr hatte Preußen die Österreicher wenige Jahre zuvor aus jeglicher Mitgestaltung bei der Reichsgründung ausgeschlossen, um diese nach Bismarcks Konzept vornehmen zu können. Obwohl der

Anschluß Österreichs an Deutschland nach dem Einmarsch der deutschen Truppen eine Annexion war, knüpften dennoch viele Österreicher hieran große Hoffnungen und jubelten Hitler auf den Massenkundgebungen lautstark zu.

Von dieser Stimmung, wie sie jeder Deutsche über das Radio miterleben konnte, blieb Wilhelm von Oertzen nicht unbeeindruckt.

Hinzu kam, daß das Ausland, vor allem Frankreich, zwar empört war, zumal Hitler zuvor in mehreren Reden erklärt hatte, die Zeit der Überraschungen sei vorbei, doch die französische Mobilmachung, mit der man bis zum letzten Augenblick immer noch gerechnet hatte, blieb am Ende aus.

Voller Bewunderung für Hitler stellt von Oertzen fest:

»... der fabelhafte Instinkt Hitlers und sein Stern hatten ihm auch diesmal beigestanden, einen Erfolg für Deutschland zu erzielen, dessen strategische, wirtschaftliche und völkische Bedeutung erst allmählich sich auswirken und damit erkennbar werden kann ... Wir haben 6 Millionen deutscher Volksgenossen gewonnen, wir haben unsere Rohstoffbasis besonders in Eisenerzen und Holz erweitert, wir haben landwirtschaftliche Nutzfläche auch prozentual zur Bevölkerungszahl gewonnen, und wir umklammern die lange schmale Zunge der uns bisher so bedrohlichen Tschechoslowakei so, daß sie über kurz oder lang genötigt sein muß, sich mindestens nicht mehr feindlich zu uns einzustellen. Wir haben auch durch die neugewonnenen Grenzen im Südosten die Gefahr einer Hunger- oder Rohstoffblockade in einem künftigen Kriege sehr erheblich verringert ...«

Um diese politischen Vorteile zu erreichen, hatte Hitler nach von Oertzens Auffassung sehr geschickt die vorübergehende Aktionsunfähigkeit Frankreichs ausgenutzt, das zum Zeitpunkt des Einmarsches der Deutschen in Österreich keine Regierung hatte; und die Engländer waren einfach handlungsunfähig, weil sie mit ihrer Rüstung noch nicht fertig waren. Andererseits hatten die Botschafter beider Länder, um das Gesicht zu wahren, Drohgebärden eingenommen und wiederholt gegenüber Hitler erklärt, ihre Länder würden nicht nur mobilisieren, sondern auch einmarschieren. Das Wort »Krieg« war zunehmend in aller Munde.

Die allgemeine Zuspitzung der Situation, nicht zuletzt auch durch die Befestigung der Westgrenze gegenüber Frankreich beginnt, Wilhelm von Oertzen als Vater zweier militärdienstpflichtiger Söhne mehr und mehr Sorgen zu machen. Und dennoch begrüßt auch er die Annexionspolitik gegenüber der Tschechoslowakei.

Von Oertzen meint allerdings, die Gefahr für den Frieden ginge nicht von Deutschland aus, sondern von dem *»lächerlichen Staatsgebilde der Tschechei, in dem die deutschstämmigen Volksgenossen gepeinigt, verfolgt und erschlagen werden«*. Selbst als er an diese Meldungen von Rundfunk und Presse nicht mehr so ohne weiteres glaubt, erklärt er sich noch bereit, Flüchtlingsfamilien bei sich aufzunehmen.

Der Beginn der Mobilmachung ist auch in Roggow zu spüren, denn es werden Dienstpflichtige, die damit als Arbeitskräfte auf dem Gut ausfallen, eingezogen. Autos, Lastwagen und Pferde werden ohne Rücksicht auf die Erntezeit requiriert.

Auf Wustrow gibt es keine regulären Übungsabteilungen mehr, nur noch Reserveformationen verschiedener Art halten sich vorübergehend dort auf. Rundfunk und Presse verbreiten eine wahre Kriegshysterie. Mit ihren Informationen schüren sie bei vielen Menschen Kriegsangst, und die ist nicht unbegründet.

Am 27. September 1938 bezogen auf Befehl des Führers sieben Divisionen der Wehrmacht Stellung an der tschechischen Grenze. Sie waren dahinverlegt worden, um voraussichtlich drei Tage später auf den entsprechenden Befehl ins Nachbarland einzufallen. Der 27. September war aber zugleich auch der Tag, an dem sich Hitler mit Mussolini, Chamberlain und Daladier in München traf. Es bedurfte nur weniger Stunden, bis ein Vertrag unterzeichnet war, der für die Prager Regierung ein Ultimatum darstellte und Deutschlands Anspruch auf das Sudentenland anerkannte. England und Frankreich ließen sich anschließend als Friedensstifter feiern, da sie, ihrem eigenen Urteil zufolge, mit ihren Unterschriften den Einmarsch der Wehrmacht in die Tschechoslowakei verhindert hätten. In Wirklichkeit aber waren sie vor dem Druck der Nazis zurückgewichen und hatten damit das Todesurteil über ein parlamentarisch regiertes Land gefällt.

Auch Wilhelm von Oertzen ist überzeugt, daß durch das Münchener Abkommen der Friede gerettet worden ist. Europa war seiner Ansicht nach an einem um die Tschechoslowakei geführten Krieg gerade so *»vorbeigeschrammt«*, und Hitler, der sich nach dem Einmarsch der deutschen Truppen in Eger, Karlsbad und in anderen Städten der Tschechei feiern ließ, hatte in den Augen seiner Landsleute einen ungeheuren politischen Erfolg erzielt. Von Oertzen vergleicht Deutschland in seiner nun erreichten Größe mit dem Deutschland zu Zeiten Bismarcks. Dieser Vergleich kann eigentlich nur als Ausdruck bestimmter Wertschätzung für Adolf Hitler verstanden werden.

Als dieser unter Bruch des gerade erst abgeschlossenen Münchener Abkommens im März 1939 auch den restlichen größeren Teil der Tschechei annektiert, aus diesem Gebiet das Protektorat Böhmen und Mähren bildet und seine Truppen in das Memelgebiet einmarschieren läßt, findet er auch dafür die Zustimmung der konservativen Elite des Reiches. Und Wilhelm von Oertzen kommentiert:

»... die Lage ist einmal wieder auf des Messers Schneide. Man muß sich fragen, ob die Dinge so weitergehen können, ob England sich dauernd mit den Tatsachen, die es nicht hat verhindern können, abfinden wird, und man muß die Frage verneinen. Man gewöhnt sich zwar an diesen fortgesetzten Zustand drohender Kriegsgefahr, aber man muß sich doch klar sein, daß der fortwährende Tanz auf einer zu dünnen Glasscheibe doch einmal, und zwar jeden Augenblick, Scherben bringen kann. – Und daß wir

einen Krieg nicht führen wollen und daß niemand in Deutschland ihn will, oder höchstens – Einer.«

Ganz sicher war Hitler nicht allein verantwortlich für die Vorbereitung des Zweiten Weltkrieges. Dazu bedurfte es zumindest der Unterstützung von Konzernen, Großgrundbesitz und führenden Militärs. Aber auch die Medien taten das Ihre. Vor dem Überfall auf Polen, mit dem der Zweite Weltkrieg am 1. September 1939 begann, verbreiteten Presse und Rundfunk nach altbewährtem Rezept Lügenmeldungen über antideutschen Terror in Polen.

Diesmal durchschaut Wilhelm von Oertzen das Spiel, wenn er schreibt, die Zeitungen und Radiomeldungen seien *»erfüllt von polnischen Greueln, wie sie vor der Besetzung des Sudetengaues erfüllt waren von tschechischen Greueln. Also derselbe Film. Es geht nun gegen Polen.«*

Obwohl der Vorsitzende der Herrengesellschaft das ganz richtig beobachtet, hat er immer noch Illusionen.

Am 28. August 1939, nur zwei Tage vor dem Überfall auf Polen, wendet er sich brieflich an Generalleutnant Freiherr von Bardolff in Wien und bittet ihn, einen Vortrag in der Herrengesellschaft zu übernehmen. In dieser Situation politischer Hochspannung schreibt er:

»Aber ich glaube und hoffe sehr, daß es auch diesmal der Genialität des Führers gelingen wird, die Krise ohne Krieg zu beseitigen und daß es vielleicht Anfang Oktober wieder anders und ruhiger aussehen wird.«

JUDENPOGROM

Anders als der Außenpolitik steht Wilhelm von Oertzen den innenpolitischen Vorgängen immer distanzierter gegenüber. Wenige Wochen nach dem Einmarsch der Deutschen in die Tschechoslowakei notiert er in seinem Tagebuch:

»... ein großer außen- und innenpolitischer Rückschlag, ein Abstieg von der Höhe der Weltstellung Deutschlands und der Höhe

der Stellung des Führers selbst in den Herzen der Deutschen. Es ist etwas Unbegreifliches, etwas Unheimliches und psychologisch und charakterlich Unfaßbares, aber immer Wiederkehrendes im Dritten Reich Adolf Hitlers, dieses Nebeneinanderstehen von größten, genialen Taten und unglaublichen Zwischenfällen, Wahnsinnshandlungen, Ausbrüchen wilden Hasses, grenzenloser Wut, grenzenloser Torheit, vor der Inland und Ausland dastehen wie angedonnert, vor der Begeisterung und Freude zerfließen, politische Positionen stürzen, Bewunderung in Schrecken, Achtung in Wut verkehrt werden.«

Anlaß für diese Zeilen waren die Vorgänge der »Reichskristallnacht« am Abend des 9. November 1938.

Wilhelm von Oertzen und die Seinen waren keine Befürworter des von den Nazis praktizierten Judenmords. Wie seine Haltung im Fall Dr. Meyer zeigte, war er im allgemeinen auch gegen die Ausgrenzung von Juden aus dem gesellschaftlichen Leben, in diesem Falle hatte er sich aber angepaßt und so gehandelt, wie es vom Vorsitzenden eines deutschen Herrenklubs erwartet wurde.

Mehrere seiner guten Bekannten hatten jüdisches Blut in den Adern, und es wäre ihm sicher nicht eingefallen, sie deshalb zu ächten. Aber frei von Antisemitismus war auch er nicht.

Der von der christlichen Kirche hervorgebrachte Antisemitismus mit seiner jahrhundertealten Geschichte war in Deutschland zwar nicht zu allen Zeiten so vordergründig erkennbar, dennoch aber immer latent vorhanden. Jahrzehntelang schon hatten rechtsgerichtete Parteien und Organisationen ungestraft antijüdisches Gedankengut verbreitet, auch die Deutschnationale Volkspartei, der von Oertzen einige Zeit angehört hatte. Und selbst in der Weimarer Republik wurden Juden und Ausländer wieder zu den Sündenböcken für die Gebrechen der Gesellschaft und für den verlorenen Krieg gemacht.

Angesichts der von ihnen mitverursachten militärischen Niederlage 1918 erklärten zum Beispiel die deutschen Generäle, die selbst die Friedensverhandlungen gefordert hatten, im Nachhinein, »jüdische Kapitalisten, jüdische Kriegsgewinnler« beziehungsweise »jüdisch-kommunistische Revolutionäre« seien der kämpfenden Truppe in den Rücken gefallen.

Als 1922 mit dem Schlachtruf »Schlagt sie tot, die alte Judensau« zum Mord an dem Außenminister Walter Rathenau aufgerufen wurde, war dieses nur das extremste Zeichen für die Ablehnung der Weimarer Republik, die als »Judenrepublik« kolportiert wurde.

Deshalb hatte auch die konservative Elite generell nichts gegen den Boykott jüdischer Geschäfte 1933 einzuwenden. Allerdings brachte das nicht den von den Nazis gewünschten Erfolg. Wenn in Zeitungen und auf Flugblättern aufgerufen wurde, daß kein Deutscher mehr bei einem Juden kaufen solle, blieben die jüdischen Mitbürger doch in den Augen vieler Deutscher noch Nachbarn, Bekannte und Freunde. Das sollte sich erst später ändern, als nämlich der Umgang mit Juden zur Gefahr für das eigene Leben wurde. Diese Etappe des staatlichen Antisemitismus wurde durch die antijüdischen Rassegesetze, die 1935 auf dem Reichsparteitag der NSDAP in Nürnberg verkündet worden waren, vorbereitet und eingeleitet.

Durch das hier erlassene Reichsbürgergesetz erhielt die Diskriminierung der Juden eine gesetzliche Basis, wurden sie ihrer politischen Rechte beraubt. Mit dem berüchtigten Paragraphen 5 der Durchführungsverordnung, dem »Arierparagraphen«, wurde analog zum Gesetz zur Wiederherstellung des Berufsbeamtentums verfügt, wer Jude sei und wer nicht. Dem folgte die systematische Entfernung aller Juden aus den öffentlichen Ämtern und nach und nach aus allen anderen gesellschaftlichen Bereichen. Im weiteren wurden der Ahnenpaß eingeführt und Ehen zwischen Juden und Nichtjuden unter Strafe gestellt. Insbesondere mit dem Gesetz zum Schutze des deutschen Blutes und der deutschen Ehre war dem Denunziantentum und der Schnüffelei in der privatesten Sphäre Tür und Tor geöffnet. 1938 folgte schließlich die »Verordnung über die Anmeldung des Vermögens der Juden«. Das war aber nur der Auftakt zu ihrer Hinausdrängung aus dem

Wirtschaftsleben, was dann schließlich in der Zwangsarisierung aller jüdischen Unternehmen, also ihrer faktischen Enteignung gipfelte. Von großer öffentlicher Wirkung waren das Berufsverbot für jüdische Ärzte und Rechtsanwälte mit der Streichung ihrer Approbationen und der Schließung von Anwaltspraxen sowie die Verfügung vom August 1938, nach der dem nichtjüdischen Vornamen ein jüdischer – Sarah beziehungsweise Israel – hinzugefügt werden mußte.

Das antijüdische Gesetzeswerk umfaßte bis Kriegsbeginn rund 1500 Bestimmungen, mit denen Haß und Angst nicht nur unter Juden, sondern unter der gesamten Bevölkerung geschürt wurden. Und diese Angst nun entlud sich am 9. November in hemmungsloser Gewalt, von langer Hand durch die Nationalsozialisten vorbereitet und ausgelöst durch eine Verzweiflungstat in Paris.

Darüber schreibt von Oertzen:

»Anfang November fielen in der deutschen Botschaft zu Paris Revolverschüsse eines Juden Grünspahn und trafen den jungen Botschaftsrat vom Rath tödlich ... Dieser feige Mord erregte in der ganzen Welt ungeheures Aufsehen, bei allen vernünftigen Menschen größte Entrüstung, größten Abscheu. Die Tat war ein abgekarteter Racheakt jüdischer internationaler Kreise und hatte nichts mit der Person des Getöteten zu tun, war vielmehr gegen Deutschland als solches gerichtet.«

Was von Oertzen nicht wußte, der Hintergrund dieses Attentats war die erste Judendeportation der Deutschen: Am 28. Oktober 1938 wurden 17000 in Deutschland lebende Juden polnischer Staatsangehörigkeit polizeilich ausgewiesen, nachdem sie bereits durch Verfügung der polnischen Regierung staatenlos geworden waren. In Lastwagen und Eisenbahnzügen waren sie an die deutsch-polnische Grenze abgeschoben worden. Da Polen sich weigerte, seine jüdischen Landsleute aufzunehmen, mußten diese, Junge und Alte, unter unwürdigen Verhältnissen im Niemandsland vegetieren. Darunter befanden sich auch die Eltern des siebzehnjährigen polnischen Juden Herschel Grynszpan, der mit dieser verzweifelten Gewalttat auf die Vertreibung polnischer Juden aus Deutschland aufmerksam machen wollte.

In der Folge dieses Attentats, so schildert von Oertzen, *»brannten in ganz Deutschland Hunderte von Synagogen ab. Die Feuerwehr und die Polizei standen dabei und rührten keinen Finger. Zigtausende von Fensterscheiben jüdischer Geschäfte wurden in ganz Deutschland eingeschlagen, an ein und demselben Tage. Die Zimmereinrichtungen jüdischer Rasseangehörigen wurden zerschnitten und zerschlagen, die Waren wurden aus den Geschäften gestohlen. Die Polizei stand in den Nebenstraßen und ließ sich nicht blicken.*

Kein einziges nichtjüdisches Geschäft wurde angerührt. Die Anführer der Trupps, SA und SS lasen von ihren Zetteln den Namen und die Adresse des nächsten Geschäftes ab, zogen dorthin und zerschlugen und plünderten den nächsten Laden.«

Das Resultat dieser Ausschreitungen in ganz Deutschland waren zahlreiche Tote und Verletzte, rund 7500 zerstörte jüdische Geschäfte, zweihundertfünfzig angezündete und demolierte Synagogen und andere jüdische Gebäude sowie etwa 30000 verhaftete Juden.

Den angerichteten Schaden schätzte der Chef des Sicherheitsdienstes und SS-Obergruppenführer Heydrich auf mehrere hundert Millionen Reichsmark, für den die Geschädigten in vollem Umfange selber aufkommen mußten. Die Versicherungsprämien wurden vom Staat eingezogen, und außerdem bekamen alle Juden in Deutschland eine Milliarde Reichsmark als Buße auferlegt.

Mit Unverständnis beobachtet von Oertzen diese Ausschreitungen und weitere Repressalien gegen die Juden, denen per Gesetz das Betreten vieler Straßen in den Großstädten ebenso verboten wurde wie den aus Deutschland Flüchtenden das Mitnehmen persönlicher Gegenstände.

»Deutschland hat damit 6 bis 7 Milliarden Vermögenswerte über die Strafmilliarde hinaus profitiert. Das war vielleicht der eigentliche Zweck des ganzen Unternehmens«, schreibt er schließlich.

Wenn der Adlige die neue Welle der Judenverfolgungen ablehnt, geschieht das von ihm, der selbst der Nazipropaganda aufgesessen war, zwar nicht aus Mitleid mit dem Volk der Juden, die, wie er schreibt, *»unser Verderb waren, denen wir den Verlust des Weltkrieges zu verdanken haben und die meisten unserer früheren Krisen und Nöte«*, sondern weil er negative politische Auswirkungen, vor allem im Ausland, befürchtet. Nicht zu Unrecht nimmt er an, daß unter der neuen internationalen Situation die Auslandsdeutschen am meisten zu leiden hätten, schikaniert würden – ein begreifliches Wiedervergeltungsbedürfnis, wie er meint.

Von Oertzen empfindet *»tiefste Trauer um einen neuen politischen Fehler in einem Augenblick höchster Stellung Deutschlands in der Welt. Einen Fehler, der sich noch monatelang auswirken wird, der alle internationalen Sympathien vernichtet ... der das mühsam eroberte leise Vertrauen des Auslandes und auch manches Deutschen wieder zerstört, an seine Stelle neue Skepsis gesetzt hat und der den Glauben an die Größe und Dauerhaftigkeit Deutschlands erschüttern muß.«*

Er zweifelt nicht daran, daß die neue Welle der Judenverfolgung auf Anordnung der höchsten in Deutschland zuständigen und für Deutschland verantwortlichen Stelle inszeniert worden war. Er nennt auch Namen.

»Die Unpopularität Göbbels' ist größer denn je, aber auch die des Führers hat unsagbar gelitten. Ich habe bisher niemanden, auch keinen alten Parteigenossen finden können, der diesen Pogrom billigte. Ich habe auch noch niemand gefunden, der einen gefunden hätte oder nennen könnte.«

Röhm-Affäre, Wirtschaftsrückgang, Judenpogrom – ganz unterschiedliche Ereignisse, die die Begeisterung für Hitler eindämmten. Aber Hitlers außenpolitische Erfolge riefen weiterhin von Oertzens Bewunderung hervor.

»ES IST KRIEG«

Am 16. August 1939 fährt Wilhelm von Oertzen mit seiner Frau im Auto zu den Wagner-Festspielen nach Bayreuth. Die Karten für dieses Musikerlebnis hatte er ihr zu Weihnachten geschenkt, nachdem Wochen zuvor ein guter Bekannter der Familie, der Weimarer Kapellmeister Reiser, zusammen mit seiner Frau Gast auf dem Gut gewesen war und die von Oertzens in die Wagnersche Musik eingeführt hatte. Zu dem Zeitpunkt ahnt in Roggow noch niemand, in welcher unsicheren Zeit die kommenden Festspiele stattfinden würden – Wilhelm von Oertzen verläßt auch erst im allerletzten Moment sein Gut.

Seit Wochen schon leben in Deutschland die Menschen mit dem Gedanken an einen möglichen Krieg, und bei Begegnungen gibt es kaum noch ein anderes Gesprächsthema.

Monate zuvor, am 21. März, hatte Hitler Polen zur Rückgabe der freien Stadt Danzig an Deutschland und zum Bau einer Eisenbahn- und einer Autobahnverbindung durch den polnischen Korridor, einem Deutschland zu überlassenden Landstreifen zwischen Pommern und Ostpreußen, aufgefordert. Polen lehnte ein solches Ansinnen ab, und England gab wenige Tage später die englisch-französische Garantieerklärung für Polens Sicherheit ab, wie es dies Monate zuvor bereits für die Tschechoslowakei getan, sich dann aber nicht daran gehalten hatte. Jedem aufgeklärten Deutschen war eigentlich klar, daß nach den Erfahrungen mit dem Münchener Abkommen Hitler sich kaum durch England und Frankreich einschüchtern lassen würde. Spätestens nach der großen militärischen Demonstration anläßlich des 50. Geburtstags des Führers und Reichskanzlers war offensichtlich, Deutschland bereitete den Einmarsch in Polen vor. Es brauchte eigentlich nur noch einen entsprechenden Anlaß.

In Bayreuth scheint es zunächst, als ob die Wagner-Festspiele von diesen politischen Ereignissen unbeeinflußt bleiben. Auch Großherzog Friedrich Franz IV., mit dem von Oertzen fast in jeder Pause spricht, hat sich nicht abhalten lassen, mit Frau und Töchtern an den Festspielen teilzunehmen, ebenso sind andere ehemalige Monarchen wie zum Beispiel Exkönig Alphons von Spanien sowie der alte König von Bulgarien anwesend. In den Pausen schwirren noch immer viele ausländische Sprachfetzen wie Englisch, Holländisch, Spanisch und sogar Französisch durch die Luft.

So halten die Festspiele eigentlich, was sie versprachen – einen Kunstgenuß par excellence und ein ausgesuchtes Publikum. Die Kunst hatte es geschafft, daß die politischen Sorgen in den Hintergrund rückten – zumindest für die Zeit der Aufführungen. Es war aber nicht zu übersehen, daß von Tag zu Tag mehr Plätze im Festspielhaus freiblieben. Manche der Gäste hatten zwischenzeitlich ihre Einberufung zum Militärdienst erhalten, *»aber man lebte doch so in dieser friedlichen Atmosphäre der Musik, daß man sich dadurch nicht sehr tief beeindrucken ließ«*, schreibt von Oertzen über diese Tage in seinem Tagebuch.

Hier in Bayreuth hört er am 23. August auch vom soeben abgeschlossenen Nichtangriffspakt zwischen Deutschland und der Sowjetunion. Diese Information überrascht ihn um so mehr, als die Sowjetunion auch in von Oertzens Augen der eigentliche politische Gegner Nazideutschlands ist. Noch zwei Jahre zuvor hatte ein ganzer Parteitag der NSDAP in Nürnberg diese Stoßrichtung bekräftigt. Schließlich richtete sich auch der 1938 abgeschlossene »Antikominternpakt« mit Japan gegen die Sowjetunion.

Jetzt plötzlich war das Land, welches früher als der Todfeind Deutschlands verketztert worden war, zu dessen Bundesgenossen geworden. So etwas war nun möglich oder wurde durch Hitler möglich gemacht, und zweifelnd fragt sich von Oertzen:

»Ist das Genialität? Charaktergröße in höchster Potenz oder Verderbtheit?«

Dennoch empfindet er ein Gefühl der Erleichterung und der Hoffnung auf Erhalt des Friedens, den er vor allem durch die englische »Einkreisungspolitik« für bedroht hält.

Einen Tag vor Festspielende besuchen die von Oertzens Dr. Veretsch. Er, den sie durch einen Klubabend in der Herrengesellschaft kennengelernt hatten, ist französischer Botschafter in Tokio und hält sich zur Zeit auf seinem Hohenzollernschloß Colmberg auf. Zuvor aber machen sie einen Abstecher nach Nürnberg, wo sie das Parteitagsgelände besichtigen, auf dem in weniger als zwei Wochen der »Parteitag des Friedens« stattfinden soll. Die Vorbereitungen hierzu sind in vollem Gange. Bezeichnenderweise exerzieren Soldaten und Arbeitsdienstler nach Marschmusik, die aus allen Lautsprechern dröhnt.

Während der Unterhaltung auf Schloß Colmberg sagt ihnen der französische Botschafter unumwunden, daß es Krieg geben werde. Ein Zurück Hitlers gegenüber Polen sei nun nicht mehr möglich, und England würde nach einem deutschen Angriff auf Polen reagieren. Der Krieg würde verheerende Folgen für den Nationalsozialismus, für Deutschland, für Europa haben.

»Wir glaubten ihm nicht und waren der Ansicht, er sähe zu schwarz ...«, bemerkt von Oertzen über diese Begegnung.

Nach den Festspielen, in Eltville-Drais beim Besuch ihrer ältesten Tochter und deren Angehörigen, können die von Oertzens aber bereits die unmittelbaren Kriegsvorbereitungen in der eigenen Familie erleben: Der Schwiegersohn Edzard hatte bereits seinen Gestellungsbefehl erhalten, und Bedienstete sowie Pferde waren teilweise schon eingezogen. Es dauert Stunden, bis Wilhelm von Oertzen eine telefonische Verbindung nach Roggow bekommt. Von dort erfährt er, daß auch auf seinem Gut die ersten Einberufungen – elf Arbeiter und neun Pferde – erfolgt sind.

Da sie für ihr Auto kein Benzin bekommen, müssen die von Oertzens die Heimreise mit dem Zug antreten. Sie erfahren, *»daß nur noch morgen Züge regelmäßig verkehren würden, dann sei Sperre. Auf dem Bahnhof standen Dutzende von eingezogenen Autos: Stiefelwichse, Waschanstalt Bingerbrück, Weingroßhandlung, Frische Fleischwaren und -wurst. Dazu viele Privatautos mit übermalter Nummer.«*

Angesichts dieser Eindrücke steht der Entschluß fest, am nächsten Morgen – das ist der 27. August – abzureisen.

In den folgenden beiden Tagen hält Wilhelm von Oertzen noch eine friedliche Lösung der gespannten internationalen Situation für denkbar; auch die Masse der deutschen Bevölkerung hofft zu diesem Zeitpunkt noch darauf, daß der Krieg vermieden werden könne. Durch die Erfahrungen des Jahres 1938 und die Liquidierung der Tschechoslowakei hält sich der Glaube, daß Hitler mit seiner Politik auch diesmal am Rande des Krieges entlangsteuern würde. Obwohl man sich schon beinahe an die Kriegshysterie gewöhnt hat, gibt es dann aber weitere Gründe zur Beunruhigung: Der »Parteitag des Friedens« wird abgesetzt, die Bezugsscheinpflicht für Artikel des täglichen Bedarf wird eingeführt, Grenzen werden geschlossen, und der Luftraum wird gesperrt.

Erst am 31. August beginnt von Oertzen zu zweifeln und meint, die Kriegsstimmung in Polen sei durch den *»leichtfertigen englisch-französischen Garantievertrag zu hoch gepeitscht«*. Außerdem unterzeichnet Hitler an diesem Tag die Weisung Nr. 1 für die Kriegführung, in der es heißt, er habe sich zur gewaltsamen Lösung entschlossen. Am 1. September notiert von Oertzen:

»Morgens kam die Nachricht von der Einberufung des Reichstages. – Also Krieg!«

Bereits um 4.45 Uhr erfolgt der deutsche Überfall auf Polen. Hitler bemüht sich nun mit seiner Reichstagsrede, Polen und seinen Verbündeten die Kriegsschuld zuzuweisen und die Kriegsstimmung in Deutschland anzuheizen. Zu dieser Zeit weiß niemand, daß Deutschland, um einen Vorwand für den Krieg gegen Polen zu haben, einen polnischen Überfall auf den deutschen Sender Gleiwitz fingiert hatte. Durch die SS waren KZ-Insassen ermordet und deren Leichen als vermeintliche Opfer des polnischen Überfalls an den Ort des Verbrechens gebracht worden.

Statt dessen ist die Rede vom »aufgezwungenen Krieg«. Hitler behauptet, Polen habe das Reichsgebiet an vielen Stellen angegriffen, und nun werde seit 4.45 Uhr »zurückgeschossen«. Kaum jemand ahnt, daß damit der erste Schritt in einen Weltkrieg getan worden ist, der an Verbrechen und Opfern alles Bisherige übersteigen würde.

Von Oertzen, der die Rede des Führers am Radio verfolgt, empfindet, daß sie nicht den Schwung hat wie seine Ansprache ein Jahr zuvor an die Sudetendeutschen. Trotzdem bekommt der Redner von seinen Anhängern immer wieder frenetischen Beifall. *»Es wurde beim Begründen des Paktes mit Rußland genauso laut Beifall gebrüllt wie vor wenigen Jahren in Nürnberg bei den Wutäußerungen gegen Rußland. Hitler sagte in einem kurzen Satz nur, daß die bolschewistische Weltanschauung ebensowenig eine Exportware sei wie der Nationalsozialismus, also könne man sich verbünden. – Welch eine Wandlung durch Gottes Fügung.«*

Von Oertzen vergleicht die Stimmung der ersten Kriegstage mit der bei Ausbruch des Weltkrieges von 1914 und stellt fest:

»Damals herrschte wirkliche, starke, echte Begeisterung, nationaler Auftrieb, Siegeswille und Siegesüberzeugung. Es hat nie eine Zeit in Deutschland gegeben, wo der Gemeinschaftsgedanke des ganzen Volkes so stark und nachhaltig war, wie 1914. Die heutige Stimmung hat keine Begeisterung. Wer sollte sich auch gegen Polen begeistern! Die Gesichter sind ernst, gehorsam sich fügend, zweifelnd, ob der Kampf notwendig ist, sorgenvoll im Gedanken an England und Frankreich.«

Und weiter notiert er:

»Kaum ein Wort des Widerspruchs, aber auch keins der Hochstimmung. Die ewigen Marschmelodien im Radio sind unerträglich ... Die Disziplin der Menschen ist mustergültig, aber schwung- und humorlos. Gehorsam und ergeben ihrem Schicksal ... Schweigen und Fatalismus.«

Am 8. September wird die Westernplatte bei Danzig genommen, die ersten Panzer tauchen in den Straßen von Warschau auf. Als Polen in nur achtzehn Tagen besiegt und sein östliches Territorium auf der Grundlage deutsch-sowjetischer Abmachungen von Truppen der Roten Armee besetzt wird, atmet von Oertzen erleichtert auf: England und Frankreich hatten entgegen der Garantieerklärung für Polen, trotz offizieller Kriegserklärungen im Westen, keine nennenswerten Kampfhandlungen begonnen, die gefürchtete Situation eines Zweifrontenkrieges war nicht eingetreten.

»Was kommt nun? Stehen wir am Ende oder am Anfang des Krieges?« so fragt er sich und gibt selbst die Antwort: *»Wir stehen am Anfang.«*

Jürgen, der älteste Sohn, war mit einer neu aufgestellten Artillerieformation zwar noch gen Osten ausgerückt, den Krieg dort lernte er aber zunächst nicht kennen. Bruder Detlof, zu dem Wilhelm von Oertzen ein enges Verhältnis hatte, war gar nicht erst nach Osten, sondern gleich an die Westgrenze beordert worden. Dorthin kam auch bald Jürgen, wie überhaupt nach der Besetzung Polens viele Truppenformationen von Ost nach West verlegt wurden. Angesichts dieser Truppenbewegungen fragte sich auch von Oertzen, wann es dort losgehen würde; man wartete und lebte von Gerüchten.

Ende 1939 notiert von Oertzen in seinem Tagebuch:

»Um den Krieg im Westen bleibt es still. Die gesamte deutsche Wehrmacht steht dort versammelt, die französische liegt ihr gegenüber, sogar Engländer sind glücklich dort eingetroffen! Aber es geschieht nichts außer fast täglicher geringfügiger Spähtrupptätigkeit und gelegentlichem Artilleriefeuer, gerade immer in Jürgens Abschnitt. Ein merkwürdiger Krieg.«

1940 hört dieser Krieg auf, ein merkwürdiger zu sein. Den Überfällen auf Dänemark und Polen folgt kurze Zeit später der sechswöchige Westfeldzug, in dessen Verlauf die Wehrmacht schnell auf belgisches, niederländisches und luxemburgisches Territorium vordringt, ehe sie Frankreich zur Kapitulation zwingt.

Von Oertzen hält dazu in seinem Tagebuch fest:

»Am 10. Mai 1940 Einmarsch in Holland, Belgien und Luxemburg. Der eigentliche Krieg beginnt!«

KAUF EINES GUTES

In den folgenden Wochen überschlagen sich die Siegesmeldungen: 15. Mai 1940 – der holländische Krieg gehört der Vergangenheit an, 17. Mai – kampflose Besetzung von Brüssel, 18. Mai – Antwerpen genommen, 29. Mai – Kapitulation der belgischen Armee und schließlich am 22. Juni 1940 – Kapitulation Frankreichs.

Der schnelle Erfolg der deutschen Truppen im Westen hatte zweifellos seine psychologische Wirkung auf die Bevölkerung. *»Man lebt und lebte«*, schreibt von Oertzen, *»die ganzen letzten Wochen von einer Radionachricht zur anderen und schwankt zwischen Freude und Sorgen um die Nächsten und Liebsten, die man mitten drin weiß in diesem furchtbaren Krieg der Fliegerbomben, der Tanks, der Luftschlachten, der Sturzkampffliegerei und der Fallschirmspringerei, denen die Feinde nichts Gleichwertiges entgegenzustellen haben und dennoch mit dem Mute der Verzweiflung, mit Lügenmeldungen und brutaler Hinopferung ihrer Truppen zu widerstehen versuchen.«*

Als der Adlige die Nachricht empfängt, daß die französische Regierung Petain ihre Kapitulation erklärt habe, feiert er dieses Ereignis mit Tränen der Freude in den Augen.

»Noch ist man nicht in der Lage, die Größe dieses Ereignisses zu überblicken. Es kann ein Wendepunkt der ganzen europäischen Geschichte und Geographie sein, sogar der Weltgeographie.«

Während dieser Zeit verfolgt von Oertzen wieder zielstrebig seine vor zwei Jahren begonnenen Pläne. Zusammen mit Bodo Graf von Alvensleben versucht er, ein Gut für Jürgen und Elisabeth zu kaufen.

Von etwa siebzig bis achtzig Gütern, die ihnen angeboten werden und von denen sie einige besichtigen, scheint ihnen das Gut Miekenhagen bei Satow im Amt Neubukow nach Größe, Preis und Bonität am besten geeignet zu sein. Außerdem befindet es sich in unmittelbarer Nähe des Familienstammsitzes Roggow und hatte schon früher einmal von 1726 bis 1790 für drei Generationen den von Oertzens gehört. Nun ist das 446 Hektar große Gut im Besitz eines gewissen Paul Thormann, der sich aus finanziellen Gründen gezwungen sieht, es zu verkaufen. Der Besitz umfaßt 358 Hektar Ackerland, 24 Hektar Wiesen, 13 Hektar Weiden, 41 Hektar Holzungen und 8,6 Hektar Unland. Außerdem gehört ein größerer Viehbestand an Pferden, Rindvieh, Schafen und Schweinen dazu.

Der Rückkauf des Gutes durch die von Oertzens scheiterte zunächst an der Unentschlossenheit des Besitzers. Einmal wollte dieser verkaufen, dann wieder nicht. Nie wußte er, was er wollte, sagte nie, was er dachte, und schwieg dann schließlich ganz. Offensichtlich war aber, daß er andere Käufer der Familie von Oertzen vorzog.

Wilhelm von Oertzen vermutet eine persönliche Abneigung beziehungsweise meint, daß es dem Verkäufer peinlich wäre, den Besitz an jemanden abzutreten, der ihn als Nachbar gut kennt und der die miserable Wirtschaftsweise der letzten Jahre durchschauen konnte.

Nach vielem Hin und Her – dem Besitzer von Miekenhagen droht inzwischen die Zwangsversteigerung – erfährt Wilhelm von Oertzen schließlich, daß das Gut im Januar 1940 an den Flugzeugkonstrukteur und Industriellen Dr. Ernst Heinkel aus Rostock verkauft werden soll. Von Oertzen gibt das Vorhaben dennoch nicht auf und erreicht, daß der Landesbauernführer Graf Grote seine Zustimmung zum Verkauf des Gutes an den Nichtlandwirt Heinkel verweigert. Da von Oertzen und Grote nicht zu Unrecht befürchten, daß Heinkel seine Beziehungen zu

Göring oder zum Landwirtschaftsminister Darre nutzen könnte, um sich als Käufer durchzusetzen, gibt es etliche schlaflose Nächte für den Roggower, bis er erfährt, daß Heinkel gegen seine Ablehnung als Käufer nichts zu unternehmen gedenke.

Doch ehe von Oertzen die Kaufsumme von 625000 Mark aufgetrieben hat, ist Miekenhagen bereits einem dritten Interessenten, Graf Solms aus Baruth, versprochen worden. Jener ist nun wirklich Landwirt und kann zudem das Geld sofort auf den Tisch legen. Für den Besitzwechsel ist aber die Zustimmung verschiedener Behörden notwendig. Diese Zeit nutzt von Oertzen, um sich den einflußreichen Heinkel zum Verbündeten zu machen, der zur Abwendung der drohenden Zwangsversteigerung bereits eine erhebliche Teilsumme für Miekenhagen gezahlt hat und dieses Geld nun so schnell wie möglich wiederhaben will.

Nicht zuletzt auch durch eigene gute Beziehungen zu den behördlichen Instanzen gelingt es von Oertzen schließlich, den Kauf des Gutes für seinen Sohn durchzusetzen, nachdem offenbar geworden war, daß der Graf aus der Lausitz nicht selbst nach Miekenhagen ziehen, sondern das Gut nur durch einen Verwalter bewirtschaften lassen wollte.

Endlich, am 8. April 1940, dem Tag, als Jürgen, auf Urlaub gekommen, seinen Eltern telefonisch die Geburt seines Sohnes Peter-Jürgen mitteilt, wird der Kaufvertrag in Rostock unterzeichnet. Über diesen Tag vermerkt von Oertzen:

»Am 10. April des Jahres 1790 hatte Joachim Detlof Friedrich v. Oertzen, der Enkel des ersten Oertzenkäufers von Miekenhagen, das Gut verkauft. Nach 150 Jahren weniger 2 Tagen kehrte es in Oertzen Roggower Besitz zurück.«

Die Rückkehr des Gutes Miekenhagen mit seinem um 1850 vermutlich von einem Schüler Schinkels erbauten Gutshaus in den Besitz der Familie von Oertzen stand jedoch unter keinem guten Stern. Der neue Besitzer konnte nur drei kurze Urlaube in Miekenhagen verbringen, und seine 1941 geborene Tochter Beatrice lernte er nicht einmal mehr kennen. Die Situation an der Front sollte sich bald zunehmend verhärten, der Krieg alles und jeden erfassen.

Heute existiert das Gutshaus nicht mehr. 1984, als Jürgen von Oertzens Tochter Beatrice Miekenhagen besuchte, war es schon unbewohnt und durfte wegen Einsturzgefahr nicht mehr betreten werden. In den ersten Nachkriegsjahren waren hier Umsiedlerfamilien einquartiert, aber nach ihrem Auszug fand sich niemand, der die erheblichen Finanzen für Werterhaltung und Restauration des Hauses hätte aufbringen können. Schließlich wurde es abgerissen.

Als ich 1995 mit meiner Frau Miekenhagen besuchte, fanden wir nicht einmal mehr Mauerreste vor. Nur von Bildern wußten wir, daß hinter dem Gebäude der Park begann; sein schöner Buchenbestand lädt auch heute noch zum Spaziergang ein. Ein älterer Einwohner des Dörfchens zeigte uns, wo einmal das Gutshaus gestanden hatte. Der Mann konnte uns einiges über die jüngste Geschichte des Gutes berichten, auch über die Bodenreform 1945. Er selbst hatte noch auf dem Gut gearbeitet, war für die landwirtschaftlichen Maschinen zuständig gewesen und nach dem Kriege zeitweilig Bürgermeister des Ortes.

KRIEG IM OSTEN

Frankreichs Niederlage im Juni 1940 wurde durch ein Waffenstillstandsabkommen besiegelt, zu dem sich die beiden kriegführenden Seiten nicht zufällig im Walde von Compiègne trafen. Es war dieselbe Stätte, an der zweiundzwanzig Jahre zuvor das militärisch geschlagene Deutschland das Abkommen über die Waffenruhe unterzeichnet hatte. Für Deutschland war es ein Akt der Vergeltung für die durch Frankreich erfahrene Niederlage von 1918.

Nach den Siegen der Wehrmacht in den vorangegangenen Monaten erwartete inzwischen niemand, daß die deutschen Truppen nicht weitermarschieren würden. Deshalb hofften viele, und so auch Wilhelm von Oertzen, daß nunmehr gegen England weitergekämpft würde. In seinem Tagebuch notierte er im Juni:

»Alles wartet jetzt auf den direkten Angriff gegen England. Werden wir herübergehen? Nach der Hast der letzten Wochen scheint ein gewisser Stillstand einzutreten. Ist es die Stille vor dem Sturm, die Stille vor dem großen letzten entscheidenden Stoß auf die Insel?«

Eine erste Warnung, daß der Krieg auf Deutschland zurückschlagen könnte, erhalten die Roggower im Juli. Kaum hat der Führer im Reichstag – es war am 19. Juli 1940 – seinen »triumphalen Bericht« über den ganzen Westfeldzug gegeben, da fallen in der folgenden Nacht bei Roggow zwei Fliegerbomben auf den Acker. Deren Detonationen richten zwar keinen großen Schaden an, es wird lediglich ein Morgen Roggen verschüttet, aber Anlaß zum Nachdenken hätte dieses Ereignis schon geben müssen.

Statt dessen erwartet Wilhelm von Oertzen die Weiterführung des Krieges:

»... wir warten weiter auf den Krieg gegen England. Er müßte doch jetzt kommen, sonst sammeln sie ihre Kräfte wieder und befestigen die Küste, die bisher noch nicht gesichert ist.«

Von Oertzen ahnt natürlich nicht, daß Hitler vor den Schwierigkeiten einer Invasion zurückschreckt und darauf hofft, daß der Bombenkrieg gegen London und der rücksichtslos geführte Seekrieg die englische Regierung zur Kapitulation zwingen würden. Im September entscheidet er den Aufschub des Unternehmens »Seelöwe«, das die Landung deutscher Truppen an der englischen Küste vorsah, und beginnt mit den Vorbereitungen des Krieges gegen die Sowjetunion.

In Roggow feiert man unterdessen, obwohl Krieg herrscht, das Weihnachtsfest 1940 in alter Beschaulichkeit. Es macht es um so schöner, daß die beiden Töchter gekommen sind und auch Frithjof. Am zweiten Feiertag stellen sich zur Freude aller auch Elisabeth und Jürgen aus Miekenhagen ein. Jürgen hatte Fronturlaub erhalten.

Im April und Mai 1941 rücken die deutschen Truppen in Jugoslawien und Griechenland ein. Die von Oertzens können aus einem Brief von Frithjof, der über seine Einsätze als Flieger berichtet, einige Stationen des Krieges in diesen Wochen nachvollziehen. Ihr Sohn war in Rumänien, Mazedonien, in Griechenland und Bulgarien, dann in Tirana, zeitweise in Italien und Sizilien, das als Sprungbrett nach Afrika diente, eingesetzt. Beim Kampf um die Besetzung Kretas hatte Frithjof dort Fallschirmspringer abzusetzen. »*Billige Weltreise*«, meint Wilhelm von Oertzen etwas sarkastisch.

Die von Oertzens verfolgen das Kriegsgeschehen sehr aufmerksam. Sie machen sich Sorgen um ihre Söhne und Schwiegersöhne, auch um Wilhelms Bruder Detlof. Da dieser aber in der Verwaltung der besetzten Gebiete im Westen tätig ist, müssen sie in seinem Falle nicht so sehr um Leib und Leben fürchten. Ihre Sorgen gelten in erster Linie denen, die an der Front kämpfen. Den Krieg selbst als Kampf um Deutschlands Vormachtstellung stellen sie nicht in Zweifel.

Unter dem Datum des 22. Juni 1941 notiert von Oertzen:

»Ausbruch des Krieges gegen Rußland ... Eine neue Phase des Krieges hat begonnen, die in der Geschichte einmal mehr Beachtung finden wird als alle bisherigen Kriegshandlungen in diesem riesenhaften Kampf. Eine Koalition ganz Europas gegen den Bolschewismus.«

Im Unterschied zu seinem Sohn Jürgen, der an die Ostfront verlegt wurde, glaubt Wilhelm von Oertzen nicht an den Blitzkrieg und an schnelle Erfolge. Als nun tatsächlich sichtbar wird, daß die Sowjetunion nicht so einfach überrannt werden kann wie die westlichen Gegner, stellen sich Ernüchterung und erste Bedenken ein. Ende Juli stellt von Oertzen fest:

»Der Weltkrieg beginnt erst jetzt. Und die Söhne sind mitten drin. Fast alle Bekannten stehen jetzt im Osten.«

Seinem Bruder schreibt er nach Frankreich, daß in den knapp

zwei Kriegsjahren bereits drei Angehörige der Familie gefallen seien, zwei davon im Osten. Von Oertzen kannte möglicherweise nicht alle Mitglieder des weitverzweigten Adelsgeschlechts, denn er irrte, was die Zahl der Opfer betraf: In den ersten zwei Jahren seit Beginn der deutschen Offensive waren bereits fünf Angehörige des Familienverbandes gefallen. Im Ersten Weltkrieg hatte das Geschlecht derer von Oertzen zweiundzwanzig Opfer zu beklagen. Wieviel würden es in diesem Krieg sein?

Wie so oft lagen auch jetzt Freud und Leid dicht beieinander. Am 8. August 1941 heiratet die jüngste Tochter Sibylle den Gutsbesitzer Hermann Bolten aus Mustin. Bruder Detlof und Frithjof haben Fronturlaub erhalten und nehmen an der Familienfeier teil.

Nur wenige Tage später, am 21. August, fällt von Oertzens ältester Sohn Jürgen an der Ostfront.

Die Nachricht von dessen Tod erreicht Roggow erst zwei Wochen später durch einen Brief des Kommandeurs. Für Wilhelm von Oertzen und seine Frau Gerda bricht eine Welt zusammen. Zum erstenmal im Leben empfindet sich von Oertzen, wie er selber schreibt, als alter Mann. Er sieht es nun als seine Verpflichtung an, das Gut Miekenhagen, das Jürgen nur im Urlaub kennengelernt, aber nie bewirtschaftet hatte, für dessen Kinder zu erhalten, für Peter-Jürgen, der sich mit seinen eineinhalb Jahren nie an seinen Vater wird erinnern können, und für Jürgens zu diesem Zeitpunkt noch ungeborene Tochter Beatrice.

Etwa einen Monat später wird auch Frithjof an die Ostfront verlegt. *»So geht auch er in die Hölle des Ostfeldzuges«*, ist der Kommentar des besorgten Vaters, der anfängt, den Krieg mit anderen Augen zu sehen:

»In den letzten Tagen des September fand die große Umfassungsschlacht im Osten (gemeint ist die Kesselschlacht von Kiew, Anm. d. Autors) *ein siegreiches Ende. Es werden 600 000 Gefangene gemeldet. Aber wie wird darum der Krieg beendet? Was bedeuten solche Zahlen,* wenn *sie überhaupt wahr sind, wo Millionen anderer*

Russen dahinter stehen und lebend und mit einer Todesverachtung und einem Fanatismus kämpfen und fallen, der unfaßlich ist. Wofür kämpfen sie? Für ein Ideal? Für ein Vaterland, für einen Gott? Oder kämpfen sie nur aus Stumpfsinn und unter dem Terror der Kommissare des Bolschewismus, die hinter ihnen stehen und sie vorwärts peitschen?«

Drei Monate später, im Dezember 1941, als Japan den USA und Großbritannien den Krieg erklärt und Hitler vor dem Reichstag verkündet, daß die diplomatischen Beziehungen zu Amerika abgebrochen seien, fragt sich Wilhelm von Oertzen besorgt: *»Der Weltkrieg beginnt, wird er jemals enden?«*

Zunächst einmal fordert er seinen Tribut, nicht nur von den Soldaten. Auch die Bevölkerung beginnt, mehr und mehr unter seinen Folgen zu leiden. Durch den frühen Wintereinbruch ist ein Teil der Kartoffelernte verloren. Von Oertzen fürchtet, daß sich der Wrukenwinter des Ersten Weltkrieges wiederholen könnte. Durch die Benzinknappheit und wegen der fehlenden Ersatzteile bleiben große Ackerflächen ungeschält und ungepflügt, so daß für das folgende Jahr bereits ein erheblicher Ernteverlust voraussehbar ist. Zu den Lebensmittelkarten kommt nun auch noch die Raucherkarte hinzu. Weitere Kürzungen der Kartenrationen sind zu erwarten.

Und die Informationen von der Ostfront, die durch Feldpost oder mit den Verwundeten in der Heimat ankommen, sind höchst beunruhigend. Man hört immer öfter, daß große Truppenteile der Deutschen außer Gefecht gesetzt sind, da viele Soldaten starke Erfrierungen erlitten haben. Das Propagandaministerium fordert die Bevölkerung zu Spenden an Winterbekleidung auf und kommt mit dieser Aktion der Frage zuvor, wer zu verantworten hat, daß Millionen Soldaten ohne Winterausrüstung in Rußland eingesetzt worden sind. Von Oertzen beobachtet das Geschehen an der Ostfront mit Sorge, denn mittlerweile wurden die meisten seiner Verwandten und Bekannten dorthin verlegt.

»Der Krieg im Osten steht schlecht«, schreibt er, *»die Russen*

sind unendlich viel stärker, als irgend jemand geahnt hatte. Hitler wollte erzwingen, was unbezwingbar ist. Cäsarenwahnsinn! Der Anfang der Niederlage.«

Hitler selbst rechnete auf seine Weise mit den Gegebenheiten ab. Er suchte und fand Sündenböcke. Mehrere Generäle wurden abgelöst, nachdem bereits im Dezember 1941 der Oberbefehlshaber des deutschen Heeres von Brauchitsch zurückgetreten war und Hitler das Oberkommando selbst übernommen hatte. Das Ausland wertete das als Krisenzeichen, und auch von Oertzen war überzeugt, daß der Führungswechsel in der Wehrmacht Zeichen schwerer Unstimmigkeiten im Hauptquartier sei.

Im März 1942 wird Lübeck von englischen und amerikanischen Bombern angegriffen und schwer zerstört. Die Zahl der Toten geht in die Tausende. Von Oertzen beklagt ihren Verlust und den der alten schönen Kirchen und Kultureinrichtungen und weiß, daß damit ein nicht wiedergutzumachender kulturhistorischer Schaden eingetreten ist. Welche Stadt wird die nächste sein, so fragt er sich, und wann kommt Berlin an die Reihe? Und er erinnert sich, daß Göring gesagt hatte, er wolle, wenn jemals die englischen Flieger bis Berlin kämen, Lehmann heißen.

Von Oertzen stellt sich jetzt darauf ein, daß auch Roggow und Miekenhagen von Bomben getroffen werden können. Er ordnet an, daß Wasserbassins aufgestellt werden, Löschsand auf dem Hof und in den Zimmern vorhanden ist. Im Eßzimmer von Roggow stehen gepackte Koffer mit dem Lebensnotwendigen. Als zusätzliche Vorsichtsmaßnahme hat Wilhelm von Oertzen in Neubukow noch ein Zimmer gemietet, wo er ebenfalls wichtige Gegenstände unterbringt. Er fragt sich aber auch, was alle diese Vorsichtsmaßnahmen bedeuten, wenn vier rohrgedeckte Scheunen, gefüllt mit Getreide, Heu und Stroh, auf dem Hofe stehen, für die er keine Vorsorge treffen kann.

Im Juli 1942 ist wieder die Rede von Siegen an allen Fronten. Auf der Krim ist Sewastopol in deutscher Hand, im Süden wurde der

Don überschritten, und deutsche U-Boote versenkten im Atlantik zahlreiche feindliche Schiffe. In Nordafrika hatte Rommel – er war im Augenblick der populärste General – Tobruk genommen.

Aber von Oertzens Meinungsumschwung, seine Distanz zu den Meldungen, ist unverkennbar:

»Wir siegen und siegen, trotzdem herrscht Weltuntergangsstimmung, ohnmächtige Verbitterung und verzweifelte Apathie, die auch durch die bestaufgemachten Sondermeldungen und frechsten Lügen über geringe Verluste an Menschen nicht gebessert wird.«

Er beginnt zu ahnen, daß die Welt durch den Krieg eine starke Veränderung erfahren würde, weiß aber nicht genau, in welcher Richtung. Etwas Bedrohliches kam wie ein Unwetter heraufgezogen, das er nicht zu deuten wußte. In einem Brief vertraute er einer Verwandten an:

»Das Schlimmste ist, daß ich auch hinter diesem Kriege nichts Gutes erwarten kann. Wir sind wohl in eine ungeheuer große Zeit hineingeboren worden, wenn Größe gleichgesetzt werden darf mit Bewegung, Umwertung, Gährung und dem Entstehen von etwas ganz anderem, völlig Neuen, das man langsam zu ahnen beginnt, das sich aber erst nach Jahrzehnten, vielleicht erst nach einem Jahrhundert zu etwas Beständigem auswirken wird, das wir alle und wahrscheinlich auch die nächste Generation nicht mehr erleben werden.«

Zum Zweifel am Kriegsausgang und zur Ungewißheit über die Zukunft kommt die Trauer um den einen und die Sorge um den anderen Sohn.

22000 Offiziere sollen allein im gerade zu Ende gegangenen letzten Kriegswinter gefallen sein. Von Oertzen sinniert:

»Was bleibt noch an gutem deutschen Blut übrig für den kommenden Aufbau? Oder kommt er nie? Was wird selbst bei einem halbwegs siegreichen Ende zu hoffen sein? Ein Bolschewismus mit deutschem Vorzeichen.«

Bald sollte der Krieg, von Deutschland ausgegangen, wieder nach Deutschland zurückkehren. Ende September 1942 wird das nahegelegene Wismar bombardiert. Von Oertzen berichtet darüber:

»Das Hotel Wädekin, eins der schönen alten Giebelhäuser, und mehrere Häuser daneben wurden vollständig zerstört, und es kamen viele Menschen darin um. Das Rathaus wurde zum Teil vernichtet, ebenso zahlreiche andere Gebäude. Die Zuckerfabrik bekam zwei Volltreffer mitten ins Werk. Grundshagen bei Klütz brannte vollständig ab, auch Zierow brannte. Man sah stundenlang den Feuerschein, besonders von einem großen brennenden Holzlager. Die Flieger kamen zum Teil niedrig über Roggow, und die Flak schoß eifrig, aber erfolglos. Wann wird Roggow an der Reihe sein?«

DIE HERRENGESELLSCHAFT IM KRIEG

In der ersten Zeit nach Ausbruch des Krieges unternimmt Wilhelm von Oertzen noch alle Anstrengungen, die Veranstaltung von Klub- und Bildungsabenden der Herrengesellschaft aufrechtzuerhalten.

Das ändert sich aber, als im Spätherbst 1941 die deutsche Offensive im verminten Gebiet vor Moskau steckenbleibt und die deutschen Truppen, bis auf Sichtweite an Moskau herangekommen, erobertes Gelände unter starken Verlusten an Menschen und Material wieder preisgeben müssen. Auch in den folgenden Monaten muß das deutsche Heer zahlreiche Niederlagen hinnehmen. Etwa seit dieser Zeit gibt es im »Deutschen Klub Mecklenburg« auch nur noch in größeren Abständen Veranstaltungen, die dann, ein Jahr später, etwa zu dem Zeitpunkt, als der Krieg sich zu wenden beginnt, gänzlich eingestellt werden.

Ist das zeitliche Zusammentreffen Zufall oder nicht? Gab es kein Bedürfnis mehr nach Informationen, weil man der Nazipropaganda gegenüber mißtrauisch geworden war und kein Referent sich hingestellt und die Wahrheit über den Krieg ausgesprochen hätte, vorausgesetzt, er hätte es gekonnt? – Oder spielte es auch eine Rolle, daß dem Vorsitzenden der Herrengesellschaft angesichts der über Deutschland hereinstürzenden Katastrophe die Perspektive verlorengegangen war?

Zunächst einmal, nach Kriegsbeginn, schien es so, als wenn Vortragsveranstaltungen über alle Probleme, die mit der Kriegführung zusammenhingen, eine starke Resonanz fänden. Vorträge von Militärs wie der des Generalleutnants a. D. von Metzsch über die wehrpolitische Lage und der von Konteradmiral Gadow über den See-und Handelskrieg waren gut besucht. Auch jene Veranstaltungen, die in den folgenden Monaten stattfanden und sich mit den Feldzügen der Wehrmacht im Norden und Westen befaßten beziehungsweise mit dem Einsatz der Luftwaffe im Krieg, der Rohstofflage des Reiches und dem Bündnispartner Japan, stießen auf Interesse, wie Teilnehmerzahlen von jeweils etwa hundert Personen beweisen.

Dann aber enden die Aufzeichnungen des Vorstandes. Ganz sicher spielen zunehmend auch kriegsbedingte Schwierigkeiten, etwa der Benzinmangel, der die Mitglieder und Sympathisanten des Klubs vom Besuch der Veranstaltungen abhält, und auch die zunehmenden Fliegerangriffe keine geringe Rolle bei der Reduzierung und schließlichen Einstellung des Klublebens.

Wie außerdem den Aufzeichnungen von Oertzens zu entnehmen ist, war auch die Zahl derjeniger, die »im Felde« standen und somit für die Herrengesellschaft ganz und gar ausfielen, nicht gering. In den letzten Kriegsjahren gab es dann keinerlei Aktivitäten mehr. Es ist auch nicht anzunehmen, daß es in dieser Zeit noch irgendwelche Zusammenkünfte des Vorstandes gegeben hat. Dem gehörten außer Wilhelm von Oertzen ohnehin nur noch der Schweriner Bankdirektor Dr. Friedrich Stratmann und der Großaktionär und Staatsrat Dr. Georg von Stauss an. Der kurzzeitig von den Nazis als Handelskammerpräsident eingesetzte, aber bald wieder geschaßte Lehmann war ja nur wenige Monate im Amt gewesen, und das langjährige Vorstandsmitglied Rechtsanwalt Hans-Ulrich Behm war 1939 verstorben.

Es kam also zur Beendigung der Tätigkeit der »Herrengesellschaft Mecklenburg«, jener einst so hoffnungsvollen Schöpfung Wilhelm von Oertzens aus dem Jahre 1926. 1933 umbenannt in »Deutscher Klub Mecklenburg«, fiel die Gesellschaft nun einem Krieg zum Opfer, zu dessen mittelbaren Urhebern sie selbst zu zählen war, hatte sie doch einst das Tun der Nazis gebilligt.

Der Krieg, den die konservative Elite als Mittel der Politik und als Weg aus der »Schmach von Versailles« immer einkalkuliert und akzeptiert hatte, begann, sich jetzt gegen sie selbst zu wenden. Die mit großen Erwartungen gegründete und über ein Jahrzehnt lebendige Herrengesellschaft verabschiedete sich sang- und klanglos aus der Geschichte.

BOMBEN AUF ROSTOCK

Als die deutsche Wehrmacht in die benachbarten Länder einfiel, Menschen tötete, Städte bombardierte und Dörfer zerstörte, empfanden viele Deutsche nichts dabei, glaubten sie doch an das Märchen eines Deutschland aufgezwungenen Krieges. Als sich aber das Blatt zu wenden begann und das deutsche Territorium selbst Ziel von Kampfhandlungen und Bombenangriffen durch die Alliierten wurde, förderten diese Erlebnisse und Erfahrungen bei nicht wenigen das Nachdenken über die Sinnlosigkeit des Krieges. So mancher, der den Nazis nachgelaufen war, begann Hitler abzulehnen, darunter auch solche, die in seiner unmittelbaren Umgebung tätig waren. Aber noch immer ließ sich die Masse der Deutschen zum Widerstand gegen die alliierten Truppen aufputschen.

Seit dem Ende der Hitlerschen Blitzkriegsträume vor Moskau und dem Tod seines Ältesten distanzierte sich Wilhelm von Oertzen noch mehr von Hitler. Seine Zweifel an der Siegesgewißheit der Nazis wurden zusätzlich durch das Erleben des brennenden Rostock bestärkt.

Der Angriff auf Lübeck Ende März 1942 war der Auftakt der britischen Luftoffensive gegen deutsche Städte. Statt lediglich Sprengbomben gegen rüstungswirtschaftliche Objekte abzuwerfen, wurden jetzt in Flächenbombardements zusätzlich Brandbomben gegen Städte eingesetzt, um die Zivilbevölkerung zu demoralisieren. So erlebte Rostock in den Nächten vom 24. bis 27. April 1942 bis dahin nicht gekannte schwerste Luftangriffe. Unter Ausnutzung sternklarer Nächte wurden die Heinkel-Flugzeugwerke und erhebliche Teile der Innenstadt, kulturhistorisch wertvolle Gebäude aus der Hansezeit und eine große Zahl an Wohnhäusern in Schutt und Asche gelegt.

Einen Tag nach den Luftangriffen der Engländer fuhr Wilhelm von Oertzen nach Rostock, um seinen Bruder Detlof aufzusuchen, der sich gerade in Heimaturlaub befand. Die Schwägerin war mit ihren vier Kindern bereits nach der ersten Bombennacht nach Roggow gekommen. So wie von Oertzen waren viele andere Menschen aus der Umgebung in Richtung Rostock unterwegs. Fuhrwerke, Lastwagen, Handwagen drängten sich auf den Chausseen, dazwischen jene, die nach ihren Angehörigen in der Stadt sehen wollten.

Einen ersten Eindruck von den Zerstörungen erhalten die Ankömmlinge bereits in der gerade neu entstandenen Stadtrandsiedlung Reutershagen. Flakeinschläge in den Häuserwänden, eingestürzte Dächer, zerstörte Gebäude ... Das alles bietet einen gespenstischen Anblick.

Je mehr sich von Oertzen der Innenstadt nähert, um so schlimmer wird das Bild.

Trümmerberge in der Dethardingstraße, ausgebrannte Klinikgebäude ... Bis auf die Marienkirche sind alle alten Kirchen, die selbst den dreißigjährigen Krieg überdauert hatten, mehr oder weniger zerstört. Auch der Bahnhof ist völlig ausgebrannt. Wohin man sieht, Schutt und Glasscherben. Überall hängen Plakate mit der Verkündung des Ausnahmezustandes: Wer plündert, wird erschossen. Daneben – rote Zettel mit den Namen derjenigen, die bereits erschossen wurden.

Das Haus seines Bruders in der Graf-Schack-Straße 14 ist zwar stehengeblieben, aber durch das brennende Nachbarhaus stark gefährdet. Von diesem sprühen Funken durch ein ins Dach gerissenes Loch. Die Wasserzufuhr ist ausgefallen, und nur dadurch, daß Detlof vorsorglich die Badewanne gefüllt hatte, steht etwas Löschwasser bereit.

Am Nachmittag geht Wilhelm von Oertzen durch die zerstörte Innenstadt. Unter dem Eindruck dieses Erlebnisses macht er nach seiner Rückkehr auf Gut Roggow folgende Notizen:

»Der Anblick ist ein so fürchterlicher, daß ich heute (29. April) morgen es wie einen wüsten Traum empfand, als ich aufwachte. Arbeit, Fleiß und Kultur von Jahrhunderten ist für immer und unwiderbringlich vernichtet, Werte zerstört, die absolut unersetzbar, schriftliche Unterlagen und Urkunden vernichtet, die niemals auch nur einigermaßen rekonstruierbar sind, alles in vier wüsten Höllennächten von zwei bis halb vier Uhr morgens ... In der Richtung zur Innenstadt hin mehren sich die Zerstörungen. Haus der A. E. G. ein vollkommener Trümmerhaufen. Nicht einmal die Vorderwände stehen mehr. Theater ausgebrannt, die Häuser dazwischen und in der Nähe in allen nur denkbaren Stadien der Zerstörung, von ganz wenigen gerissenen Scheiben bis zum Pulverhaufen ... Die Uhr an der Ecke des Museums steht auf 3.10 Uhr. Steintor Türme weg. Brandkasse und Ständehaus stark verbrannt, äußerlich beschädigt. Am Wall auf den Rasenplätzen und Beeten ein wüstes Durcheinander von Feuerwehrautos, Lastwagen, Fuhrwerken bis zur Schiebkarre und zum Kinderwagen, Stapel von billigem Hausrat, Möbeln, Nachttischen, Porzellanvasen aus der guten Stube neben Massen von Bündeln mit Bettzeug, Gardinen, Stühle. Daneben stehen oder sitzen ziemlich apathisch herum die Besitzer, einige laden ihre Habe auf die Wagen ... Steinstraße wieder, wie überall, neben einem fast unverletzten Haus ein völlig ruiniertes oder ausgebranntes ... Ecke Neuer Markt, Kino und Kaffee

Sonne, gegenüber Mau und Nachbarschaft alles weg. Der Neue Markt selbst sieht fürchterlich aus. Rathaus ganz intakt, daneben noch zwei Häuser ebenso, sonst alles rauchende Trümmer. Die Giebel der alten schönen Häuser meist noch stehend ...

Um die Marienkirche alles Mauerreste und Ruinen, Kirche selbst mit allen Kirchenfenstern und Dach unversehrt als einziges der alten Gotteshäuser ...

In vielen Häusern brennt es noch in hellen Flammen, Wasser fehlte zeitweise ganz und ist auch jetzt noch sehr knapp, an anderer Stelle Rauch und Staub in ununterscheidbarer Mischung. Die ganze Stadt riecht nach kaltem Hecht oder, noch richtiger, nach einem ungelüfteten Zimmer, in dem ein Ofen gequalmt hat. Die Luft fliegt voll Asche und verbrannten Papierresten. Blutstraße etwas weniger, Rostocker Hof ziemlich heil, Rostocker Anzeiger vom Erdboden verschwunden. Menschenansammlung beim Universitätsplatz vor einem Lautsprecher. Die weitere Kröpeliner Straße bis zum Tor ist wegen völliger Unpassierbarkeit und Einsturzgefahr gesperrt. Aber hinter diesen ganzen Hauptstraßenfronten, wo die leichtgebauten und leichtbrennbaren kleineren Häuser stehen, ist kaum etwas mehr heil, auch nach dem Hafen zu. Am Hafen alle Lagerschuppen schwelend und zusammengestürzt. Nur die großen Kornsilos stehen vollkommen intakt unmittelbarst, teilweise Wand an Wand, daneben. In den kleineren Straßen sieht man wieder schreckliche Bilder. Überall liegt geretteter kleiner Hausrat vor den sogenannten Haustüren, und die Menschen suchen darin herum. Ein halbes Kinderbett, ein Spiegel, 5 Bände Meyers Konversationslexikon. Die anderen sind wahrscheinlich verbrannt. Federbetten, fliegende Bettfedern, Rauch und Bruch. So geht das weiter, immer dasselbe Bild und immer wieder ein anderes ...

Petrikirche, das Wahrzeichen von Rostock, Seezeichen für die einfahrenden Schiffe, dessen Turm bis Stralsund und Lübeck zu sehen war, ähnelt etwas der Ruine von Probstzella. Der Turm soll wie eine Fackel gebrannt haben, plötzlich fingen seine Glocken an zu läuten, daß man es in der ganzen Stadt gehört hat, dann stürzte er zusammen. Auf dem Platz liegen die Kupferplatten wie verknautschtes

Stanniolpapier neben Bergen von Dachsteinen und irgendwo spielt ein Grammophon ›Ja, das haben die Mädchen so gerne‹.«

Für Wilhelm von Oertzen hat Rostock zu diesem Zeitpunkt für Jahrzehnte seine Bedeutung als Handelsstadt, als Seestadt, als Unterkunft für Tausende von Hafen-, Werft-, Fabrik- und Heinkelarbeitern, auch als Marktort für Mecklenburg und als Universitätsstadt verloren. Wo sollen, so fragt er sich, die Studenten wohnen, wenn schon die Einheimischen keine Unterkunft mehr haben?

Der Anblick der zerbombten Hansestadt hat ihn aufgewühlt und sehr nachdenklich gestimmt. Er weiß, daß er diese Bilder immer vor Augen haben und nie vergessen würde.

Mehr und mehr deutsche Städte wurden Ziele der Luftangriffe, glichen oder übertrafen gar noch, was die Zerstörungen betraf, Rostock. Auch in Roggow ergriff man Maßnahmen, um sich vor Angriffen zu schützen.

Im Herbst 1942 kamen neue Hiobsbotschaften. Im September noch hatten die von Oertzens einige Tage in Drais bei ihrer ältesten Tochter verbracht.

»Jedes solches Zusammensein erscheint einem letztmalig«, schrieb von Oertzen. Und wie recht er haben sollte, zeigte sich schon wenige Tage später, als er in seinem Tagebuch festhielt:

»Der einzige Sohn aus Dreveskirchen, Grubo Viereck, ist gefallen. So geht nach dem Tod des Sohnes in Weitendorf das zweite Viereck'sche Gut aus der Familie.«

Unterdes gestaltete sich die militärische Lage für Deutschland zunehmend ungünstig. Der Vormarsch der Deutschen in Rußland wurde durch die Rote Armee erneut gestoppt, diesesmal bei Stalingrad, die Ostfront erstarrte. Rommel mußte Tobruk räumen, und die Amerikaner besetzten Französisch-Nordafrika. Die USA beherrschten das Mittelmeeer, Italien war in höchstem Maße gefährdet, der Ring um das von den Deutschen besetzte

Europa zog sich immer enger. Die Alliierten hatten Deutschland das Heft aus der Hand genommen.

Immer öfter stellt sich von Oertzen jetzt die Frage, wie der Krieg wohl enden soll. Einen deutschen Sieg hält er nicht mehr für möglich, denn er schreibt:

»Nur ein Wunder kann uns noch retten, und ich kann nicht an Wunder glauben.«

DIE WENDE VON STALINGRAD

Die deutsche Offensive an der Ostfront im Sommer 1942 endete bei Stalingrad ein halbes Jahr später mit einem Fiasko. Zunächst war es bis Mitte September den zahlenmäßig überlegenen deutschen Truppen der 6. Armee unter Generalfeldmarschall Paulus gelungen, in die Stadt einzudringen und das Wolgaufer zu erreichen. Daraufhin meldete der Rundfunk, daß Stalingrad genommen sei. Das war, wie viele Frontmeldungen, eine Lüge, denn der Kampf um die Stadt wurde nach wie vor mit erbitterter Härte und wechselndem Erfolg geführt. Die sowjetischen Truppen kämpften um jeden Fußbreit Boden. Bei ihren Gegenangriffen wurde die Rote Armee von der ganzen Bevölkerung Stalingrads unterstützt, indem diese Verteidigungsstellungen errichtete, Betriebe und große Gebäude in Festungen verwandelte. Der Erste Adjutant des Stabes der 6. Armee, Oberst Adam, beschrieb diese Kämpfe:

»Auf dem Schlachtfeld lagen Arbeiter in Berufskleidung, nicht selten mit dem Gewehr oder der Pistole in der erstarrten Hand. Tote in Arbeitskleidung lagen erstarrt, über die Hebel des zerschossenen Panzers gebeugt. Etwas derartiges haben wir nie gesehen.«

Die Schlacht an der Wolga wurde eine der an Menschen und Material verlustreichsten Schlachten des Zweiten Weltkrieges. Als schließlich am 19. November mit einer Salve Tausender Geschütze die Gegenoffensive der sowjetischen Truppen eingeleitet wurde, brachte das die endgültige Wende im Krieg. Vier Tage später hatten die Soldaten der Roten Armee einen Ring um die 6. deutsche Armee und Teile der 4. Panzerarmee geschlossen. Über eine Viertel Million deutscher und rumänischer Soldaten und Offiziere war eingekesselt.

Hitler verlangte kategorisch von den eingeschlossenen Truppen, ihre Stellung zu halten. Auch später, in völlig auswegloser Lage, war ihnen durch Führerbefehl die Kapitulation untersagt.

In von Oertzens Tagebuch findet sich darüber folgendes:

»Im Januar 1943 kam der seit langem drohende weitere militärische Rückschlag. Die Ostfront wurde um etwa 200 km zurückverlegt, und sie wird weiter zurückgehen. Die Schlacht um Stalingrad wurde verloren. Die eingeschlossene Armee des General Paulus mit ungefähr 300 000 Mann geht ihrer restlosen Vernichtung entgegen. Eine furchbare Schlacht, die einem nachts den Schlaf raubt und tagsüber an nichts anderes denken läßt. Sie sollte auch dem dümmsten Optimisten endlich die Augen öffnen, aber sie tut es nicht. Die Macht der Propaganda auf einen ganz großen Teil der Bevölkerung ist unfaßbar groß, und es ist eine Erkenntnis erst dieser ganzen Zeitperiode, daß man tatsächlich einem Volke vorschreiben kann, was es denken soll. Obwohl die meisten Menschen wissen, daß der ungeheure Fehler des Verlustes dieser Schlacht nicht den Generalen, sondern allein Adolf Hitler zur Last fällt, ändert es nichts an der Einstellung zu ihm. Es herrscht Trauer, es werden ein paar zornige Töne gelegentlich ausgestoßen, aber nach ein paar Tagen oder, in einem so furchtbar schweren Fall wie Stalingrad, nach wenigen Wochen hat die Propaganda und die gesamte Presse das Gleichgewicht wieder hergestellt, und es wird weiter gewurstelt. Die Strapazen der eingeschlossenen Armee und ihre Verluste waren und sind furchtbar und für einen Menschen, der noch wohlgeborgen zu Hause sitzt, vollkommen unvorstellbar.«

Am 31. Januar 1943 kapitulierte der größte Teil der 6. Armee unter Generalfeldmarschall Friedrich Paulus. Indem dieser sich in militärisch auswegloser Lage dem Führerbefehl widersetzte, rettete er Tausenden Soldaten auf beiden Seiten der Front das Leben.

Wilhelm von Oertzen nimmt den Jahrestag der Saxoborussen, einer studentischen Verbindung, der er als »Alter Herr« angehörte, zum Anlaß, um nach Berlin zu fahren. Ihm steht der Sinn weniger nach Feiern als vielmehr nach einem Zusammentreffen mit langjährigen Freunden und Bekannten, von denen er sich wahrheitsgetreue Informationen und einen fruchtbaren Gedankenaustausch verspricht. Und er wird nicht enttäuscht. Selbst in dieser Runde unter Männern, deren konservatives Denken über jeden Zweifel erhaben ist, trifft er keinen, der noch Vertrauen und Glauben in die Zukunft hat.

Nach Roggow zurückgekommen, notiert er gleichsam als Fazit des Erlebten, Gesehenen und Gehörten:

»Wenn es den Begriff der geschichtlichen Schuld eines Menschen gibt, so hat wohl noch niemals in der deutschen Geschichte ein einzelner Mensch eine so schwere Schuld auf sein Gewissen geladen wie in dieser größten und grauenhaftesten und zugleich nicht notwendigen, also sinn- und zwecklosen Niederlage Deutschlands.«

Auch über die Presse fällt er ein vernichtendes Urteil: Sie sei, wie vieles in der Gesellschaft, heuchlerisch, bemüht, das Gesicht zu wahren, Dinge zu sagen, an die keiner glaubt, selbst der nicht, der sie von sich gibt.

Seine im Tagebuch niedergeschriebenen Anschuldigungen gegen Hitler, um den er sich Jahre zuvor noch intensiv bemüht hatte, darf von Oertzen auf gar keinen Fall öffentlich äußern, will er nicht das Schicksal vieler verfolgter Hitlergegner teilen. Dennoch läßt er in Gesprächen mit Verwandten und guten Bekannten keinen Zweifel an seiner Meinung aufkommen. Von Oertzen war nicht der Mann, der alle seine Überlegungen nur für sich anstellte, er mußte sich anderen mitteilen, um auch durch Rede und Gegenrede eigene Standpunkte zu überprüfen und zu neuen Einsichten zu gelangen. Und langsam fügten sich die vielen Einzelheiten nationalsozialistischer Politik und Praxis, wie er sie beobachtete, zum Ganzen, zu generellen Auffassungen über das faschistische Regime, das er einst in persona und mit der Herrengesellschaft bewußt unterstützt hatte.

Im März 1943, die deutschen Armeen befanden sich weiter auf dem Rückzug, Rostow, Woroschilowgrad und Charkow waren, wie es in den Pressemeldungen hieß, »gefallen«, notierte von Oertzen:

»Es ist eine tief tragische Erkenntnis, daß wir seit 10 Jahren in einem Staate leben, der zwar das Wort Volksgemeinschaft wie so viele andere Schlagworte im Munde führt, der aber nicht unser Staat ist. Man sucht die Schuld bei sich, aber man findet sie dort nicht. Die Schuld liegt in der Führung, welche nicht nur während der Kampfzeit, wo es propagandistisch berechtigt gewesen sein mochte, alle Mittel anzuwenden, sondern auch dann, als sie die Macht hatte, sich stets gegen die Schichten der Gebildeten wandte, derer, die von Geburt und Natur national sind und die sie als die ›Intellektuellen‹ bezeichnete, was zu einem Schimpfwort wurde.«

Für den Adel sieht er keine Zukunft mehr:

»Diese Kreise haben wie kein anderer Stand in diesem und in allen früheren Kriegen geblutet, und da sie weiter bluten werden, haben sie wahrscheinlich ausgespielt. Ihre Besten sind dahin und sterben weiter für Volk und Vaterland und werden eine biologische Rolle in Zukunft nicht mehr zu spielen haben, weil sie zahlenmäßig zu gering geworden sind. Ob der Adel auch formell abgeschafft werden wird, spielt dabei eine untergeordnete Rolle.«

Auch Deutschlands Zukunft sieht er nur in düsteren Farben. Die besten und wertvollsten Träger der Kultur, womit von Oertzen vor allem persönliche Bildung und Erziehung sowie die geistige Haltung des einzelnen meint, Deutschlands Elite, liegt auf den Schlachtfeldern, so daß nur *»die große schwerwiegende Masse, die Mittelware, geistiges Proletariat«* übrigbleibt, das nach den Auffassungen von Oertzens unfähig ist, Kulturträger zu sein.

An die Adresse der verantwortlichen Führung des Staates richtet er den Vorwurf, sie habe nicht die Befähigten und Gebildeten herangezogen, sondern sich auf jenen Typ von Minderwertigen gestützt, der höher gestiegen ist, als er aufgrund seiner ererbten oder erworbenen Eigenschaften jemals steigen dürfte, der über Geld und andere Machtmittel sowie über einen Einfluß auf den Lauf der Dinge verfüge, die weit über seinen Verstand und sein Augenmaß hinausgingen. Dieser durch Macht korrumpierte Typ ist seiner Meinung nach *»in allen Schichten der Bevölkerung zu finden, vom kleinen Stützpunktleiter, Ortsbauernführer und Gemeindevorsteher (sprich Bürgermeister) bis hinauf zu den höchsten Stellen in Wirtschaft, Politik und, besonders, Partei ... Sie sind immun, sie bilden eine privilegierte Klasse, und Unfähigkeit im Amt ist vollends kein Grund, sie zu entfernen. Wie groß der Schaden ist, der durch solche Herrschaft der Minderwertigen angerichtet wird, ist kaum abzusehen.«*

Und hierzu zählt Wilhelm von Oertzen auch das terroristische Vorgehen der Nazis gegen Juden und politische Opponenten.

Als die deutsche Presse sich wochenlang über die im Walde von Katyn bei Smolensk entdeckten Massengräber mit Tausenden auf Stalins Geheiß ermordeten polnischen Offizieren ausläßt und ständig Superlative wie *»Größte Mordtat der Weltgeschichte«*, *»fluchwürdiges Verbrechen«* verwendet, erreicht die Verlogenheit des Systems und der Medien in seinen Augen ihren Gipfel.

Ohne das Verbrechen von Katyn beschönigen und ohne gar als Judenfreund gelten zu wollen, hält er der Pressekampagne entgegen, *»daß gerade in den letzten Wochen als sogenanntes Geburtstagsgeschenk für den Führer, angeblich auf dessen ausdrücklichen Befehl und sogar gegen den Willen des Reichsführers der SS, mehrere tausend Juden in Deutschland aufgegriffen und vergast worden sind, alte Männer, Frauen und Kinder, daß in Polen Zehntausende von Juden niedergeschossen und Hunderttausende von russischen Kriegsgefangenen umgebracht worden sind und daß am 30. Juni 1934 tausend deutsche Männer, darunter mein Freund*

Beulwitz, fast alle ohne Grund niedergeschossen wurden, ohne Verfahren und ohne Sühne für die Mörder, davon wird, wenigstens in Deutschland, kein Wort gesprochen.«

Am Geburtstag Adolf Hitlers, am 20. April 1943, wird über Roggow ein britischer Bomber in Brand geschossen, der mit ungeheurem Getöse in der Nachbarschaft abstürzt. Von Oertzens Kommentar: *»Der Krieg ist jetzt verdammt nahe gekommen!«*

Über das unmittelbare Erleben des Krieges, welcher begonnen hatte, dahin zurückzukehren, von wo er ausgegangen war, schreibt von Oertzen:

»Je totaler der Krieg wird, je mehr Menschen eingezogen werden, je mehr Geschäfte geschlossen werden, desto knapper wird jede Art von Ware. Es gibt jetzt kaum noch einen Gegenstand im freien Handel zu kaufen. Für fast alles braucht man Bezugsscheine, Genehmigungen, Anträge, Nachweisungen, Ausfüllung von Fragebogen, auch für landwirtschaftlich notwendigste Dinge … Die kleinen Bestechungsmittel in Form von Eßwaren werden immer häufiger angewandt, und man kann es keinem Kaufmann verdenken, wenn er seine letzten Reste Ware zurückhält, um sie gegen Dinge einzutauschen, die er besonders nötig hat, und das ist alles Eßbare, vom Obst und Gemüse über Eier, Mehl und Zucker bis zum Fleisch und Fett. Jeder Kauf ist ein Kampf. Die Schaufenster sind sehr leer geworden, und was darin steht, ist unverkäufliche Dekoration … Je größer die Stadt, desto kleiner die Warenbestände und die Möglichkeit, etwas zu erwerben …

Die langsam zunehmende Erkenntnis der Aussichtslosigkeit aller Anstrengungen dringt auch in die Kreise der großen und törichten Optimisten. Kein Mensch weiß, wohin wir treiben, nur daß wir treiben …«

TOD DES ERBEN

Die Kriegswende bei Stalingrad erschütterte Deutschland nicht nur militärisch, sondern auch politisch und moralisch. Vielen

Deutschen, die bis hierher den Nationalsozialisten fast blind gefolgt waren, öffneten sich die Augen.

Nicht nur Wilhelm von Oertzen stellte sich, als die Hitlerführung mit der totalen Mobilmachung im Sommer 1943 eine neue Großoffensive vorbereiten wollte, zum wiederholten Male die Frage, ob der gegenwärtige Krieg notwendig sei. Die Antwort, so wußte von Oertzen, war auch entscheidend für die Beurteilung Adolf Hitlers:

»Uns Zeitgenossen erscheint es, je länger desto mehr, daß er nicht nötig war und nur durch die Charaktereigenschaften des Führers unvermeidlich wurde, seine dämonische Persönlichkeit, seine Wortbrüchigkeit, seinen Willen als kompromißloser Gewaltmensch ... Er machte es dadurch den Engländern, die den Krieg wahrscheinlich nicht wollten, unmöglich, mit ihnen zu verhandeln. Und tatsächlich hatten wir ja bereits Unerhörtes erreicht, ohne daß England eingriff. Auch Rußland rüstete erst, als es sah, daß Hitler den Krieg wollte und gegen Osten rüstete. Vielleicht wird die Geschichte auch einmal feststellen, daß Rußland den Krieg nicht gegen Westen, sondern nach Osten wollte, und von diesen Fragen müßte eigentlich das Endurteil der Weltgeschichte über Adolf Hitler abhängen. Entweder der größte Verbrecher aller Zeiten oder der größte Staatsmann.«

Je mehr von Oertzen über das von den Nationalsozialisten beherrschte Deutschland nachdenkt und jetzt die Folgen von dessen Außenpolitik als persönliches Leid selbst zu spüren beginnt, um so bewußter wird er sich des abenteuerlichen Charakters der Politik der NSDAP. Auch seinen im Osten gefallenen Sohn betrachtet er als Opfer dieser Politik.

Von Oertzen erinnert sich wieder an die Mordtaten während des Röhm-Putsches im Jahre 1934, an den im großen Stil vorbereiteten Judenpogrom von 1938, er denkt an die vielen Kriegstoten, deren Zahl die Presse herunterschwindelt.

Beeinflußt von der Propaganda und der Hoffnung, ein starkes Deutschland würde unter der Naziregie entstehen, hatte auch er lange diese Erinnerungen und das bessere Wissen um die Lage verdrängt.

Nun ging es seit Stalingrad für die deutschen Truppen nur noch rückwärts, Italien hatte kapituliert; *»... und die Zeitungen lügen weiter. Es wird für eine spätere Geschichtsschreibung schwer sein, diese Zeit richtig zu beurteilen, denn nicht nur die gesamte Presse, sondern die ganze Literatur lügt mit einer einheitlichen Konsequenz, wie sie das früher niemals getan hat... Das System des Lügens ist durch Göbbels zu einer Wissenschaft und Kunst ausgebildet worden, und gehorsam und feige macht das ganze Volk ... mit.«*

Die Versicherung des Führers und der Presse, abgegeben an der Schwelle des 5. Kriegsjahres, das ganze Volk sei von Siegeszuversicht erfüllt, hält von Oertzen für einen Witz.

»Die Stimmung ist sehr schlecht und die Nervosität sehr groß. Es ist bei Strafe befohlen worden, daß die Parteimitglieder ihr Abzeichen tragen müssen, seitdem sieht man wieder das Hakenkreuz auf den Rockaufschlägen. Auch der Deutsche Gruß ist wieder befohlen worden.«

Ein Lichtblick für den derweil verbitterten von Oertzen: Frithjof verlobte sich mit Elma zu Knyphausen. Die Hochzeit wurde auf den 21. September festgesetzt. Zehn Tage vorher kommt Frithjof nochmals auf Wochenendurlaub, frohgestimmt und erwartungsvoll. Aber statt der Hochzeit gibt es ein Begräbnis:

»Am 14. September 1943 fiel durch Absturz mit seinem Flugzeug auf einem Fluge von Berlin nach München bei Karlsbad auch unser geliebter letzter Junge, Frithjof, sieben Tage vor seiner Hochzeit. Mit ihm begruben wir am 22. September in Russow auf dem Kirchhof alle Hoffnung, die wir für Roggow hatten, deren Krönung wir durch seine Verheiratung mit der reizendsten, edelsten und besten Schwiegertochter erwarten durften, und für die ich mein Leben lang gearbeitet habe.

Mehr bin ich heute nicht imstande zu sagen und zu schreiben. Ich will versuchen, später einmal ein Bild meines Jungen aufzuschreiben, wie er vor mir stand und immer stehen wird, ein großer schöner Mensch, voller Ernst, voller Liebe zu Roggow, voller Bewußtsein für die große Aufgabe, die ihm hier einmal zufallen sollte, die Tradition zu übernehmen, die die Oertzens seit 6 Jahrhunderten getreu aufrecht erhalten haben und die nun zum ersten Mal abreißt, weil eine ganze Generation ausfällt …

Wir sind müde und alt geworden und sehen persönlich und politisch dem Ende entgegen. Das persönliche Ende wird eine Erlösung für mich sein. Was soll ich noch auf dieser elenden Erde ohne meine Söhne? Je eher es kommt, desto besser. Das politische Ende, das ebenso sicher kommt wie mein eigener Tod, muß man mit Grauen und Entsetzen näher und immer näher rücken sehen. Wohl denen, die es nicht mehr durchzukosten brauchen!«

Wilhelm von Oertzen, obwohl religiös erzogen und bestrebt, nach christlichen Grundsätzen zu leben, findet nach dem Tod seines zweiten Sohnes keinen Trost mehr im Glauben an Gott. Die Religion vermag ihm seine Fragen nicht mehr zu beantworten. Am 28. März 1944 schreibt er:

»Frithjofs Geburtstag. Einer der vielen traurigen Tage im Jahr. Wir brachten Blumen an sein Grab. Nachmittags kam Superintendent Behm aus Doberan zum Besuch. Ich hatte gehofft, durch eine Aussprache mit ihm meinen durch den Tod der Jungens schwer erschütterten Ansichten über Gott, Kirche und Religion aufhelfen zu können. Das war nicht der Fall. Selbst ein so kluger, grundanständiger und sicherlich ehrlicher und überzeugter Mensch und Christ wie er kann mir gar nichts geben. Die Pastoren leben vom Gefühl und können weder verstandesmäßig noch philosophisch denken. Sie können nicht einmal eine Antwort geben auf die Frage, warum gerade der Mensch und nur der Mensch ein Fortleben nach dem Tode haben soll und das Tier und die Pflanze nicht, sie können nicht antworten, wenn man sie fragt, wie sich die Lehre Christi: ›Du sollst nicht töten‹ mit der Bejahung des Krieges durch die Pastoren verträgt. Sie rollen dahin in den ausgefahrenen Gleisen der dick gedruckten Bibelsprüche und der altgewohnten schönen Geschichtchen, die dem nicht helfen können, der das erlebt hat,

was ich durchgemacht habe … der Teufel regiert und nicht Gott. Warum, warum geschieht das alles, warum läßt Gott das alles zu? Niemand gibt einem auch nur den Versuch einer Antwort.«

DER 20. JULI 1944

Im vorletzten Kriegsjahr 1944 mußten die deutschen Truppen eine Niederlage nach der anderen einstecken. Der Roten Armee war es gelungen, die Blockade von Leningrad aufzubrechen, die Krim und die Ukraine zurückzuerobern. Im März war die Front bis zur polnischen und österreichischen Grenze vorgerückt.

Wilhelm von Oertzen registriert die Verstärkung der Luftangriffe auf deutsche Städte. Immer wieder werden Berlin und Leipzig bombardiert. Das deutsche Volk wird mit dem Märchen vom baldigen Einsatz einer Wunderwaffe beruhigt. Von Oertzen durchschaut das Spiel inzwischen:

»Jetzt wird gesagt, daß die Sterne für Adolf Hitler wieder günstig ständen. Wo der Verstand nicht mehr weiter kann, muß die Mystik und das Wunder helfen. Die Zahl der Prophezeiungen über das Kriegsende nimmt ständig zu. Immer beginnen diese mit etwas Wahrem oder Überzeugendem, um dann die Zukunft vorauszusagen. So machten es schon im Altertum die Gauner und Betrüger.«

Am 6. Juni landen die Alliierten in der Normandie und eröffnen die zweite Front. Zum gleichen Zeitpunkt beginnt die sowjetische Sommeroffensive des Jahres 1944, und von Oertzen ist überzeugt:

»Ein neuer blutigster Akt des Krieges hat begonnen. Wahrscheinlich der letzte. Ihm wird das Ende Deutschlands, das Ende deutscher Kultur und Zivilisation und der Bolschewismus folgen, und ich werde der letzte Oertzen in Roggow sein.«

Mitten hinein in diese pessimistischen Betrachtungen platzt die Nachricht vom Attentat auf Hitler am 20. Juli 1944.

Der Oberst im Generalstab Claus Graf Schenk von Stauffenberg, weitere hohe Militärs und andere Zivilpersonen, darunter auch der von Oertzen gut bekannte Dr. Goerdeler, waren sich seit längerem in der Lagebeurteilung einig, daß der Weg zur Kapitulation und zum Frieden für Deutschland nur eingeleitet werden könne, wenn Hitler und seine ihm bedingungslos ergebene Führungsclique ausgeschaltet würden. Hitler mußte durch ein Attentat beseitigt werden, und das konnten nur jene, die Zugang zu ihm hatten.

Am 20. Juli gegen Mittag war Stauffenberg zur Berichterstattung in das Führerhauptquartier befohlen worden. Das war nach zwei vorangegangenen vergeblichen Versuchen nun die letzte Gelegenheit, das Attentat zu verüben.

Das Unternehmen scheiterte, und Hitler rächte sich grausam. Die ersten Erschießungen erfolgten noch in derselben Nacht, weitere hundert Mitverschwörer und Berater Stauffenbergs, die von der Gestapo aufgespürt wurden, verurteilte man bis zum April des folgenden Jahres zum Tode.

Es dauert längere Zeit, bis von Oertzen ein einigermaßen genaues Bild über die Vorgänge um die Verschwörung der Militärs erhält. Der Presse kann er es nicht entnehmen. So schreibt er am 25. Juli:

»Das Attentat beschäftigt alle Zeitungen der Welt, und in Deutschland bewirkt es eine zeitungspapierne Führerbegeisterung, eine in Wirklichkeit nicht vorhandene ›wütende Empörung des deutschen Volkes‹, eine ›glühende Teilnahme für die Person des Führers‹ und, was der Redensarten mehr sind. Die Aufregung in den Städten und im ganzen Lande soll ungeheuer sein, die Menschen sollen sich mit Tränen in den Augen auf den Straßen in die Arme gesunken sein, die Wut auf die Anstifter und Täter soll ungeheuer sein, ein Sturm der Liebe zu Adolf soll sich überall erhoben haben und nach Rache schreien, Kundgebungen, natürlich ganz spontane, sollen sich überall … durch die Straßen bewegt haben und, was des unerhörten Geschwätzes mehr ist. Es werden Namen genannt wie Beck, Fromm, von Seidlitz (als Vermittler zwischen den Attentä-

tern und Stalin), Witzleben, Olbricht, Höppner u. andere, noch ist nichts Vollständiges zu erfahren. Nur das eine steht schon jetzt fest: Der Eindruck der Nachricht ist ein erschütternder, aber ganz anders als der, welchen die Zeitungen mimen müssen, ein absolutes Schweigen. Und in diesem Schweigen liegt die Billigung.«

Immer wieder bewegt von Oertzen die Frage, ob es sich bei den Attentätern nur um eine kleine Clique gehandelt habe. Er befürchtet nämlich, daß der Mißerfolg in einem solchen Falle wegen des totalen Kriegseinsatzes zu einem Machtzuwachs der NSDAP und zu einer ungeheuren Verfolgung der Defätisten führen würde. Um so mehr verblüfft ihn das Schweigen der großen Masse und gibt ihm zu denken. Als er sich gegenüber einem alten Landarbeiter in Miekenhagen negativ zum Mordversuch äußert, antwortet ihm dieser einfache Mann von der Straße nach längerem Schweigen: *»Ja, aber der Krieg wäre wahrscheinlich zu Ende gewesen.«*

Nur langsam bekommt von Oertzen ein umfassendes Bild, und er erkennt, daß die Verschwörung von einem weitverzweigten Organisationsnetz, vor allem von Militärs, vorbereitet worden war, von denen einige auch Kontakte zur Arbeiterbewegung unterhielten. Unter den Verhafteten befanden sich auch etliche ihm gut bekannte Persönlichkeiten aus Mecklenburg und Pommern, so der Graf Schwerin aus Göhren, Rohr-Demmin, Zitzewitz aus Mutrin, von Maltzahn.

Am 7. August, wenige Tage vor Beginn der Prozesse am Volksgerichtshof, notiert er:

»Immer sicherer wurde aber allmählich, daß die Zahl der Verhafteten groß, wahrscheinlich sehr groß ist, daß viele von ihnen nur eingesteckt sind, ohne daß sie am 20. Juli beteiligt erscheinen, und daß also das ganze mißlungene Werk viel weitere Fäden besitzt, als man anfangs annehmen konnte. Damit ändert sich das Urteil über die Tat. War es ein großes, langvorbereitetes Unternehmen, durchgedacht und organisiert, so ist sein Mißlingen ein nationales

Unglück, denn sein Gelingen war dann die allerletzte Möglichkeit zur Rettung des Restes Deutschlands und des Deutschtums.«

Von Oertzen, der zehn Jahre zuvor intensiv um seine Anerkennung durch die Nazis gerungen hatte, befürwortet nun das Attentat auf Hitler. Entschieden verurteilt er die Hinrichtung der Verschwörer, spricht davon, daß diese Morde ein Bruchteil aller der Bestialitäten sind, die dieser Krieg und dieser Staat auf dem Gewissen haben. Das Scheitern des Attentats bedauert er um so mehr, da nach seiner Ansicht die außenpolitische Situation katastrophal ist:

»Die militärische Katastrophe an allen Fronten rückt immer näher, es kann, wenn dem Tempo nicht Einhalt geboten werden kann, sich um wenige Monate handeln, und es wäre vielleicht besser ein Ende mit Schrecken als ein weiterer Schrecken ohne Ende. Was hat das Blutvergießen noch für einen Sinn? Und wofür sollen unsere Jungens an der Front noch aushalten? Nur um den Bonzen das Leben noch ein wenig zu verlängern?«

Wilhelm von Oertzen – weit entfernt vom Wissen um die tatsächlichen Ursachen für Faschismus und Krieg und die den Faschismus tragenden Kräfte – sieht die alleinige Verantwortung für das Geschehen bei Adolf Hitler. Er schreibt:

»Einmal wird sich der Schleier der Ereignisse wohl doch noch lüften, und die Menschheit wird sich schaudernd und angewidert abwenden vor dem Grausen, durch das ein Wahnsinniger alle Greuel einer an Blut und Quälereien wahrhaftig reichen Weltgeschichte noch zu überbieten vermocht hat und wofür er und er ganz allein die Schuld und die Verantwortung trägt.«

Daß es Kräfte in Wirtschaft und Politik gab, die Hitler wollten, und daß er nur mit ihrer Billigung das werden konnte, was er geworden war, erfaßte von Oertzen noch nicht. Vielleicht war es auch ein gewisser Selbstschutz, denn irgendwo müßte er sich doch selbst als Getäuschter, aber auch als eine zeitlang Mitwirkender einzuordnen suchen.

Als am 9. August in den Zeitungen über die Verurteilungen berichtet wird und darüber, daß die ersten Verschwörer nach den ausgesprochenen Todesurteilen sofort gehenkt worden seien, stößt von Oertzen auf weitere Bekannte: Feldmarschall von Witzleben, General Stieff, General von Haase, York von Wartenberg. Während diese Männer jetzt öffentlich als Verbrecher beschimpft werden, vertieft sich bei von Oertzen die Abneigung gegenüber dem herrschenden Regime:

»Man braucht politische Morde nicht zu billigen, aber es ist hier kein Zweifel, daß diese Männer aus reinstem vaterländischen Pflichtgefühl und in vollstem schwersten Veranwortungsbewußtsein für Deutschland gehandelt haben. Sie sind keine verächtlichen Schwächlinge oder Feiglinge oder Ehrgeizlinge, wie das Urteil sagt.«

Von Oertzen weiß zwar nicht, wie groß die Zahl derer ist, die mit dem Attentat vom 20. Juli in Verbindung gebracht werden, aber er ahnt, daß es viele waren und die Führungsclique der NSDAP das zum Anlaß nehmen würde, ihr mißliebige Personen für immer in den Konzentrationslagern verschwinden zu lassen. Und so fragt er sich, wieviele es wohl vorziehen würden, freiwillig in den Tod zu gehen, um nicht der Gestapo in die Hände zu fallen.

»Die Preise für Gift sollen in den letzten Wochen ungeheuer gestiegen sein«, so schreibt von Oertzen. *»Ich bekam auch eine Todesanzeige eines Namensvetters, Hans-Ulrich, Ratteyer Linie. Er starb plötzlich am 21. Juli als Offizier.«*

Von Oertzen vermutet wohl, daß sein Verwandter in die Verschwörung der Militärs verstrickt war. Die näheren Umstände des Todes kennt er aber nicht.

Erst später, für ihn zu spät, sollte ein genaueres Bild entstehen:

Hans-Ulrich von Oertzen, geboren 1915, verbrachte seine Jugend in Rattey, westlich von Neubrandenburg, bei seiner Mutter. Seinen Vater kannte er nicht, war dieser doch bereits 1916 in der Champagne gefallen. Gleich nach dem Abitur wurde er Soldat. Obwohl es sein Wunsch war, wie seine Vorfahren Landbesitz zu haben, war er gern Soldat. Er zog mit großem Enthusiasmus in den Krieg und brachte es bis zum Major im Generalstab. Bald jedoch muß er das faschistische Regime abgelehnt haben, denn er gehörte zum engsten Kreis um Oberst von Stauffenberg und dessen Mitverschworenen. Um nach dem mißglückten Attentat der bevorstehenden Verhaftung und der sicheren Verurteilung zu entgehen, nahm er sich am 21. Juli 1944, wenige Stunden nach dem Anschlag, neunundzwanzigjährig das Leben. Heute erinnert eine Gedenktafel in der Dorfkirche zu Rattey an den Mut dieses jungen Mannes.

Noch oft beschäftigt sich von Oertzen gedanklich mit dem Attentat. Für ihn ist es der Anfang zum letzten Akt dieses schauerlichen Weltdramas. Er selbst beginnt, sich mit dem Gedanken vertraut zu machen, nicht eines natürlichen Todes zu sterben.

»Man muß Waffen oder Gift bereitzuhalten suchen. Ich versuche auch Letzteres für Gerda und mich.« Als er die Namen weiterer Gehängter erfährt, äußert er seine Überzeugung, daß deren Namen noch einmal auf einem Denkmal eingemeißelt sein würden.

»Auch Christus und die Jungfrau von Orleans wurden ermordet und dann zu göttlichen Höhen erhoben.«

Am 10. Oktober 1944 schreibt er:

»Das Attentat steht immer im Vordergrund aller Gedanken. Wie sollte das auch anders sein, hat es doch eine neue Phase des totalen Krieges und ein neues Denken in politischer Hinsicht mit sich gebracht. Die oft gestellte und bisher niemals klar beantwortete Frage, wie steht das sogenannte Volk zu Adolf Hitler, ist jetzt ziemlich eindeutig dahin gelöst, daß es nicht mehr an ihn glaubt. Sein Stern ist unaufhaltbar im Untergehen, und nur der größte Terror hält Ausbrüche der Ablehung, der Wut, der Verzweiflung und der furchtbarsten Enttäuschung zurück. Die Friedenssehnsucht ist riesenhaft, aber sie äußert sich in dumpfer Apathie, weil sie sich eben nicht äußern kann und darf. Es sitzen noch Tausende von Personen in

Gefängnissen. Wie viele noch weiter umgebracht, ›liquidiert‹ worden sind, weiß kein Mensch ... Die zweite Gruppe ist am 10. September hingerichtet worden. Das Urteil lautet auf ›Todestrafe‹. Man wagte also nicht einmal mehr, die Form der Vollstreckung bekanntzugeben. Auch diese Männer sollen gehenkt worden sein ... Sie haben zum Teil hochpatriotische und mutige Reden bei der Verhandlung gehalten. Hassel soll gesagt haben: Ich werde jetzt gehängt, aber die nächsten, die hängen werden, sind Sie.«

HITLER, DER TOTENGRÄBER

Wilhelm von Oertzen, zutiefst pessimistisch gestimmt angesichts der von außen hereinbrechenden Katastrophe und unter dem Eindruck der ungeheuerlich großen Zahl von Todesurteilen des Volksgerichtshofes, hält am Beginn des sechsten Kriegsjahres die Zeit für gekommen, eine Bilanz zu ziehen und seinerseits mit Hitler abzurechnen.

Lange vor 1933 hatte er Adolf Hitler für einen Vortrag in der Herrengesellschaft zu gewinnen versucht, ihn hatte er zeitweise sogar bewundert. Aber dieser Mann hatte mit seinem Größenwahn mittlerweile das Leben von Millionen Menschen auf dem Gewissen, auch von Oertzens beide Söhne und viele von dessen Bekannten. So geht der Adlige mit ihm immer härter ins Gericht:

»Der menschliche Verstand, sein Aufnahmevermögen und seine Urteilsfähigkeit, kann dieses Tempo nicht mitmachen, und alles wird von der Flut mit- und weggerissen, auch Adolf Hitler, der unglückselige Mann, der glaubte zu schieben und stattdessen geschoben wird, wie nie ein Mann zuvor in der ganzen Weltgeschichte, und der doch und mit Recht die Verantwortung für den Wahnwitz unserer Zeit und den Untergang Deutschlands tragen wird und tragen muß. Der größte Verbrecher, der größte Menschen- und Volksbetrüger, der größte Mörder der gesamten Geschichte aller Völker. Eine gottverfluchte Marionettenfigur in diesem entsetzlichen Umsturzgeschehen

alles dessen, was man bis vor wenigen Jahren für unzerstörbar, für Ära perennius hielt, eine Figur, die nicht weiß, von welcher überirdischen oder unterirdischen Macht die Fäden gezogen werden, an denen sie hängt und durch die sie bewegt wird. Und wir, die wir das Unglück haben, gerade in diese Zeit hineingeboren zu sein, die wir nicht für groß ansehen können, sind die winzigen Mitspieler dieses kosmischen Dramas, und wir werden darin untergehen, zusammen mit allen anderen, die darin mitgewirkt haben, selbst mit den Regisseuren, Direktoren und Souffleuren.«

Er ahnt, daß Hitler als einzelner solch eine Katastrophe nicht heraufbeschwören konnte, aber die Ursachen werden für ihn nicht faßbar, sie bleiben ihm unerklärlich. Für Wilhelm von Oertzen sind die Erlebnisse der letzten Jahre eine Weltenwende nie dagewesenen Ausmaßes, die er mit dem Eintritt des Christentums in die Weltgeschichte vergleicht, nur, daß die gegenwärtige Wende mit ungeheuer stärkerem Tempo abläuft. Die Frage, wie Hitler selbst zur bevorstehenden Niederlage steht, hält er für völlig müßig:

»Er hat sich in eine verzweifelte Zwangslage hineinmanövriert, hineinillusioniert, hineingelogen. Er hat keine Möglichkeit mehr, frei zu handeln, nicht einmal mehr, frei zu denken. Es gibt für ihn kein Ausweichen mehr, er muß weitergehen den Weg, den ihm sein Schicksal und der Feind vorschreibt und mit unerbittlicher Konsequenz vorwärts treibt, bis er irgendwo endet ...«

Als am 18. Oktober 1944 Adolf Hitler per Erlaß die Bildung des Volkssturms verkündet, dem alle Männer zwischen sechzehn und sechzig Jahren angehören sollen, stellt sich nicht nur Wilhelm von Oertzen die Frage, wie denn mit Kindern und Greisen die von allen Seiten herandrängenden Armeen der Alliierten aufgehalten werden können. Was Hitler jetzt anordnete, nannte man in Frankreich Franc-Tireur-Kampf, in Spanien Guerillakrieg, in Polen und Rußland Partisanenkrieg. Und von Oertzen stellt für sich fest, daß niemals große Kriege durch solche *»Nadelstiche«* entschieden wurden, dagegen aber immer schlimme

Folgen für die Zivilbevölkerung brachten. Grausamkeiten gegen Grausamkeiten, Blut gegen Blut. Zudem ist er überzeugt, daß durch diese Befehle die mit Entrüstung gemeldeten Tiefangriffe der feindlichen Flieger gegen die Bevölkerung geradezu legalisiert würden.

Entgegen dem Versuch der Nazipresse, im Volke Begeisterung zu schüren und mit den Worten »Das Volk steht auf, der Sturm bricht los« an die Volkserhebung gegen Napoleon 1813 zu erinnern, sieht von Oertzen die breite Niedergeschlagenheit und das tiefe, dumpfe Schweigen:

»Man geht seiner Arbeit nach, äußerlich als ob nichts los wäre, als ob alles immer so weiter gehen müßte, während der Tod, der völkische und der physische, schon so nahe rückt, daß jeder ihn kommen sehen kann, wenn er nur will, wenn er nicht absichtlich nach einer anderen Seite schaut. Machtlos steht der einzelne allem diesem gegenüber und kann auch nicht das geringste tun, nicht einmal für sich persönlich, geschweige denn für das große allgemeine Ganze, für Volk und Vaterland, oder, was dasselbe wäre, gegen Hitler.«

Von Oertzen selbst weiß keinen Ausweg mehr aus der Katastrophe; sein Haß gegen Hitler, der das Volk mit in den Abgrund reißt, wird grenzenlos. Jeder Tag, den dieser Krieg länger dauert, ist in seinen Augen ein neues Verbrechen, ein neuer Wahnwitz.

»Und auf diesem Wege, den auch wir mitrennen müssen, liegen die Trümmer und Scherben, nicht nur unserer Städte mit ihren historischen Stätten, ihren Kirchen, Museen und Schlössern, sondern auch die Trümmer deutscher Kultur und Zivilisation schlechthin, die Trümmer der tausendjährigen Geschichte eines fleißigen, soliden, gesunden, gutartigen, aber eben dadurch grauenhaft genasführten deutschen Volkes.«

In solchen Gedankengängen von Oertzens war aber kein Platz für die von den Deutschen begangenen Verbrechen in den besetzten Ländern. Er nahm die während des Krieges angerichteten

Zerstörungen, die Vernichtung unersetzlicher Kulturgüter in Polen, in der Sowjetunion und anderswo nicht wahr, er erfaßte auch nicht die volle Wahrheit, daß nämlich außer der obersten Naziclique das Großkapital und führende Militärs wesentlich verantwortlich für die im Namen Deutschlands zur Errichtung des »Tausendjährigen Reiches« begangenen Verbrechen an anderen Völkern waren, daß außerdem viele Deutsche, darunter auch die konservative Elite, Mitverantwortung trugen und nicht Hitler allein. Und er schreibt:

»Einmal, aber viel zu spät, wenn dieser Mann endlich, endlich unter dem Rasen liegt, wird ihm der Fluch derer, die ihn doch noch überleben werden, nachdröhnen, wenn sich die Schleusentore der Gedanken und Worte öffnen können, die heute noch in den Hirnen verschlossen gären oder schlummern, und es wird eine Eruption von kosmischer Riesenhaftigkeit losbrechen und mit Tränen und Verwünschungen, Haß und Flüchen über den einen Mann herstürzen, der das alles verschuldet hat, Adolf Hitler, den Totengräber Deutschlands.«

DAS ENDE

Zwei Eintragungen im Tagebuch vom Herbst 1944 kennzeichnen die Gemütsverfassung, in der sich Wilhelm von Oertzen gegen Kriegsende befindet:

»Deutschland steht in der letzten Phase eines aussichtslosen Kampfes, den nur EIN Mann wollte, gegen alle Mächte der Welt. Es wird untergehen, und ich glaube, auch Roggow wird untergehen, und beides kann jeden Tag eintreten … Wir unterhielten uns in einem kleinen Kreis von vier Männern, wie man sich mit Sicherheit mittels Revolver erschießt. Hält man beim Schläfenschuß zu weit nach vorn, so schießt man sich blind, wie der unglückliche General von Stülpnagel in Paris am 21. Juli, ohne zu sterben. Der sicherste Schuß ist durch den Mund. – Das sind die Unterhaltungsthemen von heute.«

Bald überschlagen sich die Nachrichten und Gerüchte, die, entgegen aller Durchhalteparolen der Naziführung, das Herannahen des Kriegsendes ankündigen.

Am 27. April 1945, so ist seinen Aufzeichnungen zu entnehmen, erfährt von Oertzen, daß sich Göring nach Berchtesgaden abgesetzt und Hitler, der beschlossen hat, den Endkampf in Berlin zu erleben, ihn deshalb aller Ämter enthoben habe. Und dann folgt der Satz: *»Aber zu uns kommt der Russe.«*

Wilhelm von Oertzen glaubt nicht mehr an Hitlers Spekulationen, daß im letzten Moment Großbritannien und Frankreich noch ganz rasch Verbündete für Nazideutschland gegen den Bolschewismus werden könnten. Er wünscht zwar nichts sehnlicher als das, weiß aber, daß die Staaten der Antihitlerkoalition angesichts der brutalen Kriegsführung der Nazis schon lange die bedingungslose Kapitulation Deutschlands fordern.

Von Oertzen ist völlig illusionslos und registriert nur noch Fakten, so am 30. April die noch unbestätigte Nachricht vom Tode Hitlers.

Während der letzten Kriegstage treffen die Landarbeiter aus Roggow und die Leute aus der Umgebung verstärkt Vorbereitungen für eine Flucht vor den gefürchteten Russen.

Die Anspannung unter der Bevölkerung schildert der Gutsbesitzer in einem Eintrag vom 1. Mai:

»In Rerik werden Kleidungsstücke aus Heeresbeständen und Stiefel, in Neubukow und Kröpelin dasselbe, auch Lebensmittel und Zigarren verschleudert, ein letztes Zeichen! Gerüchte, Gerüchte, Gerüchte regen sich, gute, meistens aber schlimme, nachmittags 1/2 5 das: Panzeralarm in Rerik, ›der Russe kommt‹. 15 Minuten später: Es ist natürlich nicht der Fall. – Die Nervenseismographen fangen an, aus den Fugen zu gehen … Gerüchte: Engländer in Hagenow, Waffenstillstand mit den drei Feindmächten, Evakuierung von Frauen und Kindern aus Rostock usw. Da kein Radio, kein Licht mehr, Telefon schwer zu bekommen, Zeitungen und Post ausfällt, ist nichts Positives zu erfahren.«

Einen Tag später heißt es dann: *»2. Mai '45. Radio soll heute Meldung, d. A. Hitl. tot, bestätigt haben. Dönitz Oberbefehlshaber. Russen bis Bargeshagen, dann n. Warnemünde. Überall scheint kampflose Übergabe zu sein, so werden wir nicht Kriegesgebiet! Auch Neub. und Rerik sind darauf eingestellt. Der Russe soll sich leidlich gut benehmen.«*

Furcht besteht vor allem vor den freigelassenen russischen Kriegsgefangenen sowie vor polnischen Zwangsarbeitern, die in Roggow und anderswo zur Landarbeit eingesetzt waren. Im nahegelegenen Westenbrügge, dessen Besitzer per Treck ihr Anwesen verlassen haben, beginnen Einheimische und Polen mit Plünderungen. Auch von Oertzen rechnet auf seinem Besitz in nächster Zeit damit.

Bisher war es ihm noch gelungen, die Russen aus dem Lager vom Plündern abzuhalten und zum Arbeiten zu bewegen. Offenbar spielte hier eine Rolle, daß zu dieser Zeit durch Roggow noch deutsche Soldaten zogen.

In den Nächten bewacht von Oertzen das Gutshaus abwechselnd mit einem Freund des Hauses Herrn von Alten, der sich als Baltendeutscher mit seiner Frau auf der Flucht befunden und in Roggow Unterkunft gefunden hat.

Von Oertzen beschreibt die Situation:

»Auf dem Hof war viel Bewegung, die Soldaten liegen in offenen Scheunen, klauten aber bisher nicht. Die meisten wollen zum Amerikaner und sich ergeben. Andere suchen vor allem Zivilzeug. Bisher noch bittenderweise. Die Westmächte scheinen auf Lübeck zu gehen, aber zu langsam! Besser wäre es, sie wären schon in Wismar. Große Unruhe und Unsicherheit bei allen. – Die Russen räubern und plündern und morden – Chaos!«

Tags darauf notiert er:

»Das ›Morden‹ scheint sich nicht zu bestätigen, und heute leben wir noch. Wieder lauter Gerüchte in Ermangelung irgendwelcher positiven Dinge. Die weiße Fahne weht in Roggow!«

Und wieder beschäftigen von Oertzen die Gedanken über Leben und Tod, Schuld und Schicksal. Verstandesgemäß kann er Ursachen und Beweggründe des bevorstehenden und von ihm erahnten Untergangs seiner Welt nicht voll erfassen. Sicher, die Erben sind tot, er selbst würde, nunmehr bereits fast fünfundsechzigjährig, der letzte Roggower Gutsherr sein. Die Herrengesellschaft, einst von ihm geschaffen, würde mit ihm untergehen. Das weiß er. Und auch, daß die gefürchteten Bolschewisten, gegen deren Einfluß es einstmals ja eigentlich ging, nun in Deutschland und vor der Roggower Haustür stehen.

Und jetzt, am Ende, keimt in ihm eine Ahnung von der eigenen Mitschuld und von neuer Hoffnung:

»Wir Miterlebenden können nur schaudernd und jetzt noch erst erfassen, daß sich vor unseren Augen und Hirnen etwas Unerhörtes abgespielt hat. Wir waren ungewollt Zeugen, wir waren aber ebenso ungewollt Mittreibende, sei es durch Billigung, sei es durch schuldlose Duldung. – Was ist Schuld? Wir mögen es verhindert haben wollen. Da wir es nicht verhindern konnten, nirgends und niemals, zu keinem Zeitpunkt, müssen auch wir, ebenso wie er, die Schachfiguren im Spiel eines weit höheren Schicksals gewesen sein, das wir Gott nennen und als Gott schaudernd ehren. Der Sinn muß einmal auch für menschliche Hirne erkennbar werden. Die Hinführung zu einem Weltenziel und zu einer Vollendung, jenseits von Gut und Böse.«

Und als wenn er sich des Irrationalen bewußt geworden wäre, fügt er seinen Worten einen völlig auf das Diesseits gerichteten Gedanken hinzu:

»Unsere menschliche Aufgabe wird es sein, langsam, behutsam, mühsam mit Bauen zu beginnen. Wenigstens vorzubereiten.

Unser Mecklenburg könnte leichter den Anfang machen, da seine Trümmer nicht so groß sind und der heilige Grund und Boden seiner Muttererde unzerstört und unzerstörbar ist. Den ersten Zug hat der Bauer zu tun.«

Aber es blieb nur eine Ahnung; als er das schrieb, wußte er schon, daß er selbst sich dieser Aufgabe nicht mehr unterziehen würde. Am selben Tage, wohl am späten Abend des 3. Mai, machte er die letzte Eintragung in seinem Tagebuch:

»Nachmittags bis in die Nacht Plünderung des Hauses, des Hofes, Pferde, Inventar, Vorräte, Wäsche, alles. Abends noch Übleres durch Russen.

Gerda und ich machen Ende.

Gruß allen, die dies überlebten, und allen, die uns liebhatten.

gez. W. v. Oertzen.«

Über die letzten Stunden der Besitzer von Roggow berichtet wenige Tage später Herr von Alten. Als am 3. Mai nachmittags ein russischer LKW vor dem Hause vorgefahren sei, habe Wilhelm von Oertzen, der bis dahin wegen Magenschmerzen auf seinem Chaiselongue gelegen hätte, die sowjetischen Soldaten vor der Haustür empfangen. Ein russischer Oberleutnant, der das Kommando führte, habe die Herausgabe der Waffen sowie Wein und Schnaps verlangt. Während das Geforderte herangeschafft worden sei, hätten andere Soldaten das Haus durchsucht. Als der LKW den Hof verließ, sei eine Besatzung zurückgeblieben, die mit der Plünderung begann. Dem hätten sich Polen angeschlossen, offenbar ehemalige Zwangsarbeiter.

Wörtlich heißt es in dem Bericht des Herrn von Alten weiter:

»Die Nacht verlief leidlich ruhig. Am nächsten Tage, am 4. Mai, hatten sie den Weinkeller gefunden, in dem ca. 400 Flaschen lagen. Es dauerte nicht lange, und sie waren betrunken und setzten die Plünderung fort. Am Nachmittag verlangten sie den Schlüssel zur Bibliothek, den sie vorher noch nicht gefunden hatten. Der Schlüssel war nicht gleich zur Hand, wodurch sie gereizt wurden und gegen W. v. O. tätlich wurden. Als sich seine Frau dazwischen warf, hielten sie sie fest. W. v. O. wurde geschlagen, die Treppe heruntergestoßen und getreten. Daraufhin lief er mit seiner Frau angefaßt in den Park. Im alten Gewächshaus hatte er seine Pistole versteckt. Er war nach der Behandlung mit seinen Nerven vollständig fertig und führte nun seinen Entschluß, aus dem Leben zu scheiden, von dem er schon lange gesprochen hatte, aus. Er erschoß zuerst seine

Frau und sofort darauf sich selbst ... Beide waren sofort tot und wurden gleich darauf vom Gärtner Marquardt gefunden und im Borkenhäuschen im Garten, vor dem sie lagen, aufgebahrt.«

Zwei Tage später werden Gerda und Wilhelm von Oertzen vor dem zu ihrer Silberhochzeit gesetzten Stein am Luisenhäuschen begraben. Erst Wochen später erfolgt die Überführung der Toten in das Erbbegräbnis der Familie auf dem Friedhof in Russow.

Bis zu seinem letzten verzweifelten Schritt läßt Wilhelm von Oertzen immer wieder die Hoffnung durchblicken, daß es weitergehen könnte. Noch im Herbst 1944, als er überzeugt ist, daß Deutschland untergehen würde und dies jeden Tag eintreten könne, scheint bei ihm ein Funke Hoffnung übriggeblieben zu sein, denn er schreibt:

»Gebe Gott, daß ich alles zu schwarz sehe. Möchte er doch noch Deutschland und meine geliebte Roggower Heimat beschützen und retten aus den Klauen einer Zeit, über die der Satan in tausend Gestalten mehr Macht zu haben scheint als der Herrgott selbst. Amen.«

[illegible]

[illegible] chen Gutsbesitzes in Mecklenburg-Vorpommern vorbei.

Die Ahnung Wilhelm von Oertzens – die mit der Erkenntnis, daß Hitler der falsche Weg war – hatte sich bewahrheitet. Sein Regionalismus war in diesem Strudel mit untergegangen.

ANSTELLE EINES NACHWORTS

Meine Frau stößt mich an. Der Gedenkgottesdienst ist zu Ende, und wir gehen wieder hinaus in die Gegenwart. Ich blicke noch einmal zu den Blumen hinüber, die wir vor Beginn der Andacht an der Grabstätte der Familie von Oertzen niedergelegt hatten ...

Roggow und die schöne und herbe Landschaft am Salzhaff haben die Zeitläufte überstanden. Seine Bewohner, ebenso die von Russow, unter ihnen ehemalige Bedienstete der letzten Gutsherrschaft, wagten nach dem furchtbarsten und grausamsten aller bisherigen Kriege einen neuen Anfang. Wenn sich auch manche ihrer Vorstellungen nicht verwirklichten, entstand dennoch mit der Bodenreform und einer Vielzahl anderer Veränderungen eine völlig neue Gesellschaft, wandelten sich die Akteure selbst, gewann man neue Einsichten und Lebensvorstellungen.

Manche Roggower mögen sich vielleich noch gern der alten Zeiten und ihrer Herrschaft erinnern, hat doch die jahrzehntelange Arbeit auf dem Gut oder im Gutshaus so manches Leben geprägt. Aber bei meinem Besuch in Roggow und in den Unterhaltungen mit Menschen dieser Gegend habe ich niemanden gefunden, der bezweifelt hätte, daß die Zeit des ritterschaftlichen Gutsbesitzes in Mecklenburg-Vorpommern vorbei ist.

Die Ahnung Wilhelm von Oertzens – die mit der Erkenntnis kam, daß Hitler der falsche Weg war – hatte sich bewahrheitet. Sein Roggow war in diesem Strudel mit untergegangen.

Das Wissen und der zeitliche Abstand, der uns von den tragischen Ereignissen in Roggow trennt, erleichtern es, eine differenzierende Beurteilung des Vergangenen vorzunehmen, die Licht und Schatten, Liebenswertes und zu Verurteilendes sichtbar macht, denn: In der Gestalt des Wilhelm von Oertzen ist die ganze Widersprüchlichkeit und Tragik deutscher Geschichte aufgehoben.

PERSONENVERZEICHNIS

Alvensleben, Hans Bodo Graf von; Neugattersleben; 1882–1961; Schwiegervater des Jürgen von Oertzen und Vorsitzender des Deutschen Herrenklubs Berlin, einer konservativ-reaktionären Vereinigung mit starker Betonung preußischer Traditionen; Gegner der Weimarer Republik.

Beck, Ludwig; 1880–1944; Generaloberst; Chef des Truppenamtes im Reichswehrministerium; Chef des Generalstabes des Heeres 1935; Kontakte zur Gruppe des 20. Juli; Selbstmord nach dem Scheitern des Hitlerattentats.

Behm, Hans-Ulrich; Schwerin; gest. 1939; Rechtsanwalt; Mitglied des Vorstandes der »Herrengesellschaft Mecklenburg«.

Behm, Hans-Ulrich, Dr.; Mühlheim a. d. Ruhr; gest. 1994; Sohn des Rechtsanwalts Behm aus Schwerin.

Berndes, Franz; Rostock; Rechtsanwalt und Notar; Vorsitzender der Genossenschaftsbank Rostock; Vorstandsmitglied der »Herrengesellschaft Mecklenburg« bis 1934.

Bismarck, Otto Fürst von; 1815–1898; Gründer des Deutschen Reiches und Kanzler ab 1871.

Blomberg, Werner von; 1878–1946; Generalfeldmarschall; Reichswehrgeneral; Reichswehrminister 1933–1935; Reichskriegsminister und Oberbefehlshaber der Wehrmacht 1935–1938.

Boldt, Carl; Rostock; 1883–1968; Verleger und Herausgeber des »Rostocker Anzeiger«.

Bose, Herbert von; 1893–1934; Mitarbeiter des Vizekanzlers von Papen; führendes Mitglied der DNVP; Mitglied der Gesellschaft zum Studium des Faschismus.

Brandenstein, Freiherr von; Grambow b. Goldberg; 1865–1945; Generalmajor; Führer der Abteilung Mecklenburg des Norddeutschen Ordnungsblocks, einer 1920 gegründeten politischen und militärischen Organisation mit antirepublikanischer Zielstellung.

Brandenstein, Joachim Freiherr von; Niendorf bei Bad Kleinen; 1864–1941; in großherzoglichem Dienst 1900–1918; Ministerpräsident von Mecklenburg-Schwerin 1924–1926.

Brauchitsch, Walter von; 1891–1948; Generalfeldmarschall; Oberbefehlshaber des Heeres von 1938–1941.

Braun, Magnus Freiherr von; 1879–1972; Reichsminister für Ernährung und Landwirtschaft unter von Papen; Mitunterzeichner des Gründungsaufrufs des Lutherbundes (Bund zur Erneuerung des Reiches) 1928, der unter dem Deckmantel der Reformierung der Weimarer Verfassung die parlamentarische Demokratie beseitigen wollte.

Brauweiler, Heinz, Dr.; geb. 1885; Vertreter der Jungkonservativen im Juniklub, dem Vorläufer des Deutschen Herrenklubs Berlin; später Mitglied im »Deutschen Herrenklub«; Schriftleiter der Zeitschrift »Der Stahlhelm« von 1926–1933.

Bruck, Friedrich Carl vom; Industrieller; Besitzer der Bruck-Werke und Mitbegründer der Deutschen Industriellenvereinigung 1924.

Brüning, Heinrich; 1885–1970; Zentrumspolitiker; Reichstagsabgeordneter von 1924–1933; Reichskanzler 1930–1932; emigrierte in die USA.

Chamberlain, Arthur Neville; London; 1869–1940; britischer Außenminister und Premier; Mitunterzeichner des Münchener Abkommens vom 29. 9. 1938, das die Abtretung sudetendeutscher Gebiete an Hitlerdeutschland verfügte.

Daladier, Edouard; Carpentras (Dept. Vaucluse)/Paris; 1884–1970; radikalsozialistischer Abgeordneter; seit 1924 verschiedene Ministerialämter; französischer Ministerpräsident 1933/34 und 1938–1940; erklärte Deutschland am 3. 9. 1939 den Krieg; wurde 1940 von der Vichy-Regierung inhaftiert und 1943 nach Deutschland deportiert; Internierung 1943–1945.

Darre, Richard Walter; 1895–1953; Landwirtschaftsminister; Vorsitzender des Deutschen Landwirtschaftsrates 1933; Reichsbauernführer 1933–1942.

Dirksen, Herbert von; 1882–1955; Diplomat im Dienste der Hitlerregierung.

Engel, Hans; Granzow; 1897-1974; Staatswissenschaftler; Gutsbesitzer; Landwirtschaftsminister 1933 und Ministerpräsident in Mecklenburg-Schwerin 1933/34.

Epp, Franz Ritter von; 1868–1947; Generalleutnant; zum Reichskommissar für Bayern 1933 ernannt; Ehrenpräsident der Deutschen Gesellschaft für Wehrpolitik und Wehrwissenschaften; Initiator der Gründung des NS-Kampfbundes für deutsche Kultur.

Erhardt, Ernst Karl; 1904–1934; Kapitän; Obergruppenführer der SA; gehörte zu den Reichstagsbrandstiftern und wurde als Mitwisser und Anhänger Röhms erschossen.

Feder, Gottfried; 1883–1941; Mitglied der NSDAP 1925; Staatssekretär im Reichswirtschaftsministerium 1933/34.

Flotow, Andreas von; 1900–1933; Gutsbesitzer; Mitglied der NSDAP und Reichstagsabgeordneter; Gruppenführer der SA der Gruppe Ostsee; Mitglied der Herrengesellschaft Mecklenburg; Differenzen mit Gauleiter Hildebrandt und Ausschluß aus der NSDAP und der SA; durch SA »auf der Flucht« erschossen.

Freisler, Roland, Dr. jur.; 1893–1945; als Präsident des Volksgerichtshofs Verfechter des nationalsozialistischen Justizterrors.

Fritsch, Werner Freiherr von; 1880–1939; Generaloberst; beteiligt am Aufbau der Reichswehr; Chef der Heeresleitung; Oberbefehlshaber des Heeres 1934; von Hitler seines Amtes enthoben; ging freiwillig an die Front und fiel beim Überfall auf Polen.

Fromm, Generaloberst; ließ die Generäle Olbricht, Stauffenberg, Ritter Merz von Quirnheim und von Haeften nach dem mißglückten Attentat auf Hitler standrechtlich erschießen und wurde, nachdem Himmler Oberbefehlshaber des Ersatzheeres geworden war, selbst verhaftet und erschossen.

Gandhi, Mohandas Karamchand; genannt Mahatma (»Große Seele«); 1869–1948; bis 1914 Rechtsanwalt der Inder in Südafrika; Führer der indischen Unabhängigkeitsbewegung; 1924–1937 und 1940/41 Präsident der Kongreßpartei; Anhänger des gewaltfreien Widerstandes; ermordet durch einen orthodoxen Hindu.

Gayl, W. Freiherr von; 1879–1950; Gutsbesitzer; Reichsinnenminister unter von Papen; Mitunterzeichner des Gründungsaufrufs des Lutherbundes (Bund zur Erneuerung des Reiches) 1928, der unter dem Deckmantel der Reform der Weimarer Verfassung die parlamentarische Demokratie beseitigen wollte.

Gleichen-Russwurm, Heinrich Freiherr von; 1882–1959; Zweiter Vorsitzender des Deutschen Herrenklubs Berlin.

Goebbels, Joseph, Dr.; 1897–1945; Mitglied der NSDAP; Gauleiter in Berlin und Mitglied des Reichstages; Reichsminister für Volksaufklärung und Propaganda ab 1933; organisierte die Judenpogrome vom November 1938; verübte Selbstmord am 1.5.1945.

Goerdeler, Carl Friedrich; 1884–1945; Mitglied der DNVP; Oberbürgermeister von Leipzig 1930–1937; Reichspreiskommissar; Kontakte zur Gruppe des 20. Juli, vom Volksgerichtshof zum Tode verurteilt.

Göring, Herrmann; 1883–1946; Mitglied der NSDAP; Reichstagspräsident 1932–1945; preußischer Innenminister; Reichsminister der Luftfahrt; Oberbefehlshaber der Luftwaffe; Reichsmarschall 1940; als Hauptkriegsverbrecher durch das Internationale Militärtribunal (IMT) zum Tode verurteilt; verübte Selbstmord.

Granzow, Walter; Severin in Mecklenburg; 1897–1952; Gutsbesitzer; NSDAP-Ministerpräsident in Mecklenburg-Schwerin 1932/33; Präsident der Deutschen Rentenbank 1933/45.

Hassell, Ullrich von; 1881–1944; deutscher Botschafter in Rom 1932–1937; war für den Fall des erfolgreichen Attentats auf Hitler als Außenminister vorgesehen; 1944 zum Tode verurteilt und hingerichtet.

Haushofer, Karl, Prof.; 1869–1946; General a.D.; enger Vertrauter von Rudolf Heß; Vorsitzender des Vereins für Deutschtum im Ausland, eine Propagandaorganisation des deutschen Imperialismus.

Heines, Edmund; Obergruppenführer der SA in Schlesien und Polizeipräsident von Breslau; zusammen mit Röhm 1934 ermordet.

Heinkel, Ernst Heinrich, Dr.; Grunbach (Württemberg)/Rostock; 1888–1958; Flugzeugkonstrukteur; Industrieller; Besitzer der Heinkel-Flugzeugwerke, Rostocks größter Rüstungsbetrieb; maßgeblich am Aufbau der Luftwaffe in Deutschland und später an der Remilitarisierung Westdeutschlands beteiligt; baute die ersten Flugzeuge mit Strahlentriebwerken und Raketenflugzeuge.

Heß, Rudolf; 1894–1987; nationalsozialistischer Politiker, Privatsekretär Hitlers; Stellvertreter des Führers in allen Parteifragen 1933; vom Internationalen Militärtribunal 1946 zu lebenslanger Haft verurteilt; verübte Selbstmord.

Heydrich, Reinhard; 1904–1942; SS-Obergruppenführer; Chef des Sicherheitsdienstes (SD) und der Sicherheitspolizei; stellvertretender Reichsprotektor von Böhmen und Mähren 1941/42; durch Attentat von tschechischen Widerstandskämpfern getötet.

Hildebrandt, Friedrich; 1898–1948; Kriegsfreiwilliger im Ersten Weltkrieg; Angehöriger des Freikorps; NSDAP-Gauleiter in Mecklenburg 1925–1945; Reichsstatthalter Mecklenburgs 1933–1945.

Himmler, Heinrich; München/Berlin; 1900–1945; Mitglied der NSDAP; Reichsführer der SS 1929-1945; Chef der Politischen Polizei des Reiches; Reichsinnenminister 1943-1945; hauptverantwortlich für die

Massendeportationen und -hinrichtungen in den Konzentrationslagern; entzog sich seiner Verurteilung durch Selbstmord.

Hindenburg, Paul von Beneckendorf und von; 1847–1934; ostelbischer Großgrundbesitzer; Chef des Generalstabes des Feldheeres im Ersten Welkrieg; Reichspräsident 1925–1934; verhalf den Faschisten zur Macht; ging als »Steigbügelhalter« Adolf Hitlers in die Geschichte ein.

Hitler, Adolf; Braunau am Inn; 1889–1945; Parteiführer der NSDAP; Reichskanzler von 1933–1945, zugleich Reichspräsident; wurde »Oberster SA-Führer«; ernannte sich 1938 zum Oberbefehlshaber der Wehrmacht; 1941 zum Oberbefehlshaber des Heeres und 1942 zum Obersten Richter; entzog sich seiner Verantwortung durch Selbstmord am 30. 4. 1945.

Hohenzollern-Sigmaringen, Friedrich Fürst von; 1891–1965; Großgrundbesitzer und führendes Mitglied im Deutschen Herrenklub Berlin.

Hugenberg, Alfred; 1865–1951; Großindustrieller; Generaldirektor des Krupp-Konzerns 1909–1918, Vorsitzender der DNVP von 1928–1933; Mitglied des Reichstages 1920–1945, Reichswirtschaftsminister.

Jordan, Pasqual, Prof.; geb.1902; theoretischer Physiker an der Universität Rostock von 1929–1944; hatte sich als Pädagoge und Forscher in den Dienst des Faschismus gestellt, dafür 1945 aus dem Lehrkörper entfernt; als Professor für theoretische Physik 1947 an die Universität Hamburg berufen; als Mitglied der CDU im Bundestag von 1957–1961.

Jung, Edgar; 1894–1934; Mitarbeiter des Vizekanzlers von Papen; vertrat jungkonservativ-elitäre Faschismuskonzeptionen; wurde im Zusammenhang mit dem Röhm-Putsch erschossen.

Kalckreuth, Eberhard Graf von; 1881–1941; Präsident des Reichslandbundes, einer Interessenvertretung der Großagrarier; Mitunterzeichner des Gründungsdokuments des Lutherbundes.

Lehmann, Hans; Rostock; Kaufmann; Mitinhaber der Eisenwarenhandlung Schomann jun.; Mitglied der NSDAP; Präsident der Handelskammer in Rostock.

Lettow-Vorbeck, Paul von; 1870–1964; General; Kolonialoffizier; führend am Kapp-Putsch beteiligt.

Luther, Hans, Dr.; Berlin; 1879–1962; Reichskanzler 1925/26; Reichsbankpräsident 1930–1933; Mitglied des Deutschen Herrenklubs Berlin.

Mehnert, Claus, Dr.; geb. 1906; Hochschullehrer, Publizist; Mitglied der DNVP; gehörte zu den geistigen Wegbereitern des deutschen Faschismus.

Methling, Richard; Diener im Hause von Oertzen; Vorsitzender des Landarbeiterbundes; 1931 Abgeordneter der NSDAP im Landtag Mecklenburg-Schwerin 1932/33.

Metzsch, Generalleutnant Horst von; 1874–1946; Leiter der wehrpolitischen Abteilung ander Deutschen Hochschule für Politik; Mitglied der Deutschen Gesellschaft für Wehrpolitik und Wehrwissenschaften 1933 und als solcher einbezogen in die Ausarbeitung der faschistischen Militärdoktrin.

Moeller van den Bruck, Arthur; 1876–1925; Publizist; Mitglied der DNVP; Mitbegründer des Juniklubs, des Vorläufers des Berliner Herrenklubs; vertrat einen extremen Nationalismus und brutalen Antikommunismus; verübte Selbstmord.

Mühsam, Erich; 1878–1934; freier Schriftsteller; Kriegsdienstverweigerer im Ersten Weltkrieg; im Konzentrationslager Sachsenhausen/Oranienburg ermordet.

Mussolini, Benito; Rom; 1883–1945; Führer des italienischen Faschismus; Ministerpräsident Italiens von 1922-1943; von italienischen Widerstandskämpfern erschossen.

Neurath, Konstantin Freiherr von; Berlin; 1873–1956; Reichsaußenminister, danach Reichsminister ohne Geschäftsbereich von 1932–1938; Reichsprotektor in Böhmen und Mähren 1939–1945; 1946 durch das Internationale Militärtribunal zu fünfzehn Jahren Haft verurteilt; vorzeitig 1954 entlassen.

Oertzen, Adele von; geb. Gräfin von Bassewitz, aus dem Hause Kläden; 1847–1910; Frau des Fortunatus und Mutter des Wilhelm von Oertzen.

Oertzen, Adele von; a.d.H. Roggow; geb.1914; Tochter des Wilhelm von Oertzen; verheiratete Freifrau zu Innhausen und Knyphausen, Gräfin von Bodelschwingh.

Oertzen, Detlof von, Dr. jur. (genannt Detel); 1886–1959; Rechtsanwalt; Bruder des Wilhelm von Oertzen.

Oertzen, Elisabeth von; geb. von Alvensleben/Neugattersleben; 1914–1990; verheiratet mit Jürgen von Oertzen.

Oertzen, Fortunatus von; a.d.H. Roggow; 1842–1922; Gesandter und Minister des Großherzoglichen Hauses; Vater des Wilhelm von Oertzen.

Oertzen, Frithjof von; a. d. H. Roggow; 1917–1943; zweiter Sohn des Wilhelm von Oertzen; im Krieg gefallen.

Oertzen, Gerda von; geb. Gräfin von Westarp; 1888–1945; Frau des Wilhelm von Oertzen.

Oertzen, Guido von; a. d. H. Kotelow; 1881–1966; Präsident der Handelskammer; Direktor der Bierbrauerei Mahn & Ohlerich in Rostock; Vetter des Wilhelm von Oertzen.

Oertzen, Jaspar von; a. d. H. Roggow; 1768–1835; Urgroßvater des Wilhelm von Oertzen.

Oertzen, Jürgen von; a. d. H. Roggow; 1913–1941; ältester Sohn des Wilhelm von Oertzen; gefallen in der Sowjetunion.

Oertzen, Luise von, geb. von Pentz, a. d. H. Schildfeld; Urgroßmutter des Wilhelm von Oertzen.

Oertzen, Peter-Jürgen von; geb.1940; Sohn Jürgen von Oertzens und Elisabeths; Enkel des Wilhelm von Oertzen.

Oertzen, Sibylle von; a. d. H. Roggow; geb.1920; jüngste Tochter des Wilhelm von Oertzen; verheiratete Bolten.

Oertzen, Wilhelm von; a. d. H. Roggow; 1883–1945; Gutsbesitzer; Vorsitzender der Herrengesellschaft von 1926 bis 1945; Mitglied der DNVP und NSDAP.

Oertzen, Wilhelm-Thedwig von; a. d. H. Lübbersdorf; geb.1921; zweiter Vorsitzender und Schriftführer des Familienverbandes.

Oertzen, Wilhelm von; a. d. H. Cosa b. Friedland; 1890–1981; Angehöriger der SA.

Olbricht, Friedrich; General; am Attentat auf Hitler beteiligt; noch in der Nacht des 20. Juli 1944 erschossen.

Oppen-Dannenwalde, Joachim von; 1879–1948; Mitglied der Gesellschaft zum Studium des Faschismus und Mitunterzeichner des Dokuments an Hindenburg, Hitler die Kanzlerschaft zu übertragen (1932); Vizepräsident der Preußischen Hauptlandwirtschaftskammer; Mitglied des Ständigen Ausschusses des Deutschen Landwirtschaftsrates (DLR).

Papen, Franz von; 1879–1969; Zentrumspolitiker; Reichskanzler und Reichskommissar 1932; Vizekanzler 1933/34; Mitglied des Reichstages 1933–1945; Diplomat 1934–1945; von einem Entnazifizierungsgericht 1947 zu acht Jahren Arbeitslager verurteilt und 1949 daraus entlassen.

Paulus, Friedrich; 1890–1957; Generalfeldmarschall; führte die 6. Armee bei Stalingrad in die Kapitulation.

Pilsudski, Joseph; 1867–1935; reaktionärer Politiker; erster Staatsmann nach Wiedererstehen des polnischen Staates in der Folge der

Oktoberrevolution; Oberbefehlshaber der Armee; Kriegsführung gegen die Sowjetunion 1920; errichtete eine Diktatur 1926; unterzeichnete als eingeschworener Feind der UdSSR 1934 ein Abkommen mit Hitlerdeutschland.

Rantzau, Cuno von; Oberhofmarschall; Chef der Großherzoglichen Vermögensverwaltung, Schwerin.

Rathenau, Walter; 1867–1922; Leiter der Kriegsrohstoffabteilung im Preußischen Kriegsministerium; organisierte im Ersten Weltkrieg die deutsche Rüstungsindustrie; Wiederaufbauminister 1921; unterzeichnete als Reichsaußenminister der Weimarer Republik 1922 den Rapallovertrag; vertrat gegenüber Sowjetrußland eine Politik der Verständigung und wurde dafür von der Terrororganisation »Consul« ermordet.

Ribbentrop, Joachim von; 1893–1946; außenpolitischer Berater Hitlers; Botschafter in London; Reichsaußenminister von 1938–1945; vom Internationalen Militärtribunal zum Tode verurteilt und 1946 hingerichtet.

Röhm, Ernst; 1887–1934; Mitglied des Reichstages und Führer der SA; im Auftrag Hitlers im Röhm-Putsch ermordet.

Rohrbach, Paul, Dr.; 1869–1956; Mitarbeiter im Auswärtigen Amt 1916; kam aus der Protestantenbewegung und war Generalsekretär des Evangelischen Sozialkongresses, der eine evangelisch-soziale Reformpolitik anstrebte.

Rohr-Manze, Kurt von; 1885–1946; Mitunterzeichner des Dokuments an Hindenburg, Hitler die Kanzlerschaft zu übertragen (1932); Vorsitzender des Schlesischen Landbundes.

Rommel, Erwin; 1891–1944; Generalfeldmarschall; Oberbefehlshaber des deutschen Afrikakorps; verübte wegen seiner Kontakte zu den Hitler-Attentätern Selbstmord.

Rosenberger, Wilhelm, Dr.; führendes Mitglied des Deutschen Herrenklubs Berlin; Sekretär der Ringbewegung, einer Dachorganisation zur Sammlung aller Herrenklubs in Deutschland.

Schacht, Hjalmar; 1877–1970; Bankier; von 1924–1929 und 1933–1939 Reichsbankpräsident; 1934–1937 Reichswirtschaftsminister; Minister ohne Geschäftsbereich 1937–1944; KZ-Haft von 1944–1945; vom Internationalen Militärtribunal 1946 freigesprochen, von westdeutschen Behörden bis 1948 inhaftiert; Gründung des Privatbankhauses Schacht & Co. in Düsseldorf.

Scharf, Friedrich; Teterow; 1897–1974; Jurist; Bürgermeister und Stadtrichter 1926–1932, Amtshauptmann des Kreises Güstrow 1932; Minister in Mecklenburg-Schwerin 1932–1934; Ministerpräsident von Mecklenburg 1934–1945.

Schleicher, Kurt von; 1881–1934; Reichswehrgeneral; Reichswehrminister; Reichskanzler 1932/33; im Auftrag von Hitler ermordet.

Schlieffen, Alfred Graf von; 1833–1913; 1891–1905 Chef des Generalstabs; Verfasser des sogenannten Schlieffen-Planes, der dem Operationsplan für den deutschen Aufmarsch 1914 an der Westfront zugrunde lag.

Schulenburg, Otto Graf von der; 1957–1945; Großgrundbesitzer und führendes Mitglied des Deutschen Herrenklubs Berlin.

Schwerin-Krosigk, Graf Lutz von; 1887–1952; Reichsfinanzminister von 1932-1945.

Schwerin von Schwanenfeld, Ulrich-Wilhelm Graf; 1902–1944; gehörte der Gruppe des 20. Juli an und wurde auf Befehl Hitlers ermordet.

Sohm, Martin, Dr.; Kammerdirektor im Landwirtschaftsministerium Mecklenburg-Schwerin.

Spahn, Martin, Prof.; 1875–1945; Historiker; Vorsitzender des Politischen Kollegs, einer Bildungseinrichtung der Jungkonservativen (Juniklub); wechselte von der Zentrumspartei zur DNVP über.

Spann, Othmar, Prof.; 1878–1950; Jungkonservativer; Gründungsmitglied des Kampfbundes für Deutsche Kultur, einer faschistischen Organisation zur Sammlung der Intelligenz.

Stadtler, Eduard; 1886–1945; gehörte zum Kreis der jungkonservativen Ideologen, die an der Ausarbeitung der Programmatik des »Stahlhelms« (innenpolitische Zielstellung: Beseitigung der Weimarer Republik; außenpolitisches Ziel: Revidierung des Versailler Vertrages) Anteil hatten; Leiter des politischen Kolleg innerhalb der DNVP und Mitbegründer der Deutschen Industriellenvereinigung 1924; Mitglied des Reichstages 1932/33.

Stalin, Josef Wissarionowitsch (eigentlich J. W. Dschugaschwili); 1879–1953; ab 1922 Generalsekretär der KPDSU; ab 1943 Marschall; erster Staatsmann der Sowjetunion.

Stauffenberg, Claus Schenk Graf von; 1907–1944; Oberst; zuletzt Chef des Stabes des Ersatzheeres; verübte das Attentat auf Hitler am 20. Juli 1944.

Stauss, Emil Georg von; 1877–1942; Bankier; Staatsrat; führendes Mitglied im Deutschen Herrenklub Berlin; gehörte der Akademie zur wissenschaftlichen Erforschung und zur Pflege des Deutschtums an; Besitzer des Landgutes Burg Schlitz.

Stein, Heinrich Friedrich Karl Reichsfreiherr vom und zum; 1757–1831; preußischer Minister; setzte gegen den Willen der Junker und des

Königs die Städtereform durch und schuf mit seinen Reformen die Voraussetzungen zur Entwicklung des Kapitalismus in Deutschland; reformierte die obersten Staatsbehörden und erarbeitete Pläne zur Errichtung eines deutschen Nationalstaates.

Steinfatt, Friedrich, Dr. jur.; Rechtsanwalt; NSDAP-Landtagsabgeordneter in Mecklenburg-Schwerin seit 1929; Ministerialdirektor und Staatsrat im Staatsministerium 1933–1935.

Stichtenoth, Fritz, Dr.; 1895–1935; im Landbund tätig; Staatsrat in Mecklenburg-Strelitz 1932/33; Landrat im Kreis Stargard 1933/34; Staatsminister in Mecklenburg-Strelitz 1933 und Ministerialdirektor in Schwerin 1934.

Stieff, General; gehörte der Gruppe 20. Juli an und wurde durch den Volksgerichtshof unter Dr. Freisler zum Tode verurteilt und hingerichtet.

Stolberg-Rossla, Christoph Martin Fürst zu; 1888–1949; Großgrundbesitzer und führendes Mitglied im Deutschen Herrenklub Berlin.

Stolberg-Wernigerode, Christian-Ernst Fürst zu; 1864–1940; Großgrundbesitzer und führendes Mitglied des Deutschen Herrenklubs Berlin.

Strasser, Gregor; 1892–1934; ehemaliger Stellverteter Hitlers; wird auf dessen Befehl unter dem Vorwand, am Röhm-Putsch beteiligt gewesen zu sein, ermordet.

Stratmann, Friedrich, Dr. jur.; 1875–1952; im Staatsdienst Mecklenburg-Schwerin von 1904–1918; Direktor der Mecklenburgischen Hypotheken- und Wechselbank in Schwerin 1919–1943; Abgeordneter der LDPD im Landtag und der Stadtvertretung Schwerin 1946–1952; Präsident der IV. Ordentlichen Landessynode der Mecklenburgischen Landeskirche.

Tagore, Rabindranath; 1861–1941; indischer Dichter und Philosoph; Anhänger der nationalen Unabhängigkeit Indiens; Nobelpreis 1913.

Tresskow, Hans-Henning von; 1901–1944; Generalmajor; maßgeblich beteiligt am Attentat auf Hitler im Juli 1944.

Trevinarius, Gottfried Reinhold; 1891–1971; Mitglied des Deutschen Herrenklubs Berlin; politischer Beauftragter der DNVP; Reichstagsabgeordneter.

Wartenberg, York von; genannt in Zusammenhang mit den Verurteilungen der Gruppe 20. Juli.

Wendhausen, Albrecht, Dr.; 1880–1945; Gutsbesitzer in Spotendorf b. Laage; Staatsbeamter bis 1920; am Kapp-Putsch in Mecklenburg beteiligt; Flucht nach Bayern und Rückkehr 1922; Vorsitzender des

Landbundes Mecklenburg-Schwerin 1925–1933; von einem zwangsverpflichteten ausländischen Landarbeiter 1945 erschossen.

Witzleben, Erwin; 1881–1944; Generalfeldmarschall; in Verbindung mit dem Attentat vom 20. Juli hingerichtet.

Zitzewitz, Walther von; geb 1873; Hauptmann; Geschäftsführer im Bund Jungdeutschland bis 1924, einer Dachorganisation für alle bürgerlichen Jugendorganisationen zur militärischen und ideologischen Vorbereitung der Jugend auf den Krieg.

INHALTSVERZEICHNIS

Die enthaltenen Abbildungen entstammen allesamt privaten Fotoalben. Leider war es dem Verlag im einzelnen nicht möglich, die Urheber der Fotografien ausfindig zu machen. Wir bitten sie, sich an den Verlag zu wenden.

Lothar Elsner (1933–1996); Prof. Dr. phil. hab.; Historiker, bis 1992 Lehrstuhlinhaber an der Universität Rostock. Gastprofessuren in Basrah, Riga, Managua und Montreal. Zahlreiche Publikationen, unter anderem zur Geschichte der internationalen Migration und Ausländerpolitik im 20. Jahrhundert.